CH00835745

MODER]

For Intermediate Classes

MODERN RUSSIAN READER
For Intermediate Classes

SECOND EDITION

BY

LILA PARGMENT
University of Michigan

National Textbook Company
a division of *NTC Publishing Group* • Lincolnwood, Illinois USA

1995 Printing

Published by National Textbook Company, a division of NTC Publishing Group,
© 1986, 1976 by NTC Publishing Group, 4255 West Touhy Avenue,
Lincolnwood (Chicago), Illinois 60646-1975 U.S.A.
4 5 6 7 8 9 VP 9 8 7 6 5 4

FOREWORD

Modern Russian Reader was designed to develop the reading skills of students who have already acquired a basic foundation of Russian grammar and vocabulary. In addition, it aims at enhancing students' general facility with the language, as well as deepening their appreciation of Russian culture.

The short stories featured in this reader were selected according to the following criteria:

1. *Reader Interest*—The story had to embody qualities that would stimulate *and* maintain student interest.

2. *Content*—The story had to offer the reader possibilities for expanding their cultural awareness.

3. *Style*—The story had to be written in modern, idiomatic Russian, and at a level that would make it accessible to intermediate students.

4. *Authorship:* The story had to be written by a modern Russian writer.

The short stories in this book are reproduced, for the most part, in their original form. In those cases where simplification was deemed necessary, every effort was made to maintain the author's style and intent. The stories have generally been arranged in the order of their length and difficulty.

A complete series of Direct Method exercises appears at the end of the book, immediately before the Master Vocabulary. The exercise questions are designed to test students' comprehension of the texts, while the summaries in the same section lend themselves to dictation, oral reading, listening comprehension, and any other techniques the teacher considers appropriate to insure comprehension and reinforce language skills.

Footnotes, appearing throughout the book, define difficult words and expressions. They also help students avoid frequent consultation of the Master Vocabulary, which may break their train of thought. Thus, slang, regional expressions, archaic words, and rare constructions are clarified as soon as they arise in the text.

In short, *Modern Russian Reader* is success-oriented. It aims at providing students with a sense of confidence that is vital if they are to go forward in their study of Russian.

NTC RUSSIAN TEXTS AND MATERIAL

Manual and Audiocassette
How to Pronounce Russian Correctly

Graded Readers
Basic Russian, Book 1
Basic Russian, Book 2
Beginner's Russian Reader
Russian Intermediate Reader
Modern Russian Reader for Intermediate Classes

Civilization & Culture
Russian Composition and Conversation
Business Russian
Russian Area Reader
Songs for the Russian Class

Literary Adaptations
Trio: Intermediate-Level Adaptations of Pushkin, Lermontov,
   and Gogol
Quartet: Intermediate-Level Adaptations of Turgenyev, Tolstoy,
   Dostoyevsky, and Chekhov

Annotated Russian Literature
Six Soviet One-Act Plays
The Inspector General
The Queen of Spades
Asya

Grammar and Reference
Simplified Russian Grammar
Reading and Translating Contemporary Russian
Roots of the Russian Language
Essentials of Russian Grammar
Pattern Drills in Russian

Language Learning Material
NTC Language Learning Flash Cards
NTC Language Posters
NTC Language Puppets
Language Visuals

Duplicating Masters
Basic Vocabulary Builder
Practical Vocabulary Builder

For further information or a current catalog, write:
National Textbook Company
a division of NTC Publishing Group
4255 West Touhy Avenue
Lincolnwood, Illinois 60646-1975 U.S.A.

СОДЕРЖА́НИЕ

ТЕ́КСТЫ

ABBREVIATIONS USED IN THE FOOTNOTES

affec. .. .. affectionate

aug. .. .. augmentative

colloq. .. .. colloquial

dim. .. .. diminutive

fam. .. .. familiar

iron. .. .. ironical

lit. .. .. literally

obsol. .. .. obsolete

pejor. .. .. pejorative

poet. .. .. poetical

pop. .. .. popular

prov. .. .. provincial

ТÉКСТЫ

СОСЕ́ДКА

I

Мы перее́хали на но́вую кварти́ру. Це́лое собы́тие: ста́рая ужа́сно надое́ла — э́то раз; в но́вой есть сад, а в ста́рой не́ бы́ло — э́то два, а са́мое гла́вное — в но́вой у меня́ своя́ отде́льная от ма́леньких бра́тьев ко́мната. Своя́ ко́мната![1] То́лько у па́пы и у меня́ — своя́ ко́мната. Никогда́ ещё в жи́зни[2] у меня́ не́ бы́ло свое́й ко́мнаты.

В кварти́ре ещё пу́сто, чи́сто. Полы́ — жёлтые, блестя́щие. Так хорошо́ па́хнет кра́ской и ещё чём-то.[3] Па́па с ма́мой за́няты: привезли́ ме́бель, крова́ти, пиани́но, сундуки́. Ма́ма ссо́рится с па́пой, спо́рят о том, где что поста́вить, крича́т на прислу́гу, стоя́щую без де́ла, крича́т на меня́: я меша́ю . . . Лу́чше уйти́ пода́льше от всего́ э́того.[4] Помча́лся вверх по ле́стнице[5] в свою́ ко́мнату. Прекра́сная ко́мната: дли́нная, у́зкая, с больши́м окно́м. И да́же запира́ется![6] Бра́во! Откры́л окно́, зале́з на широ́кий подоко́нник . . . Высоко́. Перегну́лся че́рез подоко́нник, посмотре́л вниз на у́лицу. Стра́шно!

— Не смей[7] ла́зить!

— Я хочу́ посмотре́ть, ма́ма . . .

— Упадёшь!

— Что тут тако́е? . . .

Ну, и па́па то́же! Крича́т в два го́лоса, грозя́т отобра́ть ко́мнату и опя́ть ссо́рятся ме́жду собо́ю:[8]

— Ра́но ему́ свою́ ко́мнату име́ть. Мал ещё он. Упадёт.

— Я, па́па, не тако́й ма́ленький, что́бы упа́сть . . .

— Затвори́[9] окно́, не рассужда́й.

---

[1]*My own room!* [2]*Never before* (in my life). [3]*Something else.* [4]*From all this.* [5]*Upstairs.* [6]*It can even be locked.* [7]*A stern order not to* . . . [8]*Among themselves.* [9]Затвори́ or закро́й (*close*).

— Ну отли́чно, закро́ю.

Па́па с ма́мой продолжа́ли спо́рить, а я ушёл в сад. Ма́ленький сад, а и́здали каза́лся огро́мным. По́лное разочарова́ние: с одно́й стороны́ кирпи́чная стена́, а с двух высо́кие забо́ры, а за[1] забо́рами — сады́, огро́мные ста́рые сады́.

— Михаи́л![2]

— Что, па́па?

— У тебя́ ско́ро экза́мены, а ты . . . Взял бы[3] кни́жку да почита́л!

— Возьму́.

— Сел бы[3] на ла́вочку[4] и учи́л.

— Ся́ду, па́почка.[5] На́до же посмотре́ть,[6] как всё э́то . . . Когда́ устро́ю себе́ ко́мнату, тогда́ ста́ну занима́ться. За́втра, па́почка . . .

Оте́ц сел на ла́вочку, глубоко́ вздохну́л и стал ворча́ть:

— Уста́л, как ло́шадь . . .

В э́тот моме́нт вбежа́л бра́тик[7] и весёлым то́ном торопли́во сообщи́л:

— Ма́мочке[8] комо́дом но́гу уда́рили.

— Ах, чёрт![9]

Оте́ц серди́то ушёл из са́да, а мы с бра́том, отыска́в в забо́ре ще́ли, ста́ли знако́миться с сосе́дними сада́ми.

То́чно друго́й мир был там, за забо́ром. Здесь мра́чно, па́хнет сы́ростью, а там, за забо́ром—ра́достно, со́лнечно и так удиви́тельно краси́во! Больша́я зелёная лужа́йка; ряды́ стро́йных то́полей; прямы́е, дли́нные доро́жки; клу́мбы с краси́выми цвета́ми.

— Фонта́н! Фонта́н!

— А вон каче́ли . . .

— Се́тки!

— Ла́ун-те́ннис.

Мы дви́гались по забо́ру и, оты́скивая но́вые ще́ли,

---

[1]*On the other side of* . . . [2]Here Михаи́л, instead of the familiar Ми́ша, denotes dissatisfaction or bad humour. [3]*You had better take* . . ., *sit down.* [4]Dim. of ла́вка (bench). [5]Affec. for па́па (daddy). [6]*I must see.* (The же is emphatic.) [7]Dim. of брат (brother). [8]Affec. for ма́ма (mother). [9]Чёрт or, more commonly, чёрт возьми́ is a familiar expression of vexation.

4

смотре́ли и де́лали всё но́вые и но́вые[1] откры́тия . . .

— Смотри́: там о́зеро, а круго́м цветы́! Пти́ца пла́вает . . . Огро́мная!

— Дура́к! Это ле́бедь . . .

Огро́мный молчали́вый сад. Сло́вно в заколдо́ванном ца́рстве.[2] Те́ни под высо́кими ли́пами, цветы́ неви́данных форм и огро́мная бе́лая пти́ца . . . Как в ска́зке! . . . Да, там совсе́м друго́й[3] мир, зага́дочный, непоня́тный . . .

— Кто там живёт?

— Мо́жет быть, царь и́ли коро́ль.

— Дура́к. Царь живёт в Петербу́рге,[4] а не здесь.

— Ну, друго́й како́й-нибу́дь . . . И́ли принц![5] . . .

— Про́сто о́чень зна́тные и бога́тые лю́ди.

— Ти́ше! Ка́жется, иду́т.

На песча́ной доро́жке показа́лась ма́ленькая соба́чка[6] с кра́сным га́лстучком.[7] То́же кака́я-то стра́нная, ска́зочная, сло́вно не настоя́щая, а игру́шечная. Вслед за соба́чкой появи́лась де́вочка с льняны́ми ло́конами, в бе́лом пла́тье, с то́нкими но́жками[8]. Она́ на ходу́ подбра́сывала мя́чик и, поднима́я к не́бу го́лову, лови́ла его́, встря́хивая ло́конами . . . И то́же, сло́вно не настоя́щая, а огро́мная наря́дная ку́кла, наря́дная и дорога́я. Мы плотне́е прижа́лись к ще́лям и следи́ли за э́той краса́вицей. Она́ молчали́во поигра́ла мя́чиком, подошла́ к о́зеру, поброса́ла ле́бедю хле́ба, что́-то ла́сково говори́ла ему́, посыла́ла ему́ возду́шные поцелу́и. А когда́ пошла́ обра́тно, то сверну́ла на доро́жку, кото́рая шла о́коло са́мого забо́ра, за кото́рым мы спря́тались. Ах, кака́я краси́вая! Никогда́ в жи́зни не вида́л таки́х краси́вых! То́лько уж о́чень ва́жная;[9] идёт так пря́мо и глаза́ прищу́ривает. Лени́во говори́т соба́чке:

---

[1]*More and more new.* [2]*Like an enchanted kingdom.* [3]*Entirely different.* [4]The former capital of Russia. [5]Принц is not a Russian title, and the word is used only in fairy tales. The Russian equivalent for prince is князь. [6]Dim. of собáка (dog). [7]Dim. of гáлстук. Usually, " necktie," but here, " collar." [8]Dim. of нóги (legs, feet). [9]*But how puffed up she is!*

— Бобка! Не смей шалить.[1]

А Бобка, чувствуя, что мы за забором, прыгает и лает.

— Бобка! Стыдно так шалить. Ты не маленький![2]

Мы переглянулись и торопливо убежали в кусты. Помолчали, потом стали тихонько[3] говорить про девочку.

— Какая красивая . . . Видел?

— Да. Может быть, это царская дочь или королевна . . .

— Дурак. Просто очень знатная . . .

— Может быть, княжна . . . В нашем городе есть князья.

— Княжна, — может быть . . .

— Щурится. Заметил?

— Заметил. А видел, какие волосы? Точно не настоящие, а из льна сделаны. Посмотрим ещё![4]

— Только тише, на цыпочках.

Мы снова стали смотреть в щели. Сидит на лавочке и плетёт венок из разных цветов, а собачка — рядом. Что она поёт? . . .

„Ми-лые цве-то-о-чки,[5]
Как люблю я вас . . .“

Надела венок на голову и спрашивает:

— „Бобка, посмотри: хорошо? Не правда-ли, я красавица? Ну, смотри же!“[6]

Она поставила собачку на задние лапы и стала ей улыбаться и моргать глазами. Братик не выдержал и фыркнул. Я пригрозил кулаком. Но было поздно: Бобка, стоя на задних лапках,[7] смотрел в нашу сторону и ворчал.

— Как ты смеешь, глупый![8] Ты должен любоваться, а ты . . .

Тут уж и я не вытерпел. Зажав рот, я махнул брату

---

[1]*Don't misbehave.* [2]*You are not a baby!* [3]Dim. of тихо (quietly). [4]*Let us look again.* [5]Dim. of цветы (flowers). [6]The же is emphatic. [7]Dim. of лапы (paws). [8]*How dare you, you foolish dog!*

рукóй, и мы брóсились от забóра. А потóм вбежáли в нáшу бесéдку и нáчали хохотáть.

— Какáя кокéтка! Вúдел?

— Вúдел. Дýра.

— Не дýра, а э́то называ́ется — кокéтка . . . Ты сам дурáк.[1]

— Не ругáйся, а то я пáпе скажý, что ты в щéлку смóтришь . . .

— Ты тóже смóтришь.

— Я мáленький, а ты гимназúст . . .[2]

Так[3] я в пéрвый раз увúдел красáвицу и кокéтку Нúну в скáзочном садý за забóром. . . . Как я узнáл что её зовýт Нúной? . . .

II

Однáжды я сидéл в садý и учúл граммáтику:

— „Раз“, „воз“, „низ“, „из“ — пéред бýквами к, п, т, х изменя́ют бýкву „з“ в „с“ . . . „Раз“, „воз“, „из“, „низ“ пéред бýквами . . . к, п, т, х изменя́ют, изменя́ют . . . Что онú изменя́ют? . . .

Вдруг за забóром — лай собáчки. Закры́л учéбник и пошёл к забóру, продолжáя повторя́ть прáвило. Нáдо сказáть, что сидéть с учéбником недалекó от забóра сдéлалось с нéкоторого врéмени моúм любúмым заня́тием: дéвочка с льняны́ми волосáми, э́та кокéтка, притя́гивала меня́ тáйной сúлой к забóру.

И тепéрь я сидéл недалекó, и когдá услыхáл лай собáчки, то меня́ слóвно кто-то[4] толкнýл к забóру. Не успéл я[5] прижáться глáзом к ды́рочке,[6] как что-то стýкнуло под моúми ногáми. Это был мя́чик, котóрым игрáла кокéтка. Обрáдовался, отыскáл мяч и подошёл к забóру. Посмотрéл в ды́рочку: úщет.

— Что вы úщете?

---

[1] *You are silly yourself.* [2] *Gymnasium student.* A gymnasium was a classical secondary school. [3] *That's how.* [4] *Just as though someone.* [5] *Before I . . .* [6] Dim. of дырá (hole).

— Мя́чик. А кто там спра́шивает? . . . Како́е вам де́ло?[1] Как вы сме́ете . . .

— Мя́чик упа́л к нам в сад.

— Бро́сьте его́ сюда́!

— А мо́жет быть, э́то не ваш мя́чик? . . .

— Тогда́ я бро́шу его́ вам наза́д. Ну![2]

— Посмотри́те в щёлку, ваш-ли.[3]

— А где щёлка?

— Вот здесь! Я просу́нул ве́точку.[4]

— А-а, ви́жу. Ну!

Я сам смотре́л в щёлку, когда́ мне навстре́чу сверкну́л бли́зко-бли́зко си́ний глаз.

Я бы́стро показа́л мя́чик.

— Ви́дите?

— Да. Э́то мой. Бро́сьте, я пойма́ю.

— А как вас зову́т?[5]

— Заче́м вам э́то знать?[6] Не скажу́. Мы незнако́мы.

— Éсли бы мы бы́ли знако́мы, я знал бы, как вас зову́т, и не спра́шивал бы.

— Не скажу́. Не ва́ше де́ло.

— Тогда́ я не бро́шу мя́чика.

— Не броса́йте. Я его́ вам дарю́.

— Ни́на! С кем ты разгова́риваешь? Отойди́ от забо́ра. Неприли́чно.

— Но там мой мя́чик. Я забро́сила его́ туда́, а како́й-то мальчи́шка[7] взял и не отдаёт . . .

Мальчи́шка! „Како́й-то мальчи́шка“. Э́то — я. Покрасне́в от гне́ва и оби́ды, я ки́нул че́рез забо́р мяч:

— Лови́те, Ни́на!

— Не сме́йте меня́ называ́ть . . .

— Ни́на! Ни́на! Ни́на! . . .

— Мужи́к![8] . . .

— Кака́я принце́сса! Поду́маешь[9] . . .

---

[1]*What business is it of yours?* [2]*Come on!* [3]*Whether it is yours.* [4]Dim. of ве́тка (twig). [5]*What is your name?* [6]*What's this to you?* [7]Pejor. for ма́льчик (young boy). [8]People of the upper classes used this word, somewhat contemptuously, for крестья́нин (peasant) and also to qualify ill-breeding. [9]*Think of it!*

— Глу́пый мальчи́шка!

— Коке́тка!

Ита́к, мы поссо́рились пре́жде чем познако́мились. Э́та ссо́ра ещё бо́льше[1] прикова́ла мои́ мы́сли к забо́ру.

— Вот кака́я . . . ва́жная. Ну и коке́тка![2] Называ́ет меня́ мужико́м, глу́пым мальчи́шкой . . . Вообража́ет, что она́ краса́вица; коке́тничает с проти́вной соба́кой . . . „Раз“, „воз“, „из“, „низ“ пе́ред бу́квами к, п, т, х — изменя́ют бу́кву „з“ в „с“ . . .

III

Дня че́рез два[3] я её встре́тил. Иду́ в гимна́зию, заверну́л за у́гол, а она́ вы́шла из большо́го ка́менного до́ма и сади́тся в проле́тку. Она́ меня́ не узна́ла, а я момента́льно. В гимна́зию е́здит на лошадя́х! И с гуверна́нткой! Когда́ она́ пое́хала, я гро́мко сказа́л:

— Ни́на!

Она́ оберну́лась; удивлённо и серди́то огляде́лась по сторона́м. А краси́вая! . . . Тепе́рь я всё испо́ртил ссо́рой. Неудо́бно знако́миться. А мо́жет быть . . . То́лько о́чень она́ зна́тная. Не люблю́ таки́х.[4]

Возвраща́ясь из гимна́зии, прошёл ми́мо большо́го до́ма, посмотре́л на ме́дную доще́чку: „Никола́й Никола́евич, князь Кекуа́нов“. А-а, действи́тельно, ва́жная, княжна́. А всё таки, что тут осо́бенного? У нас в кла́ссе то́же у́чится князь, а дура́к и попроша́йка:[5] у всех за́втрак про́бует в большу́ю переме́ну.[6] И на брю́ках — запла́та. Мо́жет быть, тот не настоя́щий, а како́й-нибудь . . . Княжна́ Ни́на Никола́евна Кекуа́нова! . . . Кто из нас ста́рше: я и́ли она́? Мне трина́дцать лет, а ей . . . то́же не бо́льше. Чего́ же она́ называ́ет меня́ мальчи́шкой? . . . А вон и она́ подъезжа́ет. Ба́рыня ва́жная. А у меня́ в рука́х огро́мный буке́т сире́ни: нарва́л в гимнази́ческом саду́.

---

[1]*Even more.* [2]*What a flirt!* [3]*About two days later.* [4]*That kind.* [5]**One who** annoys people by constant begging. [6]*Noon recess.*

9

Уроню́ ве́тку и пройду́, а она́ бу́дет проходи́ть и, наве́рное, подни́мет. А пото́м я спрошу́ в забо́р, хорошо́-ли па́хнет моя́ сире́нь . . . Спешу́ пройти́ ми́мо крыльца́ и броса́ю две ве́тки сире́ни. Прохожу́ до угла́, завора́чиваю и возвраща́юсь посмотре́ть, взяла́-ли . . . И не поду́мала: да́же наступи́ла нога́ми . . . Кака́я гордя́чка! А всё-таки возьмёшь. До́ма сде́лал хоро́ший буке́т из сире́ни, перевяза́л его́ ле́нточкой[1] и привяза́л запи́ску: „Княжне́ Ни́не Никола́евне Кекуа́навой, от гра́фа С.В." И, перебро́сив че́рез забо́р, стал у забо́ра о́коло ды́рочки. Простоя́л часа́ два. Не идёт. Ве́чером, на зака́те, подошёл и посмотре́л: буке́т лежи́т на пре́жнем ме́сте. Не де́йствует! Реши́л просчита́ть до ста:[2] е́сли не поя́вится, уйду́ и не бу́ду смотре́ть. Сосчита́л до девяно́ста и остально́й деся́ток стал счита́ть ме́дленно-ме́дленно. И на девяно́сто девяти́ в куста́х мелькну́ло бе́лое пла́тье и чёрные дли́нные но́жки княжны́ . . . Идёт, идёт! Как раз ми́мо.[3] Увида́ла. Бра́во! Подняла́, чита́ет. Удивлённо смо́трит вокру́г, пото́м на забо́р и ти́хо произно́сит: „Граф . . ."

Мо́лча улыба́ется, ню́хает сире́нь и убега́ет.

Был пра́здничный день. Накану́не я успе́шно сдал экза́мен по ру́сскому языку́ и получи́л от па́пы разреше́ние сего́дня не гото́виться к сле́дующему экза́мену.

— Отдохни́ оди́н день.

Коне́чно, мой о́тдых проходи́л гла́вным о́бразом о́коло забо́ра. Сего́дня за забо́ром бы́ло шу́мно и ве́село: у княжны́ Ни́ны собрали́сь подру́ги, и в саду́ звене́л весёлый смех де́вочек. Как огро́мные цветы́, бе́лые, си́ние, кра́сные выраста́ли на лужа́йках и в куста́х наря́дные де́вочки, и са́мая наря́дная и краси́вая среди́ них была́ княжна́. Она́ была́ похо́жа на я́рко-кра́сный мак. Должно́ быть, она́ рассказа́ла подру́гам про мой буке́т сире́ни: взя́вшись под руки, де́вочки па́рами проходи́ли ми́мо, с любопы́тством смотре́ли на

---

[1]Dim. of ле́нта (ribbon). [2]*Up to one hundred.* [3]*Right past.*

забор и шептались. Мне захотелось, чтобы Нина знала, что я в саду, за забором. Как это сделать?[1] Разве запеть? Тот романс, который поёт дядя Петя?[2] Начало я знаю. Я запел:

„Под душистою веткой сирени
      Я сидел с ней над сонной рекой . . .“[3]

За забором раздался смех, который всё удалялся и удалялся . . .[4] Убежали! Так и есть:[5] посмотрел в дырочку, — девочки исчезли . . . Опять смеются и всё ближе и ближе. Бегут сюда . . .

„Под душистою веткой си-ре-ни-и-и . . .“

Что это? На дорожку упал резиновый мячик, — знакомый мне уже мячик, который однажды был уже в моих руках . . . А потом звонкий голос:

— Граф! Будьте добры . . .[6] Мы нечаянно перекинули к вам в сад мячик.

„Граф? . . . Почему — граф? Какой граф? Ах, да . . . Это я — граф“.

— Граф! Послушайте, граф! . . .

Я взлез на забор и выглянул: несколько девочек бежали прочь, а три — среди них и княжна — стояли, взявшись под руки, и ждали. Я приподнял фуражку,[7] девочки кивнули головами . . .

— Вы меня звали?

— Да, граф! . . . Мы забросили мяч туда, через забор . . . Будьте добры . . .

— Сейчас поищу . . .

Искать не надо было: я уже знал, где лежит мяч, но медлил, чтобы поговорить:

— Не могу найти. В какую сторону вы его бросили?

— Прямо. Против самой высокой берёзы . . . Простите, граф, что . . .

— Нашёл! Сейчас. Ловите!

---

[1]*How should I go about it?* [2]Fam. for Пётр. [3]*Under a fragrant branch of lilacs, I sat with her near a sleepy (quiet) river* . . . [4]*Moved away farther and farther.* [5]*So it is.* [6]*Be so kind.* [7]Student cap.

— Бросáйте!

— Раз!

— Два! — отвéтил голосóк[1] Нѝны.

— Поймáли?

— Да. Мерсѝ.[2]

— Не стóит.

— Мерсѝ за сирéнь! — прозвучáл голосóк Нѝны, и дéвочки со смéхом побежáли прочь от забóра.

Вéчером я ужé был в скáзочном садý и игрáл с дéвочками в крокéт. Нѝна и я бы́ли во враждéбных пáртиях, и я гоня́л её по сáду за шáром без вся́кого милосéрдия. Онá оттопы́ривала гýбки,[3] гримáсничала и с упрёком произносѝла:

— Граф! Протѝвный граф!

А потóм перешлá в нáшу пáртию и рáдостно хлóпала в ладóши, когдá я мýчил протѝвников.

— Брáво, граф!

И, взгля́дывая на меня́, так привéтливо улыбáлась, что мне что-то щекотáло сéрдце.

Когдá я уходѝл из скáзочного сáда, Нѝна протянýла мне рýку, сдéлала реверáнс и повелѝтельно сказáла:

— Приходѝте, граф, ещё[4] . . . кáждый день . . .

— Мерсѝ, княжнá . . .

IV

Так я сдéлался грáфом. Нéсколько пéрвых дней[5] я смущáлся, когдá Нѝна и её подрýги называли меня грáфом, но скóро так свы́кся с э́тим звáнием, что перестáл находѝть в нём неудóбство и нáчал чýвствовать себя́ прирождённым грáфом. Дéло дошлó до тогó,[6] что в гимнáзии во врéмя урóков, когдá учѝтель вызывáл к доскé моегó товáрища,[7] настоя́щего грáфа, я, ещё не дослы́шав фамѝлии, вскáкивал.

---

[1]Dim. of гóлос (voice). [2]*Thank you.* This French word is very common in Russia in colloquial speech. The Russian word is спасѝбо. [3]Dim. of гýбы (lips). [4]*Come again.* [5]*The first few days.* [6]*It reached such a point.* [7]Here, " classmate."

— Не тебя, а графа.

— А-а!... Послышалось...

— Пойди к доктору. Ты плохо слышишь...

Нина представила меня своей матери — отца её не было дома, он уехал заграницу — и та очень любезно встретила наше знакомство и тоже называла меня графом.

— Граф, вы говорите по-французски?

— Нет... Я — по-немецки, но не очень хорошо.

— Это жаль...

Княгиня начинала говорить что-то по-французски своей дочери, и та смущалась и краснела. А однажды даже выскочила из-за стола[1] и крикнула:

— И вовсе нет!... Нисколько![2]...

А княгиня перевела на меня улыбающиеся глаза и спросила:

— Вам, граф, сколько лет?[3]

— Скоро четырнадцать...

— Да, пожалуй, мало...[4] — задумчиво сказала княгиня и начала говорить по-французски с гувернанткой, оживлённо, со смехом и гримасами. А я краснел, потому что чувствовал, что речь идёт[5] обо мне и Нине...

Дома надо мной начали смеяться: младший брат уже успел рассказать о моих приключениях папе и маме.

— У него там невеста... Княжна! Он влюбился...

— Совсем не влюбился. Врёшь! А просто я... мы там играем в крокет:

— С девчонками![6] Там нет ни одного мальчика... Влюбился в княжну...

— Жених, ты опять стоптал сапоги...[7]

— Обещали новые, если сдам экзамен по географии...

---

[1] *Jumped up from the table.* [2] *Not at all.* [3] *How old are you?* [4] *I guess he is too young.* [5] *That they are talking about...* [6] *Pejor. for* девочками (little girls). [7] *You have again worn out your boots.*

13

— Ёсли за́втра вы́держишь экза́мен по латы́ни, куплю́ но́вые сапоги́, брю́ки и фура́жку.

— А ку́рточку[1] забы́ла, ма́ма?

— Ла́дно, куплю́ и ку́рточку.

Два дня я не́ был у княжны́. На тре́тий сдал экза́мен по латы́ни, после́дний, перешёл в четвёртый класс. Не находи́л ме́ста[2] от ра́дости и безде́лья, от тоски́ по княжне́, кото́рую я сам уже́ на́чал счита́ть свое́й неве́стой, но в го́сти не шёл: хоте́л яви́ться туда́ во всём но́вом.[3] По́сле обе́да пошёл с ма́мой покупа́ть всё но́вое. О́ба изму́чились, ходя́ из ла́вки в ла́вку, приме́ривая и сомнева́ясь. Я не находи́л фура́жки по вку́су. Я хоте́л таку́ю, кото́рая походи́ла бы на офице́рскую, а мне предлага́ли безобра́зную . . . Я примеря́л, подходи́л к зе́ркалу и разочаро́ванно говори́л:

— Опя́ть не така́я . . . У́ши торча́т, как у тата́рина . . .

— Не мы вам у́ши де́лали. На́ша то́лько фура́жка, а у́ши у вас со́бственные.

А пото́м му́ки с брю́ками: ма́ма хоте́ла поши́ре[4] да подлинне́е,[4] а я — покраси́вее.[4]

— Мешки́, а не брю́ки!

— Вы́растешь — бу́дут у́зки.

— И дли́нные!

— Подвернёшь.

— Что я, ба́ба, что ли?

Уже́ на́чали запира́ть ла́вки, когда́ на́ши му́ки ко́нчились. Я доби́лся того́, что всё бы́ло по моему́ вку́су.

— Не маха́й рука́ми! Держи́сь пря́мо.

— Я иду́ по-вое́нному. Раз-два! Раз-два! Пра́вой! Пра́вой![5]

Когда́ мы пришли́ домо́й, брат с за́вистью осмотре́л меня́ с головы́ до ног, а па́па произнёс:

---

[1]Dim. of ку́ртка (jacket). [2]*I fidgeted about.* [3]*In new clothes.* [4]Possibly, *wider, longer . . . more beautiful.* [5]*Right foot.* This is a mistake; the command in the Army always was ле́вой, ле́вой! (left foot).

— Ну-ка, повернись!

Я сделал по-военному оборот на месте и отдал честь под козырёк.[1]

— Вот теперь настоящий жених!

— А когда тебя не было дома, в сад звали . . . И меня! — сказал обиженный чем-то братишка.[2]

— Там маленьких нет . . .

— А я пойду . . . Меня звала сама княжна. Приходите, говорит, и вы . . .

— Можешь играть в старом костюме — сказала мама. — Я не позволю лазить по заборам в новом. Порвёшь.

— В старом я не пойду.

— Как хочешь . . .

— Ну, разреши только сегодня! . . . Один раз! Я буду играть осторожно.

— Нельзя.

— Он хочет княжне больше понравиться.

— Не твоё дело,[3] дурак . . .˙ Сдал все экзамены, а они — „ходи в старом“. Если бы я знал . . . Я не через забор, а улицей пойду туда.

— Ну, хорошо, сегодня можешь пойти в новом, но если порвёшь, скажу отцу.

— Не порву.

— К невесте! . . . Я тоже пойду. Она меня звала.

— Тебе там нечего делать.[4] Мал ещё, — сказала мать и этим окончательно разозлила брата.

V

Я посмотрел в зеркало, поправил фуражку и пошёл к княжне в сад, где весело стучали шары и молотки играющих в крокет. Меня встретили восторженно:

— Граф! Граф пришёл!

— С нами!

---

[1]*Saluted in military fashion.* Козырёк = peak. [2]Dim. and fam. for брат.
[3]*It's none of your business.* [4]*You have nothing to do there.*

— Нет, с нами! Они сильнее!...

— Граф, я хочу быть в одной с вами партии![1] — сказала княжна, и я отдал ей честь[2] и примкнул на её сторону. Нина потихоньку поглядывала на меня и так ласково улыбалась, что я чувствовал себя полным победителем. В спорах она всегда была на моей стороне... Впрочем, все девочки относились ко мне внимательно,[3] и я не успевал отвечать: со всех сторон звали:

— Граф! Граф!

— Он вовсе не граф!... Наврал, что граф, а вы, дураки, поверили!...

Что такое?[4]... Откуда голос брата? О, ужас! На заборе сидел братишка, хохотал, называл меня лгуном, а других дураками.

— Убирайся вон![5]... Я папе скажу, что ты невежда... нахал!...

— А я скажу, что ты называешь себя графом!... Мы вовсе не графы, а простые чиновники...

— Слезай, говорят тебе!...

Игра оборвалась. Все слушали слова брата и смущённо улыбались.

— Княжна! Он вовсе не граф... Он обманул, чтобы жениться на вас!

Это было выше моих сил.[6] Под предлогом остановить его я, ни с кем не прощаясь, пошёл быстрым шагом из сада, бормоча:

— Я сейчас скажу папе, какой ты невежа и нахал!...

Я ушёл, а брат остался на заборе и продолжал рассказывать.

Сперва я пошёл в наш сад и стащил брата за ногу с забора. Потом побил его. Он заплакал и побежал жаловаться, а я, подавленный, униженный открытым обманом, прислонился к забору и стал прислушиваться

---

[1]Side. [2]Greeted her (in military fashion). [3]Treated me with consideration. [4]What's that? [5]Go away. [6]This was more than I could stand.

к тому́, что де́лается за забо́ром . . . Там спо́рили о том, граф я и́ли не граф.

— Граф, граф, граф! . . . Я зна́ю . . . — повторя́ла Ни́на.

Я стал пробира́ться бо́ком вдоль забо́ра, зацепи́лся за гвоздь и порва́л но́вые брю́ки. С позо́ром, потихо́ньку, я подня́лся наве́рх, в свою́ ко́мнату, и за́пер дверь на ключ.[1] Сни́зу доноси́лся плач бра́та.

Кто́-то идёт наве́рх! По шага́м узна́ю отца́.

— Эй, ты, граф! Отопри́!

— Заче́м тебе́? Я занима́юсь . . .

— Отопри́.

А я не мог отпере́ть, так как сиде́л и зашива́л по́рванные брю́ки. Что де́лать! Положе́ние бы́ло ужа́сное. Я стал надева́ть брю́ки, но го́лос отца́, тре́бующего неме́дленно отпере́ть дверь, был так гро́зен, что я на одно́й ноге́ поскака́л к две́ри и о́тпер.

— Что ты тут де́лаешь, жени́х! . . . Порва́л? . . . Но́вые?

— Ма́ленькая ды́рка . . . Это ничего́ . . .

Слы́шу, ма́ма бежи́т:

— Что тако́е? Како́й граф? . . . Ничего́ не понима́ю . . .

Па́па на́чал говори́ть с ма́мой, поссо́рился, забы́л про меня́, и, благодаря́ э́той ссо́ре, я незаме́тно скры́лся из свое́й ко́мнаты. А пото́м, когда́ гнев роди́телей улёгся норма́льным путём, я появи́лся в ко́мнатах, и де́ло ограни́чилось лише́нием меня́ не́которых прав: а и́менно — ноше́ния до о́сени но́вого пла́тья.

Но тепе́рь э́то бы́ло уже́ для меня́ нева́жно: я бо́льше никогда́ не пойду́ в сад, где меня́ ждут позо́р и презре́ние . . .

И до́ма, среди́ родны́х, я чу́вствовал себя́ о́чень скве́рно: оте́ц называ́л меня́ женихо́м, бра́тья и сёстры — гра́фом. За обе́дом и ча́ем дразни́ли:

— Ку́шайте, ва́ше сия́тельство!

---

[1] *Locked the door.*

И я уходи́л наве́рх, в свою́ ко́мнату, и там сиде́л. В откры́тое окно́ доноси́лся из са́да смех де́вочек и зво́нкий стук шаро́в — там попре́жнему игра́ли в кроке́т. Иногда́, среди́ шу́ма голосо́в, я лови́л серебри́стый смех княжны́ Ни́ны.

— Хохо́чет!... Коке́тничает с соба́чкой ... О́чень интере́сно!... Не запла́чу!...

Так я утеша́л себя́ в несча́стьи, но зво́нкий голосо́к Ни́ны наполня́л мою́ ду́шу, и пе́ред глаза́ми встава́ла краса́вица с си́ними глаза́ми и льняны́ми волоса́ми. Ах, как мне хоте́лось бы очути́ться вдруг среди́ де́вочек за высо́ким забо́ром и стоя́ть с молотко́м в руке́ о́коло одно́й из них, кото́рая ... Нет, э́того никогда́ не мо́жет случи́ться!...

Тепе́рь я с у́жасом ду́мал: а вдруг я с ней где-нибу́дь встре́чусь, и она́ с хо́хотом назове́т меня́ ва́шим сия́тельством? При одно́й мы́сли[1] об э́том я красне́л до уше́й и торопли́во закрыва́л окно́, что́бы не слы́шать сме́ха в сосе́днем саду́. Когда́ на́до бы́ло пойти́ куда́-нибу́дь, я далеко́ обходи́л[2] большо́й ка́менный дом, в кото́ром жила́ княжна́ Ни́на.

И всё-таки одна́жды мы встре́тились: она́ е́хала в коля́ске с ма́терью. Я кро́тко и ве́жливо снял фура́жку, но мне не отве́тили. Мо́жет быть, не заме́тили, а мо́жет быть ... не жела́ли заме́тить ...

Ужа́сная коке́тка!... Сла́ва Бо́гу, что не жени́лся!...

По Евге́нию Чи́рикову[3]

---

[1]*At the mere thought.* [2]*Made a long detour around* ... [3]Чи́риков, a Russian short-story writer (1864-1936).

МИША

(Having been unable to find the Russian text of this charming story, the editor has retranslated it from the English.)

Ми́ша не мог ни мину́ты сиде́ть споко́йно; он постоя́нно до́лжен был что-нибу́дь де́лать. Когда́ он не мог пойти́ игра́ть в парк и́ли на у́лицу, он как юла́ верте́лся у всех под нога́ми.[1]

Все ма́льчики и де́вочки зна́ют, что взро́слые заня́той наро́д: они́ всегда́ за́няты чем-нибу́дь ску́чным, и потому́ постоя́нно твердя́т де́тям: „Не меша́й мне!" Ско́лько раз Ми́ша слы́шал э́то от ма́мы,[2] всегда́ заня́той чем-нибу́дь по хозя́йству. И от па́пы[2] то́же. Па́па це́лый день сиди́т у себя́ в кабине́те[3] и пи́шет ра́зные кни́жки[4] — все о́чень больши́е и, вероя́тно, ску́чные, потому́ что Ми́ше не разреша́ют их чита́ть.

Ма́ма краси́ва, как ку́кла. Па́па то́же о́чень ми́лый, но ничего́ краси́вого в нём нет;[5] он скоре́е похо́ж на инде́йца, чем на ку́клу.

Одна́жды, в са́мом нача́ле весны́, пого́да была́ ужа́сная: день за днём шёл дождь и́ли снег. Ми́ше не позволя́ли игра́ть на у́лице, в гря́зи, и в день, о кото́ром идёт речь, он осо́бенно надоеда́л ма́ме и па́пе и меша́л им рабо́тать.[6]

— Что, Ми́ша, жизнь дово́льно скучна́, а? — спроси́л, наконе́ц, па́па.

— Ужа́сно! — отве́тил Ми́ша, — как раз, как арифме́тика!

— Как е́сли бы ты взял[7] вот э́ту тетра́дь и запи́сывал бы в ней всё, что случи́тся с тобо́й интере́сного?

---

[1]*Under everyone's feet.* [2]*Mother, father.* Used almost exclusively when addressing one's own parents. [3]*In his study.* [4]A very common diminutive of кни́га (book). [5]*But there is nothing pretty about him.* [6]*Interfered with their work.* [7]*Suppose you take.*

Понима́ешь, что я хочу́ сказа́ть? Э́то называ́ется „дневни́к“. Ты бу́дешь вести́ дневни́к.[1]

— А что, по-тво́ему, случи́тся интере́сного? — спроси́л Ми́ша, беря́ тетра́дь.

— Отку́да мне знать?[2] — отве́тил оте́ц, зажига́я папиро́су.

— Почему́ же ты не зна́ешь?

— Потому́ что когда́ я был ма́леньким ма́льчиком, я пло́хо учи́лся. Я всегда́ надоеда́л всем глу́пыми вопро́сами и никогда́ не мог сам ничего́ приду́мать.[3] Понима́ешь? Ну, тепе́рь иди́.

Ми́ша по́нял, что ма́льчик, о кото́ром говори́т па́па, был он сам,[4] Ми́ша, и что па́па не хо́чет бо́льше с ним разгова́ривать. Ми́ша хоте́л рассерди́ться, но у па́пы бы́ли[5] таки́е ла́сковые глаза́, что он разду́мал и, вме́сто э́того, спроси́л:

— Кто же бу́дет де́лать что-то интере́сное?

— Ты — отве́тил па́па. — Пожа́луйста, уходи́ тепе́рь и дай мне[6] рабо́тать.

Ми́ша пошёл в свою́ ко́мнату, положи́л тетра́дь на стол, поду́мал мину́ту, пото́м написа́л на пе́рвой страни́це: „Э́то дни́вни́к. Па́па дал мне краси́вую тетра́дь. Е́сли я напишу́ в ней что-нибу́дь, в ней бу́дет что-то интере́сная“.

Он отки́нулся на спи́нку сту́ла,[7] огляде́л ко́мнату, так хорошо́ знако́мую ему́, встал и зашага́л к па́пе.

Па́па при́нял его́ ме́нее любе́зно, чем ра́ньше.

— А, верну́лся? Опя́ть?

— Посмотри́ — сказа́л Ми́ша, подава́я ему́ тетра́дь. — Посмотри́, я уже́ написа́л. Хорошо́?

— Хорошо́, хорошо́ — пробормота́л па́па. — То́лько „дневни́к“ пи́шется че́рез[8] „е“, а не „и“, а „интере́сное“ конча́ется на „ое“, а не „ая“. А тепе́рь, пожа́луйста, оста́вь меня́ в поко́е.[9]

— Что мне ещё писа́ть?[10] — спроси́л Ми́ша, поду́мав.

---

[1]*You will keep a diary.* [2]*How could I know?* [3]*I never thought anything out myself.* [4]*Was he.* [5]*Papa had.* [6]*Let me.* [7]*Leaned on the back of his chair.* [8]*Is spelled with.* [9]*Leave me alone.* [10]*What else should I write?*

— Всё, что хо́чешь. Приду́май что-нибу́дь и запиши́. Пиши́ стихи́.

— Чьи[1] стихи́?

— Ничьи́,[2] сочиня́й их сам, как поэ́ты де́лают.[3] Ну, хва́тит! Переста́нь надоеда́ть мне!

Па́па взял Ми́шу за́ руку, вы́вел его́ из ко́мнаты и закры́л дверь. Э́то бы́ло гру́бо, и Ми́ша оби́делся.

Верну́вшись в свою́ ко́мнату, Ми́ша сел опя́ть за стол и, положи́в пе́ред собо́ю тетра́дь, стал ду́мать, что́ бы ему́ писа́ть.[4]

Ну и день![5] Ма́ма за́нята: счита́ет в столо́вой бельё. В ку́хне всегда́ о́чень интере́сно, но туда́ ему́ не позволя́ют ходи́ть.[6] А на у́лице дождь и тума́н. Ещё то́лько у́тро, че́тверть деся́того.[7] Ми́ша посмотре́л на часы́[8], пото́м вдруг засмея́лся и написа́л:

"На стине́ вися́т часы́,
    Торча́т стре́лки, как усы́".

Он был так рад[9] свои́м стиха́м, что вскочи́л и побежа́л в столо́вую, крича́:

— Ма́ма, ма́ма, посмотри́, я написа́л стихи́!

— Де́вять . . . — сказа́ла ма́ма, кладя́ на стол салфе́тку. — Не прерыва́й меня́! — Де́сять, оди́ннадцать...

Ми́ша одно́й руко́й обхвати́л ма́мину ше́ю, а друго́й сова́л ей под нос тетра́дь.

— Ма́ма, ма́ма, смотри́ сюда́!

— Двена́дцать . . . О, Го́споди, ты меня́ опроки́нешь! Но всё-же[10] взяла́ тетра́дь и, к вели́кому огорче́нию Ми́ши, сказа́ла:

Па́па, вероя́тно, помо́г тебе́. И зате́м „стена́" пи́шется че́рез „е", а не „и".

— Да́же в стиха́х? — спроси́л Ми́ша гру́стно.

— Поня́тно, в стиха́х то́же. Тепе́рь не меша́й мне, пожа́луйста. Иди́ де́лай что-нибу́дь.

— Что же мне де́лать?[11]

— Ну . . . пиши́ ещё стихи́.

[1]*Whose.* [2]*No one's* [3]*As poets do.* [4]*What he could write.* [5]*What a day!* [6]*But he is not allowed to go there.* [7]*A quarter after nine.* [8]*Clock.* Used only in the plural. [9]*He was so happy about.* [10]*Nevertheless.* [11]*But what shall I do?*

— О чём?[1]

— Это ты сам реши. Что-нибудь о тик так часо́в. Поду́май и приду́маешь ри́фму.

— Ла́дно! — отве́тил Ми́ша. Он послу́шно верну́лся к себе́ в ко́мнату, сел за стол и стал ду́мать о том, что[2] сказа́ла ма́ма. Пото́м взял перо́ и написа́л:

„Тик и так, зимо́й и ле́том“.

Но бо́льше ничего́ не мог приду́мать,[3] хоть и ду́мал так усе́рдно, что не то́лько па́льцы, но и подборо́док вы́мазал черни́лами.[4]

„Тик и так, зимо́й и ле́том“.

И вдруг, как бу́дто кто-то шепну́л ему́ на́ ухо,

„Ох, как тру́дно быть поэ́том“!

Па́па был прав: Ми́ше бы́ло ужа́сно ску́чно.[5] Но как то́лько[6] он записа́л э́тот после́дний стих, ему́ ста́ло стра́шно ве́село.[7] Уф![8] Да́же жа́рко ста́ло! Он соскочи́л со сту́ла и бро́сился к па́пе в кабине́т. Но па́па — како́й хи́трый[9]! — за́пер дверь.

Ми́ша постуча́л.

— Кто там? — спроси́л па́па за две́рью.

— Откро́й дверь, скоре́й! — сказа́л Ми́ша, задыха́ясь.

— Э́то я. Я написа́л стихи́. Получи́лось прекра́сно!

— Поздравля́ю![10] Продолжа́й!—пробормота́л па́па.

— Я хочу́ прочита́ть их тебе́!

— По́сле.

— Я хочу́ тепе́рь!

— Не меша́й мне тепе́рь!

Ми́ша наклони́лся к замо́чной сква́жине и прочита́л своё стихотворе́ние. Но ему́ каза́лось, что он кричи́т в глубо́кий коло́дец. А па́па не отвеча́л. Ми́ше ста́ло о́чень оби́дно.[11] Он пошёл в свою́ ко́мнату. Постоя́л немно́го у окна́, прижа́в лоб к холо́дному стеклу́. Зате́м сел за стол и приня́лся писа́ть всё, что бы́ло на уме́.

---

[1]*About what?* [2]*He thought of what . . .* [3]*Couldn't think of anything else.*
[4]*Ink.* Used only in the plural. [5]*Was terribly bored.* [6]*As soon as.* [7]*He became very cheerful.* [8]*An exclamation of fatigue or of relief.* [9]*What a sly man!*
[10]*My compliments.* [11]*Misha felt deeply hurt.*

„Па́па обману́л меня́. Он сказа́л, что е́сли я бу́ду вести́ дневни́к, то случи́тся что-то о́чень интере́сное. Ничего́ подо́бного! Он э́то сказа́л про́сто, чтоб отде́латься от меня́. Я зна́ю. Когда́ ма́ма се́рдится, он зовёт её «зла́я ку́рица». Сам он зла́я ку́рица. Вчера́ я игра́л с его́ сере́бряным портсига́ром, и он рассе́рдился ещё бо́льше, чем ма́ма.[1] Уж он бы лу́чше молча́л.[2] Они́ о́ба одина́ковы. Когда́ Ни́на Петро́вна, та, что поёт,[3] разби́ла ча́шку, они́ о́ба сказа́ли: «ничего́, ничего́!» А когда́ я что-нибу́дь разбива́ю, они́ руга́ются“.

При мы́сли о том, как несправедли́вы с ним ма́ма и па́па, Ми́ше ста́ло так гру́стно,[4] что он чуть не запла́кал.[4] Ему́ бы́ло о́чень жа́лко[5] себя́, ма́му и па́пу. Они́ о́ба таки́е ми́лые, но не зна́ют, как с ним обраща́ться.[6]

II

Ми́ша подошёл к окну́. На карни́зе сиде́л мо́крый воробе́й и чи́стил клю́вом свои́ пе́рья. Ми́ша до́лго смотре́л на него́. Пти́чка продолжа́ла чи́ститься, и пе́рья вокру́г её клю́ва взъеро́шились и ста́ли похо́жи на[7] па́пины усы́.

Вдруг Ми́ше в го́лову пришёл стих:

Пти́чкины но́жки[8]
Бегу́т по доро́жке,
В дождь они́ под кры́шей,
Высоко́ над Ми́шей.

Он ничего́ бо́льше приду́мать не мог, но и э́то[9] бы́ло замеча́тельно. Он был о́чень дово́лен собо́й; подбежа́л к столу́ и записа́л своё стихотворе́ние. Пото́м доба́вил:

„Писа́ть стихи́ о́чень легко́. Сто́ит то́лько[10] посмотре́ть на что-нибу́дь, и стихотворе́ние гото́во. И па́пе не́чего чва́ниться.[11] Е́сли я захочу́, то могу́ писа́ть

---

[1]*Even more than mamma.* [2]*He should talk!* [3]*The one that sings.* [4]*He became so sad that he was ready to cry.* [5]*He felt sorry (for).* [6]*How to treat him.* [7]*Looked like.* [8]Dim. of но́ги (feet, legs). [9]*But this too.* [10]*You only have to.* [11]*Must not brag.*

книжки, да ещё в стихах.¹   Я узнаю всё про запятую и т. п.² и когда надо писать «е», а когда «и», и буду писать книги.   Мама-дама, Маша-наша.   Я и на это мог бы написать стихи, да не хочу.   Вообще я не хочу писать стихи или вести дневник.   Если вам не интересно,³ то и мне не интересно, и незачем заставлять меня писать их, и, пожалуйста, не мешайте мне“.

Мише стало очень грустно.   Он готов был расплакаться, но в этот момент вошла его. учительница, Ксения Ивановна, маленькая, с розовыми щёками; на бровях её ещё были дождевые капли.

— Здравствуй — сказала она — чего у тебя такое грустное лицо?⁴

Миша нахмурился и принял очень важный вид.

— Не мешайте мне — сказал он папиным голосом, и записал в тетради:

„Папа зовёт мою учительницу «курносая» и говорит, что ей ещё надо⁵ играть в куклы“.

— Что с тобой?⁶ — удивлённо спросила учительница, растирая свои розовые щёчки⁷ кукольными ручками.⁷

— Что ты пишешь?

— Нельзя говорить,⁸ — ответил Миша — Папа сказал, чтоб я вёл дневник и записывал всё интересное, что я думаю.

— Что ж?   Ты подумал о чём-то интересном? — спросила учительница и посмотрела в тетрадь.

— Нет, не очень.   Только стихотворения.

— Как ты пишешь!   Посмотри, какие ошибки! — восскликнула учительница. — А, стихотворения!   Да, рифма есть.   Это, конечно, папа тебе написал?

Миша опять обиделся.   Никто ему не верит.

— Если так, — сказал он, — то я сегодня заниматься не буду.

— Почему?

— Потому что не хочу.

---

¹*And in rhymes, too.*   ²И тому подобное (and the like).   ³*If you are not interested.*   ⁴*Why do you look so sad?*   ⁵*She should still.*   ⁶*What is wrong with you?*   ⁷Dim. of щёки (cheeks).   Dim. of руки (hands).   ⁸*I must not say.*

Тут учи́тельница дошла́ до ме́ста, где Ми́ша написа́л о ней. Она́ прочита́ла, покрасне́ла, посмотре́ла на себя́ в зе́ркало, и то́же оби́делась.

— Так ты нашёл что-то интере́сное написа́ть обо мне, а? Э́то пра́вда? Па́па, действи́тельно, э́то сказа́л?

— А вы ду́маете, что он вас бои́тся? — спроси́л Ми́ша.

Учи́тельница поду́мала немно́го, пото́м опя́ть посмотре́ла в зе́ркало.

— Так ты не хо́чешь занима́ться?

— Нет.

— Хорошо́. Пойду́ посмотрю́, что на э́то[1] ска́жет ма́ма.

И она́ вы́шла.

Ми́ша проводи́л её глаза́ми, пото́м верну́лся к своему́ дневнику́.

„Я капри́зничал с Ксе́нией Ива́новной, как ма́ма иногда́ капри́зничает с па́пой. Пусть она́ оста́вит меня́ в поко́е[2] и не меша́ет мне. Е́сли меня́ никто́ не лю́бит, мне всё равно́.[3] По́сле я извиню́сь пе́ред учи́тельницей и запишу́ э́то в своём дневнике́. Бу́ду писа́ть и писа́ть це́лый день, как па́па, и никто́ меня́ не уви́дит. И я никогда́ не бу́ду обе́дать, да́же когда́ на десе́рт бу́дут печёные я́блоки. По ноча́м[4] я не бу́ду спать: бу́ду всё писа́ть, писа́ть, писа́ть. А у́тром ма́ма ска́жет мне, как говори́т па́пе, что я себя́ переутомля́ю, и что у меня́ бу́дут не́рвы. И пусть ма́ма пла́чет. Мне всё равно́. Е́сли меня́ никто́ не лю́бит, мне соверше́нно всё равно́“.[5]

Он то́лько ко́нчил писа́ть после́днее сло́во, как в ко́мнату вошли́ ма́ма и Ксе́ния Ива́новна. Не говоря́ ни сло́ва, ма́ма взяла́ ми́шин дневни́к, и её ми́лые глаза́, скрыва́вшие улы́бку, ста́ли чита́ть ми́шины мы́сли.

— Го́споди! — ти́хо воскли́кнула она́, — что за ребёнок![6] Нет, э́то на́до показа́ть[7] па́пе! И она́ ушла́, унося́ с собо́й дневни́к.

---

[1]*About that.* [2]*Let her leave me alone.* [3]*I don't care.* [4]*At night.* [5]*I don't care at all.* [6]*What a child!* [7]*This must be shown . . .*

— Меня накажут — подумал Миша.

— Вы на меня пожаловались[1] — сказал он Ксении Ивановне.

— Если ты не слушаешься меня, что же . . .

— Я не лошадь, чтоб слушаться!

— Миша! . . . — начала учительница, но Миша сердито продолжал: — Я не могу заниматься и думать обо всём[2] и всё записывать . . .

Он хотел ещё многое сказать, но вошла служанка и сказала, что папа зовёт его.

— Поди-ка[3] сюда, братец![4]

Папа одной рукой закрыл усы, а в другой держал мишину тетрадь. В глазах у него[5] были весёлые искры. Мама лежала на диване, подсунув голову под кипу подушечек;[6] плечи её дрожали, как будто от[7] смеха.

— Меня не накажут — сообразил Миша.

Папа привлёк Мишу к себе, сжал его коленями, приподнял пальцем его подбородок и спросил:

— Ты капризничаешь, да?

— Да, — согласился Миша.

— Почему?

— Так.[8]

— Должна же быть какая-нибудь причина!

— Не знаю, — ответил Миша, потом добавил: — Ты не обращаешь на меня внимания.[9] Мама тоже не обращает внимания, и учительница тоже . . . нет, не она. Она мне всё время надоедает.

— Ты обижен? — спросил мягко папа.

— Да.

— Ну, не обижайся, — папин голос был очень мягкий.

— Ни мама, ни я не хотим обижать тебя. Посмотри на неё. Она лежит, и её душит смех. Я тоже думаю, что это смешно, но я буду после смеяться.

---

[1]*You told on me.* [2]*About everything.* [3]Pop. for пойди (come). [4]Affec. and fam. for брат (brother). [5]*In his eyes.* [6]Dim. of подушка (pillow, cushion). [7]*As though from.* [8]*For no reason.* [9]*You pay no attention to me.*

— Что тут смешно́го? — спроси́л Ми́ша.
— Я тебе́ по́сле скажу́.
— Нет, скажи́ тепе́рь, — наста́ивал Ми́ша.
— Ви́дишь-ли, наш сын о́чень смешно́й ма́льчик.
— А? — не ве́рил Ми́ша.
Па́па по́днял его́ и посади́л себе́ на коле́ни.
— Дава́й¹ говори́ть серьёзно, ла́дно?
— Ла́дно, — согласи́лся Ми́ша.
— Никто́ не хо́чет обижа́ть тебя́. Во всём винова́та скве́рная пого́да. Е́сли бы на у́лице бы́ло хорошо́, ты игра́л бы во дворе́ и забавля́лся бы. Что каса́ется твоего́ дневника́, то ты там написа́л мно́го ерунды́.
— Ты сам сказа́л мне, чтоб я писа́л — отве́тил Ми́ша и пожа́л плеча́ми.
— Посто́й, бра́тец, я не говори́л тебе́ писа́ть глу́пости.
— Мо́жет быть, — согласи́лся Ми́ша, — я не по́мню. Зна́чит, то что я написа́л вы́шло глу́по?²
— И́менно, мой друг. — Па́па кивну́л голово́й.
— А когда́ ты пи́шешь кни́ги, то́же выхо́дит глу́по? — спроси́л Ми́ша.
Ма́ма вскочи́ла с дива́на и вы́бежала из ко́мнаты. Ми́ша прекра́сно знал, что она́ смея́лась, но хоте́ла скрыть э́то. Взро́слые так уме́ют притворя́ться! Па́па то́же хоте́л смея́ться. Его́ щёки бы́ли кра́сны, усы́ шевели́лись и, каза́лось, щекота́ли ему́ нос.
— Да — сказа́л он — я то́же иногда́ пишу́ глу́пости. Писа́ть правди́во и хорошо́ — о́чень тру́дно. Твои́ стихи́ не плохи́, совсе́м не плохи́, но остально́е никуда́ не годи́тся.³
— Почему́? — спроси́л Ми́ша.
— Всё э́то напи́сано сли́шком серди́то. Ты кри́тик, я э́того не знал. Ты всех критику́ешь, а на́до всегда́ начина́ть с самого́ себя́.⁴ Да, пре́жде всего́ критику́й себя́ . . . Зна́ешь что? Дава́й забу́дем⁵ о дневнике́.
— Ла́дно, — согласи́лся Ми́ша. Он рисова́л карти́нки на па́пиной бума́ге кра́сными и си́ними

---

¹*Let us.* ²*Came out silly.* ³*Is no good.* ⁴*Oneself.* ⁵*Let's forget.*

карандашáми. — Это óчень скýчно, — как урóки. Это былá твоя идéя. Ты сказáл: „Пиши, и это бýдет интерéсно", и я написáл, но ничегó интерéсного там нет. Пáпа, мóжно мне пропустить сегóдня урóк?

— Почемý?

— Я лýчше бýду читáть с Ксéнией Ивáновной.

— Хорошó, мóжешь пропустить сегóдня урóк — согласился пáпа, — тóлько мы óба должны извиниться пéред твоéй учительницей. Мы говорили и писáли о ней не óчень хорóшие вéщи.

Пáпа встал, и, держáсь зá руки,[1] óба напрáвились в мишину кóмнату.

— Прáвда, что нос её немнóго вздёрнут — сказáл пáпа, — но ей лýчше об этом не говорить. Такие вéщи нельзя испрáвить словáми, брáтец. Нос, какóй бы он ни был,[2] дан нам на всю жизнь.[3] Вот у тебя, напримéр, веснýшки на носý и по всей мóрдочке.[4] Хотéл бы ты, чтоб тебя звáли веснýщатым?

— Нет, не хотéл бы, — согласился Миша.

По Гóрькому

---

[1]*Holding each other's hand.* [2]*No matter how it looks.* [3]*For life.* [4]*Little face.* Affec. form of мóрда. Unless so used, the word is vulgar.

ЛЮБОПЫ́ТНЫЙ СЛУ́ЧАЙ

I

В Ленингра́де, на одно́м заво́де рабо́тал инжене́р-меха́ник Фёдор Па́влович Кирю́шин. Заво́д был небольшо́й, но по вое́нному вре́мени незамени́мый. Хоте́ли эвакуи́ровать его́ в Сиби́рь, но пото́м реши́ли оста́вить на ме́сте.

Зимо́ю 1941-42 го́да Инжене́р Кирю́шин, как и все[1] жи́тели Ленингра́да, испы́тывал го́лод и хо́лод,[2] от кото́рых здоро́вье его́ си́льно пострада́ло. Дире́ктор заво́да реши́л посла́ть Кирю́шина лечи́ться.

Одна́жды по́здно но́чью разда́лся телефо́нный звоно́к.

— Кирю́шин, ты? Во́т что, брат. Получи́лась из Москвы́ продукто́вая посы́лка для тебя́. Бери́ са́нки и приходи́. Тут бли́зко.

Че́рез час он уже́ вскрыва́л посы́лку. Бо́же мой! Кака́я посы́лка! Ма́сса великоле́пных чёрных сухаре́й; огро́мный кусо́к свино́го са́ла; два кило́ сли́вочного ма́сла; два кило́ са́хару; мно́го крупы́; не́сколько ба́нок сгущённого молока́ и ра́зных консе́рвов. И три́дцать пли́ток великоле́пного шокола́ду. Да́же шокола́д . . . Ура́!

— Куда́ же мне всё э́то одному́?[3] — ду́мает растро́ганный Кирю́шин — На́до подели́ться с кем-нибу́дь.

И пе́рвая мысль о ма́тери. А где она́? Стару́ха мать эвакуи́ровалась к свое́й племя́ннице в Воро́неж. Он получи́л от неё то́лько одно́ письмо́, а ведь[4] с тех пор прошло́ семь ме́сяцев! Мо́жет быть, её уже́ в Воро́неже нет. Впро́чем, ма́ма живёт лу́чше, чем сестра́. Сестра́ Кирю́шина, учи́тельница, эвакуи́ровалась в Каза́нь

[1]*Like all.* [2]During the Second World War, Leningrad was besieged and bombarded for more than eighteen months. [3]*How can I keep all this for me alone?* [4]*But then.*

вме́сте с институ́том, где она́ преподаёт англи́йский язы́к. Муж её ушёл в Кра́сную а́рмию, и с не́ю оста́лась четырёхлетняя дочь Та́нечка.[1] Вот ей посы́лка бу́дет кста́ти. Мо́жет быть, мо́жно бу́дет пересла́ть с лётчиком, кото́рый лети́т в Каза́нь.

Он сел за письмо́.

„Дорога́я А́нна! По́мнишь ба́сню Крыло́ва:[2] «Воро́не где́-то Бог посла́л кусо́чек[3] сы́ру?» Так вот и мне до́брые лю́ди присла́ли из Москвы́, и не кусо́чек, а большо́й кусо́к. И я хочу́ посла́ть тебе́ кусо́чек э́того куска́. Хоте́л бы посла́ть тебе́ мно́го, но лётчик мно́го не возьмёт; ведь[4] у него́ бу́дет мно́го посы́лок для други́х. Поэ́тому посыла́ю тебе́ полкило́ са́ла и два́дцать семь плито́к шокола́да, тебе́ и Та́нечке. Ну, а тепе́рь послу́шай, как я живу́, как идёт жизнь в Ленингра́де . . .“

Письмо́ бы́ло дли́нное и подро́бное. Это письмо́ вме́сте с посы́лкой он отнёс в штаб а́рмии и о́тдал прия́телю, подполко́внику Цветко́ву. Цветко́в сказа́л ему́, что че́рез два дня в Каза́нь лети́т самолёт, и обеща́л отпра́вить посы́лку и письмо́ э́тим самолётом.

Вско́ре в ко́мнату, где жила́ А́нна Па́вловна Ряби́нина, сестра́ Кирю́шина, постуча́ли. Бы́ло ра́ннее у́тро. Та́нечка ещё спала́. А́нна Па́вловна то́лько что просну́лась. Услыха́в стук, она́ на́скоро набро́сила хала́т, причеса́ла во́лосы, и откры́ла дверь. В ко́мнату вошёл молодо́й челове́к в фо́рме лётчика. Спроси́в, она́-ли А́нна Па́вловна Ряби́нина, и получи́в утверди́тельный отве́т, он вы́нул из су́мки посы́лку и по́дал ей.

— Скажи́те, от кого́ э́та посы́лка? — спроси́ла А́нна Па́вловна.

— К вели́кому сожале́нию, не зна́ю—отве́тил лётчик.

— Да кто же вам её переда́л?

— Посы́лку дал мне подполко́вник Цветко́в в шта́бе а́рмии.

---

[1] Affec. for Та́ня, which is the fam. form of Татья́на. [2] Крыло́в, a famous Russian fabulist (1768-1844). [3] Dim. of кусо́к (a piece). [4] Since.

— Но, может быть, вам дали и письмо?

— Вы вскройте посылку: может быть, в ней есть и письмо.

Анна Павловна вскрыла посылку, но письма в ней не было.

— Может быть, вам и было письмо — сказал тогда лётчик — но я его не привёз . . . Расскажу вам по секрету . . . По дороге в Казань с мотором что-то случилось, и нам пришлось сделать вынужденную посадку. Когда починяли мотор, пришлось вынуть кое-что из кабины, в том числе мешок с письмами. Да и забыли его там.

II

После ухода лётчика Анна Павловна долго ломала голову — от кого посылка? Скорее всего нужно было бы ожидать от брата Феди.[1] Но Анна Павловна знала, что брат и сам[2] в Ленинграде голодает. К тому же[3] из его последнего письма видно было,[4] что их завод эвакуируется в Сибирь. Но это письмо было получено два месяца тому назад.[5] Где же теперь её брат? А-а-а-а, вот от кого![6] Шоколад ей прислала её знакомая киноактриса Истомина, которая брала у неё уроки английского языка. У этой Истоминой так много цветов, духов, шоколада. Конечно, это она прислала шоколад для Танечки!

Анна Павловна была очень рада посылке. Правда, знакомый лётчик, которому она преподаёт английский язык, подарил её Танечке полкило прекрасного американского шоколаду. И всё-таки Анна Павловна была очень рада шоколаду. Она теперь может послать шоколаду своей матери, которую она любила не меньше, чем Танечку. Старушка мать жила у своей племянницы в Ростове. Надо найти лётчика, который летел бы туда.

---

[1]Fam. for Фёдор. [2]*Himself.* [3]*Moreover.* [4]*It was clear.* [5]*Ago.* [6]*Here is from whom it comes!*

Прошло́ де́сять дней. Лётчик Руднёв пришёл к ней ра́достный и говори́т:[1]

— Дава́йте посы́лочку.[1] За́втра лечу́ в Росто́в.

А́нна Па́вловна оста́вила три пли́тки шокола́ду — одну́ себе́, две Та́нечке — остальны́е два́дцать четы́ре запакова́ла и вме́сте с письмо́м отпра́вила ма́тери.

Лётчик Руднёв прилете́л в Росто́в ещё до зака́та[2] со́лнца. Он заста́л стару́шку в огоро́де. Она́ сиде́ла под вишнёвым де́ревом и вяза́ла чуло́к. Она́ поблагодари́ла его́ за посы́лку, и ста́ла расспра́шивать о том, как живёт её дочь. Он рассказа́л ей, что А́нна Па́вловна живёт не пло́хо.

— А вот о своём бра́те, о вашем сы́не Фёдоре Па́вловиче она́ о́чень беспоко́ится. Гла́вное, не зна́ет, где он живёт: он давно́ не писа́л ей. Она́ зна́ет то́лько, что заво́д, на кото́ром он рабо́тает, эвакуи́ровался в Сиби́рь.

Стару́ха, вы́слушав его́, улыбну́лась и сказа́ла:

— Ничего́ подо́бного.[3] Фе́дя живёт в Ленингра́де, как ра́ньше. Я и сама́ ду́мала, что он в Сиби́ри, но на днях[4] я встре́тила одного́ знако́мого старичка́,[5] из Ленингра́да, кото́рый рабо́тает на том же заво́де, что и Фе́дя. Он мне сказа́л, что их заво́д оста́лся в Ленингра́де, и что Фе́дя продолжа́ет там жить.

Лётчик Руднёв ушёл, и стару́шка Кирю́шина заду́малась. Старичо́к из Ленингра́да сказа́л ей, что сын её живёт в нужде́. Вот ему́-то она́ и отпра́вит шокола́д. Две пли́тки оста́вит себе́ с племя́нницей, а два́дцать две пошлёт Фе́деньке.[6] Ему́ он бу́дет о́чень кста́ти. Да ещё постара́ется немно́го ма́сла ему́ доста́ть. Че́рез неде́лю старичо́к возвраща́ется в Ленингра́д, и она́ пошлёт посы́лку с ним.

Стару́шка се́ла за письмо́.

„Дорого́й Фе́денька! — писа́ла она́ — Когда́ ты был

---

[1]Dim. and affec. for посы́лка. [2]Зака́та or захо́да. [3]*Nothing of the kind.*
[4] *The other day.* [5]Dim. of стари́к (old man). [6]Affec. for Фе́дя.

ещё ма́ленький и учи́лся в шко́ле, то, по́мнишь, чита́л мне наизу́сть ба́сни Крыло́ва. По́мнишь: «Воро́не где́-то Бог посла́л кусо́чек сы́ру». Вот так и мне"... Письмо́ бы́ло дли́нное. Стару́шка вложи́ла его́ в конве́рт и запакова́ла вме́сте с посы́лкой.

Мину́т за де́сять до нача́ла у́тренних рабо́т в кабине́т Фёдора Па́вловича Кирю́шина вошёл старичо́к, возврати́вшийся в Ленингра́д. Поздоро́вавшись, он положи́л на стол посы́лку и сказа́л:

— Э́то вам от ва́шей ма́меньки[1] пода́рочек.[2]

Кирю́шин вскрыл посы́лку и гро́мко рассмея́лся: из неё одна́ за друго́й па́дали пли́тки знако́мого шокола́да.

По В. Шишко́ву[3]

---

[1] A term of endearment for мать.   [2] Dim. of пода́рок.   [3] Шишко́в, а well-known Russian novelist and short-story writer (1873-1945).

АПТЕ́КАРША

Городо́к[1] Б., состоя́щий из двух-трёх криву́х у́лиц, кре́пко спит. Круго́м тишина́. Слы́шно то́лько как где́-то далеко́, должно́ быть, за го́родом ла́ет соба́ка. Ско́ро рассве́т.

Всё давно́ усну́ло. Не спит то́лько молода́я жена́ апте́каря, Черномо́рдика. Она́ ложи́лась уже́ три ра́за, но сон упря́мо не идёт к ней,[2] и неизве́стно отчего́. Сиди́т она́ у откры́того окна́ и гляди́т на у́лицу. Ей ду́шно, ску́чно, доса́дно . . . так доса́дно, что да́же пла́кать хо́чется, а отчего́ — опя́ть-таки неизве́стно.

Сза́ди, в не́скольких шага́х от апте́карши, лицо́м к стене́, сла́дко храпи́т сам Черномо́рдик. Его́ куса́ет блоха́, но он э́того не чу́вствует и да́же улыба́ется, так как ему́ сни́тся, что все в го́роде ка́шляют и непреры́вно покупа́ют у него́ ка́пли от ка́шля.

Апте́ка нахо́дится почти́ у кра́я го́рода, так что апте́карше далеко́ ви́дно в по́ле. Она́ ви́дит, как ма́ло-пома́лу беле́ет восто́чный край не́ба, как он пото́м багрове́ет, сло́вно от большо́го пожа́ра. Неожи́данно из-за отдалённого куста́рника выполза́ет больша́я широколи́цая луна́.

Вдруг среди́ ночно́й тишины́ раздаю́тся чьи́-то шаги́ и звя́кание шпор. Слы́шатся голоса́.

— Э́то офице́ры в ла́герь иду́т — ду́мает апте́карша.

Немно́го погодя́, пока́зываются две фигу́ры в бе́лых офице́рских ки́телях: одна́ больша́я и то́лстая, друга́я немно́го ме́ньше и то́ньше . . . Они́ лени́во иду́т вдоль забо́ра и гро́мко разгова́ривают о чём-то. Поравня́вшись с апте́кой, о́бе фигу́ры начина́ют итти́ ещё ти́ше и гляди́т на о́кна.

— Апте́кой па́хнет . . . — говори́т то́нкий. — Апте́ка

---

[1]Dim. of го́род (city, town). [2]*Does not come to her.*

и есть! Ах, помню . . . На прошлой неделе я здесь был, касторку покупал. Тут аптекарь с кислым лицом и с ослиной челюстью. Вот так челюсть!

— М-да . . . — говорит толстый басом. — Спит. И аптекарша спит. Тут, Обтёсов, аптекарша хорошенькая.

— Видел. Мне она очень нравится . . . Скажите, доктор, неужели она может любить эту ослиную челюсть? Неужели?

— Нет, вероятно, не любит, — вздыхает доктор с таким выражением, как будто ему жаль аптекаря. — Спит теперь милая за окошечком![1] Обтёсов, а? . . . ротик[2] полуоткрыт . . . и ножка[2] с кровати свесилась.

— Знаете что, доктор? — говорит офицер, останавливаясь. — Давайте зайдём в аптеку и купим чего-нибудь! Аптекаршу, может быть, увидим.

— Выдумал — ночью!

— А что же?[3] Ведь они и ночью обязаны торговать. Голубчик,[4] войдёмте!

— Пожалуй . . .

Аптекарша, спрятавшись за занавеску, слышит тихий звонок. Оглянувшись на мужа, который храпит попрежнему сладко и улыбается, она набрасывает на себя платье, надевает на босую ногу туфли и бежит в аптеку.

За стеклянной дверью видны две тени . . . Аптекарша припускает огня в лампе и спешит к двери, чтобы отпереть, и ей уже не скучно, и не досадно, и не хочется плакать, а только сильно стучит сердце. Входит толстяк-доктор и тонкий Обтёсов.

— Что вам угодно? — спрашивает аптекарша, придерживая на груди платье.

---

[1]*Behind the window.* Окошечко is a diminutive of окошко, which is a popular term for окно. [2]Dim. respectively of рот (mouth) and нога (leg, foot). [3]*What about it?* [4]Голубчик, голубушка are very common terms of endearment.

— Дайте . . . э-э-э . . . на пятнадцать копеек мятных лепёшек!

Аптекарша, не спеша, достаёт с полки банку и начинает вешать. Покупатели, не мигая, глядят на её спину; доктор жмурится, как сытый кот, а офицер очень серьёзен.

— Первый раз вижу, что дама в аптеке торгует — говорит доктор.

— Тут ничего нет особенного . . . — отвечает аптекарша, искоса поглядывая на розовое лицо Обтёсова. — Мой муж не имеет помощников, и я ему всегда помогаю.

— Так . . . А у вас маленькая аптечка![1] Сколько тут разных этих . . . банок! И вы не бойтесь вращаться среди ядов?

Аптекарша запечатывает пакетик[2] и подаёт доктору. Обтёсов подаёт ей пятнадцать копеек. Проходит полминуты в молчании . . . Мужчины переглядываются, делают шаг к двери, потом опять переглядываются.

— Дайте на десять копеек соды! — говорит доктор.

Аптекарша опять, лениво двигаясь, протягивает руку к полке.

— Нет-ли тут,[3] в аптеке, чего-нибудь такого[4] . . . — бормочет Обтёсов, шевеля пальцами, — чего-нибудь такого, знаете-ли[5] . . . зельтерской воды, что-ли?[6] У вас есть зельтерская вода?

— Есть — отвечает аптекарша.

— Браво! Вы не женщина, а фея. Дайте-ка нам бутылочки[7] три!

Аптекарша торопливо запечатывает соду и исчезает в темноте за дверью.

— Фрукт! — говорит доктор подмигивая. — Такого ананаса, Обтёсов, и на острове Мадейре[8] не сыщете.[9] А? Как вы думаете? Однако . . . слышите храп? Это сам господин аптекарь изволит почивать.[10]

---

[1]Dim. of аптека (drug store). [2]Dim. of пакет (package). [3]*Isn't there* [4]*Something* . . . [5]*You know* . . . [6]*Perhaps.* [7]Dim. and affec. of бутылка (bottle). [8]*Madeira*, a Portuguese island off the N.W. coast of Africa. [9]From сыскать; colloq. for найти (to find). [10]*Is kind enough to repose* (iron.).

Через минуту возвращается аптекарша и ставит на прилавок пять бутылок. Она только что была[1] в погребе, а потому красна и немного взволнована.

— Тсс... тише! — говорит Обтёсов, когда она, раскупорив бутылки, роняет штопор. — Не стучите так, а то[2] мужа разбудите.

— Ну так что же[3] если разбужу?

— Он так сладко спит ... видит вас во сне ... За ваше здоровье!

— И к тому же[4] — говорит доктор басом — мужья такая скучная история, что хорошо бы они сделали, если бы всегда спали. Эх, к этой водице[5] винца[5] бы красненького?[5]

— Чего ещё выдумали![6] — смеётся аптекарша.

— Великолепно бы! Жаль, что в аптеках не продают вина! Впрочем ... вы ведь[7] должны продавать вино, как лекарство. Есть у вас vinum gallicum rubrum?[8]

— Есть.

— Ну вот! Подавайте нам его! Тащите[9] его сюда!

— Сколько вам?[10]

— Сначала дайте нам в воду по унцу, а потом увидим ... Обтёсов, а? Сначала с водой, а потом без ...

Доктор и Обтёсов садятся у прилавка, снимают фуражки и начинают пить красное вино.

— А вино, надо сознаться, скверное! Впрочем, в присутствии ... э-э-э ... оно кажется нектаром. Вы восхитительны, сударыня! Целую вам мысленно ручку.

— Я дорого дал бы за то, чтобы сделать это не мысленно! — говорит Обтёсов. — Честное слово! Я отдал бы жизнь!

— Это уж вы оставьте ... — говорит госпожа Черномордик, вспыхивая и делая серьёзное лицо.

---

[1]*Just now was ...* [2]*Or else.* [3]*What of it.* [4]*Moreover.* [5]*Dim. and affec. for* вода (water), вино (wine), красное (red). [6]*What'll you think next?* [7]The word has no definite meaning; is used, for emphasis, in conversation. [8]*Red French wine.* [9]*Colloq. and fam. for* принесите (bring). [10]*How much do you want?*

— Кака́я, одна́ко, вы коке́тка! — ти́хо хохо́чет до́ктор, гля́дя на неё исподло́бья. — Глазёнки[1] так и стреля́ют! Пиф! паф!

Поздравля́ю: вы победи́ли! Мы сражены́!

Апте́карша гляди́т на их румя́ные ли́ца, слу́шает их болтовню́ и ско́ро сама́ оживля́ется. Ой, ей уже́ так ве́село! Она́ вступа́ет в разгово́р, хохо́чет, коке́тничает и да́же, по́сле до́лгих просьб покупа́телей, выпива́ет у́нца два кра́сного вина́.

— Вы бы, офице́ры, поча́ще в го́род из ла́герей приходи́ли — говори́т она́: — а то тут у́жас кака́я ску́ка! я про́сто умира́ю.

— Ещё бы! — вздыха́ет до́ктор — Тако́й анана́с . . . чу́до приро́ды и — в глуши́! Прекра́сно вы́разился Грибое́дов:[2] „В глушь, в Сара́тов!"[3] Одна́ко нам пора́. О́чень рад познако́миться . . . весьма́! Ско́лько мы вам должны́?"

Апте́карша поднима́ет к потолку́ глаза́ и до́лго шевели́т губа́ми.

— Двена́дцать рубле́й со́рок во́семь копе́ек! — говори́т она́.

Обтёсов вынима́ет из карма́на то́лстый бума́жник, до́лго ро́ется в па́чке де́нег и пла́тит.

— Ваш муж сла́дко спит . . . ви́дит сны . . . — бормо́чет он, пожима́я на проща́нье ру́ку апте́карши.

— Я не люблю́ слу́шать глу́пости . . .

— Каки́е же глу́пости? Наоборо́т . . . э́то во́все не глу́пости . . . Да́же Шекспи́р сказа́л: „Блаже́н, кто смо́лоду был мо́лод! . . ."

— Пусти́те ру́ку!

Наконе́ц, покупа́тели, по́сле до́лгих разгово́ров, целу́ют у апте́карши ру́чку[4] и нереши́тельно, сло́вно разду́мывая, не забы́ли-ли они́ чего́-нибу́дь, выхо́дят из апте́ки.

---

[1]Affec. for глаза́ (eyes). [2]Famous Russian playwright (1795-1829). [3]Saratov is no longer a wilderness, but a city of about 400,000 inhabitants. [4]Dim. and affec. for рука́ (hand).

А она́ бы́стро бежи́т в спа́льню и сади́тся у того́ же окна́. Ей ви́дно, как до́ктор и Обтёсов, вы́йдя из апте́ки, лени́во отхо́дят шаго́в на два́дцать, пото́м остана́вливаются и начина́ют о чём-то шепта́ться. О чём? Се́рдце у неё стучи́т, в виска́х то́же стучи́т, а отчего́ — сама́ не зна́ет.

Мину́т че́рез пять до́ктор отхо́дит от Обтёсова и идёт да́льше, а Обтёсов возвраща́ется. Он прохо́дит ми́мо апте́ки раз, друго́й . . . То остано́вится о́коло две́ри, то опя́ть зашага́ет . . . Наконе́ц, осторо́жно звони́т.

— Что? Кто там? — вдруг слы́шит апте́карша го́лос му́жа.

— Там звоня́т, а ты не слы́шишь! — говори́т апте́карь стро́го. — Что за беспоря́дки!

Он встаёт, надева́ет хала́т и, пока́чиваясь в полусне́, идёт в апте́ку.

— Чего́ . . . вам? — спра́шивает он у Обтёсова.

— Да́йте . . . да́йте на пятна́дцать копе́ек мя́тных лепёшек.

С бесконе́чным сопе́нием, зева́я, засыпа́я на ходу́, апте́карь ле́зет на по́лку и достаёт ба́нку . . .

Спустя́ две мину́ты[1] апте́карша ви́дит, как Обтёсов выхо́дит из апте́ки и, пройдя́ не́сколько шаго́в, броса́ет на пы́льную доро́гу мя́тные лепёшки. Из-за угла́ навстре́чу ему́ идёт до́ктор . . . О́ба схо́дятся и, жестикули́руя рука́ми, исчеза́ют в у́треннем тума́не.

— Как я несча́стна! — говори́т апте́карша, со зло́бой гля́дя на му́жа, кото́рый бы́стро раздева́ется, чтобы опя́ть лечь спать. — О, как я несча́стна! — повторя́ет она́, вдруг залива́ясь го́рькими слеза́ми. — И никто́, никто́ не зна́ет . . .

— Я забы́л пятна́дцать копе́ек на прила́вке — бормо́чет апте́карь, укрыва́ясь одея́лом — Спрячь их, пожа́луйста . . .

И то́тчас же засыпа́ет.

Че́хов[2]

---

[1] *Two minutes later.* [2] Че́хов, a famous short-story writer and playwright (1860-1904).

ПОСЛЕ БАЛА

I

— Вся моя жизнь — начал свой рассказ Иван Васильевич — переменилась от одной ночи или, скорее, утра.

— Да что же было?[1] — спросили хором собравшиеся у него друзья, заинтересованные таким началом.

— А было то, что был я сильно влюблён.[2] Влюблялся я много раз, но это была моя самая сильная любовь. Дело прошлое; у неё уже дочери замужем. Это была Варенька[3] Б . . . — Иван Васильевич назвал фамилию.

— Она и в пятьдесят лет[4] была замечательная красавица, но в молодости, восемнадцати лет, была прелестна.

Я в то время был студентом. Был я очень весёлый и бойкий малый, да ещё[5] и богатый. Была у меня прекрасная лошадь, катался я с гор с барышнями (коньки ещё не были в моде),[6] кутил с товарищами. Главное же моё удовольствие составляли балы и вечера. Танцовал я хорошо и был не безобразен.

— Ну, не скромничайте, — перебила его одна из слушательниц. Мы ведь видели ваш портрет. Вы были красавец.

— Может быть, да не в этом дело.[7] А дело в том, что во время моей этой самой сильной любви я был в последний день масляницы на балу у одного очень богатого человека. Бал был чудесный. Зала[8] прекрасная, музыканты — знаменитые в то время крепостные

[1] *What happened?* [2] *Madly in love.* [3] Affec. for Варя which is the familiar name for Варвара. [4] *At fifty.* The gen. pl. of лето with the meaning of *years* is used in all numbers other than two, three and four, separate or in combination with other numbers. [5] *And in addition.* [6] *Were not yet in vogue.* [7] *It's irrelevant.* [8] Зала or зал.

40

помещика — великолепный буфет и море шампанского. Хоть я и охотник был до шампанского, но не пил, потому что без вина был пьян любовью, но зато танцовал без устали и вальсы и польки, разумеется, насколько возможно было, всё с Варенькой. Она была в белом платье с розовым поясом, в белых лайковых перчатках и в белых атласных туфлях. А когда не танцовал с нею, я всё время смотрел на неё; всё время видел её высокую стройную фигуру в белом платье с розовым поясом, её сияющее розовое лицо с ямочками в щеках и ласковые милые глаза. Не я один — все смотрели на неё и любовались ею; любовались мужчины и женщины. Нельзя было не любоваться. Да, так вот танцовал я больше с нею и не заметил, как прошло время. Был третий час утра.¹ Надо было пользоваться последними минутами. Я ещё раз² выбрал её, и мы в сотый раз прошли вдоль залы.³ Из гостиных поднялись уже из-за карточных столов мамаши и папаши, ожидая ужина.

— Так после ужина кадриль моя, — сказал я, отводя её к её месту.

— Разумеется, если меня не увезут,⁴ — сказала она, улыбаясь.

— Смотрите, папу просят танцовать, — сказала она мне, указывая на высокую, статную фигуру её отца — полковника, с серебряными эполетами, стоявшего в дверях с дамами.

— Варенька, подите⁵ сюда, — услышали мы громкий голос хозяйки.

Варенька подошла к двери, и я за ней.⁶

— Уговорите, милая, отца пройтись с вами. Ну, пожалуйста, Пётр Владиславович, — обратилась хозяйка к полковнику.

Отец Вареньки был очень красивый, статный, высокий и свежий старик.

---

¹*Between two and three a.m.* ²*Once more.* ³*Danced the length of the hall.* ⁴*If they do not take me home.* ⁵Colloq. for пойдите (come). ⁶*Followed her.*

Когда́ мы подошли́ к дверя́м, полко́вник отка́зывался, говоря́, что он разучи́лся танцова́ть, но всё-таки, улыба́ясь, заки́нув на ле́вую сто́рону ру́ку, вы́нул шпа́гу из портупе́и, о́тдал её услу́жливому молодо́му челове́ку и, натяну́в за́мшевую перча́тку на пра́вую ру́ку, взял ру́ку до́чери и стал выжида́ть такт. Дожда́вшись нача́ла мазу́рки, он бо́йко то́пнул одно́й ного́й, вы́кинул другу́ю, и высо́кая, стро́йная фигу́ра его́ ти́хо и пла́вно задвига́лась вокру́г за́лы. Грацио́з-ная фигу́ра Ва́реньки плыла́ о́коло него́, незаме́тно, во́-время укора́чивая и́ли удлиня́я шаги́ свои́х ма́леньких, бе́лых атла́сных но́жек. Вся за́ла следи́ла за ка́ждым движе́нием па́ры. Когда́ же полко́вник, бы́стро расста́вив но́ги, опя́ть соедини́л их и упа́л на одно́ коле́но, а Ва́ренька, улыба́ясь, пла́вно прошла́ вокру́г него́, все гро́мко зааплоди́ровали. Приподня́вшись, он не́жно поцелова́л дочь в лоб, и подвёл её ко мне.

— Пройди́тесь тепе́рь вы с не́ю, — сказа́л он, ла́сково улыба́ясь.

Мазу́рка ко́нчилась, хозя́ева проси́ли госте́й к у́жину, но полко́вник Б. отказа́лся, сказа́в, что ему́ на́до за́втра ра́но встава́ть, и прости́лся с хозя́евами. Я испуга́лся, что и Ва́реньку увезу́т, но она́ оста́лась с ма́терью.

По́сле у́жина я танцова́л с не́ю обе́щанную кадри́ль, и сча́стье моё всё росло́ и росло́.

Когда́ я прие́хал домо́й, разде́лся и поду́мал о сне, я увида́л, что э́то соверше́нно невозмо́жно. У меня́ в руке́ бы́ло пёрышко[1] от её ве́ера и её перча́тка, кото́рую она́ дала́ мне, уезжа́я, когда́ сади́лась в каре́ту. Я смотре́л на э́ти ве́щи и ви́дел её пе́ред собо́ю.[2]

Жи́ли мы тогда́ одни́ с поко́йным бра́том. Брат и вообще́[3] не люби́л све́та и не е́здил на балы́, тепе́рь же гото́вился к экза́мену и вёл са́мую пра́вильную жизнь. Он спал. Крепостно́й наш лаке́й Петру́ша[4] встре́тил

меня́ со свечо́й и хоте́л помо́чь мне разде́ться, но я отпусти́л его́. Стара́ясь не шуме́ть, я на цы́почках прошёл в свою́ ко́мнату и сел на посте́ль. Нет, я был сли́шком сча́стлив, я не мог спать. Прито́м мне бы́ло жа́рко в нато́пленных ко́мнатах, и я, не снима́я мунди́ра, потихо́ньку вы́шел в пере́днюю, наде́л шине́ль, отвори́л нару́жную дверь и вы́шел на у́лицу.

II

С ба́ла я уе́хал в пя́том часу́; пока́[1] дое́хал домо́й, посиде́л до́ма, прошло́ ещё часа́ два, так что,[2] когда́ я вы́шел, бы́ло уже́ све́тло. Жи́ли Б. тогда́ на конце́ го́рода по́дле большо́го по́ля, на одно́м конце́ кото́рого бы́ло гуля́нье, а на друго́м — деви́ческий институ́т. Я прошёл наш пусты́нный переу́лок и вы́шел на большу́ю у́лицу, где ста́ли встреча́ться и пешехо́ды и ломовы́е с дрова́ми на саня́х. Когда́ я вы́шел на по́ле, где был их дом, я увида́л в конце́ его́ что-то большо́е, чёрное и услыха́л доноси́вшиеся отту́да зву́ки фле́йты и бараба́на. В душе́ у меня́ всё вре́мя пе́ло и и́зредка слы́шался моти́в мазу́рки. Но э́то была́ кака́я-то друга́я, жёсткая, нехоро́шая му́зыка.

— Что э́то тако́е?[3] — поду́мал я и по ско́льзкой доро́ге, пересека́вшей по́ле, пошёл по направле́нию зву́ков. Пройдя́ шаго́в сто, я из-за тума́на стал различа́ть мно́го чёрных люде́й. Очеви́дно, солда́ты. «Вероя́тно, уче́нье», поду́мал я и вме́сте с кузнецо́м, нёсшим что-то и ше́дшим передо мно́ю, подошёл бли́же. Солда́ты в чёрных мунди́рах стоя́ли двумя́ ряда́ми друг про́тив дру́га, держа́ ру́жья к ноге́, и не дви́гались. Позади́ их стоя́ли бараба́нщики и флейти́ст и не перестава́я повторя́ли всё ту же неприя́тную, визгли́вую мело́дию.

— Что э́то они́ де́лают? — спроси́л я у кузнеца́, останови́вшегося ря́дом со мной.

---

[1] *The time it took.* [2] *So that.* [3] *What is this?*

— Татáрина гоня́ют за побéг, — сердúто сказáл кузнéц, взгля́дывая в дáльний конéц ря́дóв.

Я стал смотрéть тудá же и увúдел посредú ря́дóв что-то стрáшное, приближáющееся ко мне. Приближáющееся ко мне был оголённый по пóяс человéк, привя́занный к рýжьям двух ýнтер-офицéров, котóрые велú егó. Ря́дом с ним шёл высóкий воéнный в шинéли и фурáжке, фигýра котóрого показáлась мне знакóмой. Дёргаясь всем тéлом, накáзываемый, под сы́павшимися с обéих сторóн на негó удáрами, подвигáлся ко мне, то опрокúдываясь назáд — и тогдá ýнтер-офицéры, вéдшие егó за рýжья, толкáли егó вперёд, то пáдая наперёд — и тогдá ýнтер-офицéры, удéрживая егó от падéния, тянýли егó назáд. И, не отставáя от негó, шёл твёрдой похóдкой высóкий воéнный. Это был её отéц, с свои́м румя́ным лицóм и бéлыми усáми.

При кáждом удáре накáзываемый поворáчивал смóрщенное от страдáния лицó в ту стóрону, с котóрой пáдал удáр, и, оскáливая бéлые зýбы, повторя́л какúе-то однú и те же словá.[1] Тóлько когдá он был совсéм блúзко,[2] я расслы́шал эти словá. Он не говорúл, а всхлúпывал: «Брáтцы, пожалéйте, брáтцы, пожалéйте!» Но брáтцы продолжáли своё дéло.

— О, Гóсподи, — проговорúл пóдле меня́ кузнéц. Шéствие стáло удаля́ться. Всё так же[3] пáдали с двух сторóн удáры на спотыкáющегося, кóрчившегося человéка, и всё так же бúли барабáны и свистéла флéйта, и всё так же твёрдым шáгом двúгалась высóкая, стáтная фигýра полкóвника ря́дом с накáзываемым. Вдруг полкóвник остановúлся и бы́стро приблúзился к одномý из солдáт.

— Я тебé![4] . . . — услыхáл я егó гнéвный гóлос. И я вúдел, как он своéй сúльной рукóй в зáмшевой перчáтке бил по лицý испýганного слáбого солдáта нúзкого рóста за то, что он недостáточно сúльно удáрил своéй пáлкой по крáсной спинé татáрина.

---

[1]*Some words, always the same.* [2]*Very near.* [3]*In the same way.* [4]These are the initial words of a threat.

— Пода́ть све́жих шпицру́тенов! — кри́кнул он, огля́дываясь, и увида́л меня́. Де́лая вид, что он не зна́ет меня́, он, гро́зно и зло́бно нахму́рившись, поспе́шно отверну́лся. Мне бы́ло до тако́й сте́пени[1] сты́дно, что, не зна́я, куда́ смотре́ть, я опусти́л глаза́ и поторопи́лся уйти́ домо́й. Всю доро́гу в уша́х у меня́ то би́ла бараба́нная дробь и свисте́ла фле́йта, то слы́шались слова́: „Бра́тцы, пожале́йте", то я слы́шал гне́вный го́лос полко́вника: „Я тебе́!..."

Не по́мню, как я добра́лся домо́й и лёг. Но то́лько[2] стал засыпа́ть, услыха́л и уви́дел опя́ть всё и вскочи́л.

Засну́л я то́лько к ве́черу, и то[3] по́сле того́, как пошёл к прия́телю и напи́лся с ним совсе́м пьян".

Ива́н Васи́льевич умо́лк.

— Ну, а любо́вь что?[4] — спроси́ли его́ го́сти.

— Любо́вь? Любо́вь с э́того дня пошла́ на у́быль. Когда́ она́, как э́то ча́сто быва́ло с ней,[5] с улы́бкой на лице́, заду́мывалась, я сейча́с же вспомина́л полко́вника на пло́щади, и мне станови́лось нело́вко и неприя́тно,[6] и я стал ре́же вида́ться с ней. И любо́вь так и сошла́ на нет.[7] — Так вот каки́е быва́ют дела́[8] и от чего́[9] меня́ется и направля́ется вся жизнь челове́ка — зако́нчил он.

Толсто́й[10]

---

[1]So. [2]No sooner. [3]And even then. [4]And what about your love? [5]As she often did. [6]I felt uneasy and uncomfortable. [7]Dwindled away. [8]This is how things sometimes are. [9]Because of what. [10]Famous Russian philosopher and novelist (1828-1910).

ЧА́РЫ

I

Я расскажу́ вам трагикоми́ческую исто́рию мое́й пе́рвой любви́. Нача́ло исто́рии о́чень романти́чно. Предста́вьте себе́ бал: большо́й, све́тлый зал;[1] бога́то оде́тые да́мы и мужчи́ны, и вот на эстра́де, высоко́ над мо́рем челове́ческих голо́в,[2] появля́ется „он". Чёрные ку́дри па́дают на пле́чи, чёрные ба́рхатные[2] глаза́ смо́трят вперёд с холо́дным вели́чием;[2] рука́ — дли́нная, бе́лая, прекра́сная рука́ арти́ста, небре́жно обтира́ет платко́м де́ку скри́пки и пото́м та́к же небре́жно броса́ет э́тот плато́к на роя́ль. Тишина́. Ро́бкие акко́рды прелю́дии. Се́рдце моё замира́ет. Нет бо́льше ни сия́ющего за́ла, ни мама́н,[3] ни сосе́дей. Остаю́тся то́лько зву́ки скри́пки и чёрные ба́рхатные глаза́ там, на эстра́де.

Да́льше предста́вьте себе́ наи́вную, то́лько что нача́вшую выезжа́ть де́вушку-институ́тку[4] с головой, набитой романти́ческим вздо́ром.

Мой скрипа́ч был о́чень при́нят[5] в вы́сшем све́те. Его́ называ́ли „Второ́й Паганини"[6] и „Второ́й Сараса́те".[7] Да́мы находи́ли в нём что́-то демони́ческое.

Ско́лько раз, гля́дя на его́ демони́ческий и го́рдый про́филь, я с мучи́тельным любопы́тством ду́мала о его́ инти́мной жи́зни, о лю́дях, кото́рые его́ окружа́ют, о его́ многочи́сленных побе́дах же́нских серде́ц. Я уже́

---

[1]Зал or за́ла. [2]The Russian language makes free use of daring metaphors, as, for example, here: a sea of heads, eyes of velvet, cold loftiness. [3]A French word much used in the old times in high society for ма́ма. (mother). [4]A student of a pre-revolutionary school for girls of the nobility. The word carries the connotation of naïveté. [5]*Was very fashionable.* [6]Famous Italian violinist (1784-1840). [7]The greatest Spanish violinist of his time (1844-1908).

зна́ла из кни́г, что вели́кие лю́ди о́чень одино́ки. И я мечта́ла . . .

Одна́жды я реши́лась написа́ть ему́ письмо́. Он отве́тил, и ме́жду на́ми завяза́лась перепи́ска, из кото́рой я ещё раз убеди́лась в том, что я была́ права́: мой арти́ст гляде́л на жизнь с уста́лостью и презре́нием. При э́том он выража́л благода́рность чу́ткому же́нскому се́рдцу, оцени́вшему его́. Не́чего и говори́ть,[1] что э́то чу́ткое се́рдце принадлежа́ло мне.

Ле́том мы уе́хали на да́чу, и перепи́ска прекрати́лась.

На да́че на́шим ежедне́вным го́стем сде́лался кавалери́йский генера́л сорокале́тний холостя́к с прекра́сным бу́дущим.

Генера́л вози́л[2] мне цветы́ и конфе́ты. Мама́н не раз говори́ла о том, каку́ю хоро́шую па́ртию он представля́ет для де́вушки из не о́чень бога́той семьи́. Но моё се́рдце бы́ло перепо́лнено демони́ческим арти́стом. „Е́сли не он, то никто́!“ — реши́ла я. И, наве́рно, оста́лась бы при своём реше́нии, е́сли бы не случа́й, о кото́ром я сейча́с расскажу́.

II

Одна́жды мама́н, я и мой генера́л возвраща́лись домо́й с прогу́лки. Я отста́ла. Они́ бы́ли о́чень за́няты разгово́ром, и не заме́тили э́того. Когда́ я проходи́ла ми́мо ма́ленькой да́чи, до моего́ слу́ха донёсся знако́мый го́лос, сра́зу взволнова́вший меня́. Любопы́тство моё бы́ло так си́льно, что я останови́лась и, скры́тая куста́ми ака́ции, ста́ла прислу́шиваться, наблюда́ть. Бо́же мой! Пре́жде всего́ я уви́дела „его́“, мою́ демони́ческую нату́ру, моего́ Сараса́те и Пагани́ни. Он сиде́л пе́ред терра́сой, о́коло кру́глого зелёного стола́. На коле́нях у него́ был ребёнок ме́сяцев трёх-четырёх,[3] с голово́й, кача́ющейся во все сто́роны. Про́тив него́ то́лстая же́нщина, в гря́зном се́ром пла́тье, вари́ла варе́нье.

---

[1] *It goes without saying.* [2] More commonly, привози́л. [3] *About three or four.*

Че́тверо[1] други́х дете́й — тро́е ма́льчиков и де́вочка — толпи́лись о́коло та́за, вре́мя от вре́мени обли́зывая ло́жки с варе́ньем. Карти́ну дополня́ли ещё две же́нщины, сиде́вшие о́коло того́ же кру́глого зелёного стола́: стару́шка[2] лет семи́десяти, вяза́вшая чуло́к, и горба́тая же́нщина, о́чень похо́жая на моего́ Пагани́ни, кото́рая, то приближа́я, то удаля́я от глаз ребёнка блестя́щий стака́н, заставля́ла его́ вскри́кивать, пуска́ть ртом пузыри́ и тяну́ться вперёд рука́ми. Гля́дя на него́, и то́лстая же́нщина, и стару́шка с чулко́м, и сам Пагани́ни, улыба́лись улы́бками счастли́вого отца́, дово́льной ма́тери и ба́бушки. А мой демони́ческий музыка́нт с любо́вной забо́тливостью вытира́л како́й-то гря́зной тря́пкой мо́крые гу́бы и нос ребёнка.

Вдруг музыка́нт поверну́л го́лову. Я ви́дела то́лько, как его́ лицо́ покры́лось густо́й кра́ской; как его́ ру́ки инстинкти́вно протяну́лись, чтобы дать дитя́ горба́той де́вушке. Что бы́ло да́льше, я не зна́ю, не по́мню . . . Я бро́силась бежа́ть, бежа́ть, бежа́ть . . .

Че́рез полго́да я ста́ла жено́й кавалери́йского генера́ла.

Ку́прин[3]

---

[1] Дво́е (2), тро́е (3), че́тверо (4), etc., up to ten, are often used instead of два, три, четы́ре . . . when speaking of masculine human beings or of nouns that are used only in the plural. [2] Dim. and affec. for стару́ха (old woman). [3] A distinguished Russian short-story writer (1870-1938).

ОТРЫ́ВОК ИЗ „ОДНОЭТА́ЖНАЯ АМЕ́РИКА"[1]

Пе́рвые часы́ в Нью-Йо́рке, — прогу́лка по ночно́му го́роду, а зате́м возвраще́ние в гости́ницу, — навсегда́ сохраня́тся в па́мяти, сло́вно како́е-то собы́тие.

А ведь,[2] в су́щности, ничего́ осо́бенного не произошло́. Мы вошли́ в о́чень просто́рный мра́морный вестибю́ль гости́ницы. Спра́ва, за гла́дким деревя́нным барье́ром, рабо́тали два молоды́х конто́рщика. У обо́их бы́ли бле́дные, отли́чно вы́бритые щёки и у́зкие чёрные у́сики.[3] Да́льше сиде́ла касси́рша за автомати́ческой счётной маши́ной.[4] Сле́ва помеща́лся таба́чный кио́ск. Под стекло́м прила́вка те́сно лежа́ли раскры́тые деревя́нные коро́бки с сига́рами. Ка́ждая сига́ра была́ завёрнута в прозра́чную блестя́щую бума́гу, причём[5] кра́сные с зо́лотом сига́рные коле́чки[6] бы́ли наде́ты пове́рх бума́ги. На бе́лой блестя́щей пове́рхности отки́нутых кры́шек бы́ли изображены́ краса́вцы с ро́зовыми щёками, золоты́е и сере́бряные меда́ли, зелёные па́льмы и негритя́нки, сбира́ющие[7] таба́к. В угла́х кры́шек стоя́ла цена́: пять, де́сять или пятна́дцать це́нтов за шту́ку. И́ли пятна́дцать це́нтов за две шту́ки, и́ли де́сять за три́. Ещё бо́лее те́сно, чем сига́ры, лежа́ли ма́ленькие па́чки сигаре́т,[8] то́же обвёрнутые в прозра́чную бума́гу. Бо́льше всего́ америка́нцы ку́рят «Ла́ки Страйк», в темнозелёной обёртке с кра́сным кру́гом посреди́не, «Че́стерфильд», в бе́лой обёртке с золото́й на́дписью и «Кэ́мэл» —

---

[1]A work by two Russian humorists describing their impressions of the United States, where they travelled in 1936. [2]*And yet.* [3]Dim. of усы́ (mustache). [4]*Cash register.* [5]*And.* [6]Dim. of кольцо́ (ring). [7]Сбира́ть is a popular term for собира́ть. [8]Russian cigarettes, with inner cardboard tubes, are not called сигаре́ты, but папиро́сы.

желтова́тая па́чка с изображе́нием кори́чневого вер-
блю́да.

Всю сте́ну напро́тив вхо́да в вестибю́ль занима́ли
просто́рные ли́фты с золочёными две́рцами.[1] Две́рцы
раскрыва́лись то[2] спра́ва, то[2] сле́ва, то[2] посреди́не,
а из ли́фта высо́вывался негр в све́тлых штана́х и
зелёной ку́ртке.

Мы вошли́ в лифт, и он помча́лся кве́рху. Лифт
остана́вливался, и негр, открыва́я две́рцу, крича́л:
«Ап!» (вверх!), пассажи́ры называ́ли но́мер своего́
этажа́. Вошла́ же́нщина. Тогда́ все мужчи́ны сня́ли
шля́пы и да́льше е́хали без шляп. Мы сде́лали то же
са́мое.[3] Э́то был пе́рвый америка́нский обы́чай, с
кото́рым мы познако́мились. Че́рез не́сколько дней[4]
мы поднима́лись в ли́фте к на́шему изда́телю. Вошла́
же́нщина, и мы с поспе́шностью ста́рых о́пытных нью-
йо́ркцев сня́ли шля́пы. Одна́ко остальны́е[5] мужчи́ны
не после́довали на́шему приме́ру и да́же посмотре́ли
на нас с любопы́тством. Оказа́лось, что шля́пы
ну́жно снима́ть то́лько в ча́стных и гости́ничных ли́ф-
тах. В тех зда́ниях, где лю́ди де́лают «би́знес», мо́жно
остава́ться в шля́пах.

На два́дцать седьмо́м этаже́ мы вы́шли из ли́фта и
по у́зкому коридо́ру напра́вились к своему́ но́меру.
Огро́мные второкла́ссные нью-йо́ркские оте́ли в це́нтре
го́рода стро́ятся чрезвыча́йно эконо́мно, — коридо́ры
у́зкие, ко́мнаты хотя́ и дороги́е, но ма́ленькие, потолки́
станда́ртной высоты́, то есть[6] невысо́кие. Одна́ко, э́ти
ма́ленькие ко́мнаты о́чень чи́сты и комфорта́бельны.
Там всегда́ есть горя́чая и холо́дная вода́, почто́вая
бума́га, телегра́фные бла́нки, откры́тки с изображе́нием
оте́ля, бума́жные мешки́ для гря́зного белья́ и печа́т-
ные бла́нки, где остаётся то́лько поста́вить ци́фры,
ука́зывающие коли́чество белья́, отдава́емого в сти́рку.
Стира́ют в Аме́рике бы́стро и необыкнове́нно хорошо́.

---

[1]Dim. of две́ри (doors). [2]Now . . . now. [3]The same thing. [4]A few days
later. [5]The other. [6]That is.

Выглаженные рубашки выглядят лучше, чем новые в магазинной витрине. Каждую из них вкладывают в бумажный карман, опоясывают бумажной лентой, и аккуратно закалывают булавочками рукава. Кроме того, бельё из стирки приходит зачинённым, носки — заштопанными. Комфорт в Америке вовсе не[1] признак роскоши. Он стандартен и доступен.

Войдя в номер, мы принялись отыскивать включатель, и долгое время никак не могли понять, как здесь включается электричество. Мы бродили по комнатам сперва в потьмах, потом жгли спички, обшарили все стены, двери и окна, но включателей нигде не было. Несколько раз мы приходили в отчаяние и садились отдохнуть в темноте. Наконец, нашли. Возле каждой лампочки висела короткая тонкая цепочка с маленьким шариком на конце. Дёрнешь[2] за такую цепочку — и электричество зажжётся. Снова дёрнешь — потухнет. Постели не были приготовлены на ночь, и мы стали искать кнопку звонка, чтобы позвонить горничной. Кнопки не было. Мы искали её всюду, дёргали за все подозрительные шнурки, но это не помогало. Тогда мы поняли, что служащих надо вызывать по телефону. Мы позвонили к портье и вызвали горничную. Пришла негритянка. Вид у неё был довольно испуганный. Постели она всё-таки приготовила. При этом она всё время говорила: «иёс, сер». Потом[3] мы узнали, что в отелях постели приготовляют сами постояльцы.[4]

Ильф[5] и Петров[6]

НЕВЕСТА

I

В те дни, когда́ в пала́те дежу́рила Лю́ба,[1] все мы бы́ли
в отли́чном настрое́нии. Ла́сковая и жива́я, она́ влета́-
ла в пала́ту у́тром в мя́гких свои́х та́почках — неслы́ш-
ный, но ви́димый со́лнечный луч. С кра́сными от моро́за
щёками, ду́я на замёрзшие па́льцы, она́ прижима́лась к
чёрной большо́й пе́чке. И бы́ло что́-то[2] тро́гательное
во всей её[3] ма́ленькой, почти́ де́тской, фигу́рке.[4] Оживлённо блесте́ли её больши́е, до́брые глаза́.

Гре́я ру́ки, она́ со ско́ростью ты́сячи слов в мину́ту
болта́ла обо всём[5]: о новостя́х, кото́рые она́ прочита́ла
в у́тренней газе́те, о том, что ва́рится к обе́ду на ку́хне,
о вчера́шнем кино́. И утиха́ли постепе́нно сто́ны, и
ли́ца больны́х проясня́лись.

Пото́м она́ прикла́дывала то́ненькие[6] па́льцы к ше́е,
проверя́я, согре́лись-ли они́; прямо́й но́сик[7] её озабо́-
ченно мо́рщился. Она́ огля́дывала пала́ту бы́стрым
взо́ром хозя́йки, соображаю́щей, с чего́[8] нача́ть день,
и подходи́ла к ко́йкам.

Она́ уме́ла бы́стро и ла́сково де́лать всё — вы́мыть
го́лову, не урони́в ни ка́пли воды́ на поду́шку, попра́-
вить повя́зку, написа́ть письмо́ тем, у кого́ не рабо́тали
ру́ки и́ли глаза́, во́-время улови́ть ухудше́ние и вы́звать
врача́; уме́ла боро́ться за жизнь ра́неного в час
опа́сности, уте́шить и успоко́ить того́, кто, каза́лось,
потеря́л поко́й.

Мы все люби́ли её, а мо́жет быть — все бы́ли влюб-
лены́. Но ре́вности вход в на́шу пала́ту был воспрещён.
И е́сли в свобо́дную мину́ту Лю́ба сади́лась о́коло

---

[1]Fam. for Любо́вь. [2]*And there was something.* [3]*In her entire . . .* [4]Dim. of
фигу́ра. [5]*About everything.* [6]Dim. of то́нкие (slender). Dim. of нос
(nose). [8]*Where.*

кого-нибудь из нас поиграть в карты, все знали, что ему сегодня тяжелее, чем другим.

В этот день мне было очень тяжело. Ночь я не спал. Утром, когда она вошла, я улыбнулся ей, но улыбнулся лишь губами, а не глазами. Удивительно, как эта молоденькая[1] женщина, почти девочка, чувствовала, что происходит в душе других. Она лишь взглянула на меня, но, закончив обход, подошла ко мне с колодой карт в руках. Но игра шла плохо. Во время игры её детские губы часто опускались в горькой складке,[2] всегда весёлые глаза теперь были печальны. Мы положили карты и разговорились негромко и откровенно.

Её муж, капитан-танкист, пропал без вести.[3] Месяц она не могла отыскать его след. Долгий месяц эта женщина влетала к нам, как смеющийся солнечный луч, а между тем душа в ней ныла и сердце сжималось, и по ночам она плакала в общежитии, стараясь не разбудить подруг.

Вчера она нашла близкого друга мужа, танкиста. Он взял её за руку и сказал:

— Люба, обманывать тебя не буду. Павел остался в окружении. Прорвались все, он не вернулся. — Он не дал ей[4] заплакать. — Спокойно, Люба. Он может вернуться. Понимаешь — надо ждать. Я обещаю тебе сказать, когда ждать будет больше не нужно.

Один больной застонал. Люба вскочила и легко, быстро, подошла к нему. И вновь глаза её стали прежними, и горе — своё горе — отступило перед чужим. И никто в палате не заметил, какое горе несут её тонкие, почти детские плечи.

II

Вскоре меня перевели на время в другой госпиталь. Через две недели я вернулся в знакомую палату.

---

[1]Dim. of молодая (young). [2]Lips curled grievously. [3]Was missing. [4]Didn't let her.

Многих я уже не застал, появились новые раненые, и рядом с собой я увидел человеческую фигуру, похожую на огромную куклу из бинтов. Это был танкист, которому обожгло грудь и лицо. Всё, что на человеческом лице может гореть, у него сгорело: волосы, брови, ресницы, сама кожа. В белой марле чернели выпуклые тёмные стёкла огромных очков. Очки не пропускали никакого света, они лишь предохраняли глазные яблоки от прикосновения бинта.

Пониже было оставлено отверстие для рта.

Танкист боролся со своей медленной и долгой болью. Перевязки были мучительны, но он хотел жить.

Под утро я проснулся, когда было ещё совсем темно. Один раненый застонал. По тому,[1] что на этот стон не появилась лёгкая белая фигура, я понял, что дежурит не Люба. Вероятно, дежурила вторая сестра Феня, некрасивая и немолодая женщина, которая быстро уставала и ночью часто засыпала на стуле у печки. Я встал, чтобы выйти покурить, и, услышав меня, танкист попросил пить. Боясь, что я сделаю ему больно, я хотел разбудить сестру.

— Не надо,[2] — сказал он, — ничего . . .

Я осторожно налил между бинтами несколько глотков и, конечно, облил марлю. Смутившись, я извинился.

— Ничего, — повторил он и засмеялся. — Это только она умеет[3] . . .

— Кто она?

— Невеста.

И я услышал необыкновенную повесть любви.

Он говорил о женщине, которой не видел и видеть не мог. Он называл её старым русским ласкательным словом „моя душенька".[4] Так назвал он её в первый же день, почувствовав в ней особенную ласковость и доброту, и так продолжал звать её.

---

[1]*Because of the fact.* [2]*Don't bother.* [3]*She alone knows how.*[4] Душенька, душечка, душа моя are familiar terms of endearment.

— Ну, конечно, Люба — подумал я.

Он говорил о ней с глубокой нежностью, гордостью и страстью. Мечтая вслух, он угадывал её лицо, глаза, улыбку. Понизив голос, он признался, что знает её волосы, пушистые, лёгкие волосы: однажды он притронулся к ним, пытаясь помочь ей найти упавший на столик футляр термометра. Он говорил о её руках — нежных, сильных руках, которые он часами держал в своих, рассказывая ей о себе, о своём детстве, о боях, о взрыве танка, о своём одиночестве и о страшной жизни урода, какая его ждёт.

Он пересказывал мне все её утешения, все нежные слова надежды, всю веру в то, что он будет видеть, жить, и мне показалось, что я слышу голос самой[1] Любы. Совсем шопотом он сказал мне, что завтра — решающий день: ему сделают операцию, после которой профессор обещал ему снять очки, и, может быть, он начнёт видеть. Он не говорил об этом „душеньке“, — а вдруг он видеть не будет?[2] Пусть она не мучается. Не удастся операция, что же?[3] Он и так[4] знает её лицо. Оно прекрасно, нежно. И ещё: она уговорила его согласиться на сложную операцию, которая вернёт ему брови, ресницы, свежую розовую кожу. Он знает, какой болью он купит себе это новое лицо, но он пойдёт на всё[5] ради своей невесты.

Да, невесты. Он повторил это слово с гордостью. Муж её погиб на фронте, совсем недавно. Она одинока, как и он, и несчастна более, чем он: он потерял только лицо, а она — любимого человека. За долгие эти ночи они всё узнали друг о друге, и любовь пришла в эту палату, где ещё так недавно он мечтал о смерти. Он хотел застрелиться, — какая жизнь ждёт его, урода?

— Она сказала: — мне всё равно, что будет с твоим лицом. Я тебя люблю, а не лицо, понимаешь . . .

И он заплакал.

---

[1]*Herself.* [2]*What if he does not see?* [3]*What of it?* [4]*Without that.* [5]*Would (will) submit to anything.*

Я отошёл от него и лёг, думая о Любе. Была-ли это действительно любовь — необъяснимая любовь высокой женской души, или нежная жалость, которая часто так похожа на любовь? Я ждал утра, чтобы в одном взгляде Любы прочитать ответ на этот вопрос, — в таких глазах всё читалось легко. С этой мыслью я заснул.

III

Проснулся я поздно. Но Любы в палате не было. Я подошёл к танкисту и спросил, как он себя чувствует.

— Прекрасно, — ответил он. — Она пошла узнать о перевязке. Слушай, только ни слова ей о профессоре. Неужели сегодня я буду видеть? Она ведь[1] красавица, ты её знаешь?

— Красавица, верно — ответил я.

Он снова заговорил о том, как сегодня он её увидит. Вдруг он замолчал и притих, слушая шаги, лёгкие шаги в тапочках.

— Она, — сказал он с глубокой нежностью. — Душенька моя . . .

Я обернулся. Но это подошла Феня. Я хотел показать ему, что он ошибся.

— Здравствуйте, Ф895, — сказал я. — Скоро Люба придёт?

— Здравствуйте, опять к нам?[2] — спросила она.

— Уехала Люба, мужа отыскала. Раненый . . .

И она подсела к танкисту.

— Коленька,[3] родной мой, — сказала она ласково.

— Набирайся сил . . . перевязка сейчас . . .

Он протянул руку. Феня взяла её в свою, и другою стала тихонько[4] гладить эту большую, сильную руку воина. Глаза её, полные любви, были устремлены на чёрные очки. Я смотрел на лицо Фени, и меня

---

[1]The ведь is emphatic. [2]*You came back to us?* [3]Affectionate form of Коля which is the familiar term for Николай. [4]Dim. of тихо (gently).

поразила удивительная перемена в этом немолодом, усталом лице, на которое мы ежедневно смотрели с таким равнодушием. Теперь передо мною было прекрасное лицо простой русской женщины, полное нежности и грусти. Потом в её глазах появились слёзы. Она тихонько отвернула голову, чтобы они не капнули на его руку. Но, почуяв это лёгкое движение, он встревожился.

— Милая моя, душенька, что с тобой?[1]

И — поразительная вещь — Феня заговорила оживлённо и весело, ласково ободряя его, а слёзы лились по её лицу, и глубокое горе исказило её рот, из которого вылетали шуточные весёлые слова. Потом глаза её перешли на дверь, в которую вкатывали коляску. И я понял её слёзы. Это было предчувствие приближающейся боли.

Танкиста положили на коляску, и Феня пошла рядом, держа его руку. Я провожал их. У дверей перевязочной она осталась. Силы ей изменили,[2] она прислонилась к двери и зарыдала. Я тронул её плечо. Она подняла на меня глаза.

— Профессор сказал мне . . . Он сказал . . .

Она не могла говорить, и замолчала.

— Я знаю — ответил я. — Но не надо так волноваться. Конечно, он будет видеть.

Она замотала головой, как от боли.

— Вот и увидит меня[3] . . . Увидит, какая я[4] . . . Что он обо мне выдумал, зачем выдумал? . . . Красавица, красавица . . . Пустите меня! — вдруг почти крикнула она и прижалась ухом к двери перевязочной.

Я тоже стал прислушиваться и услышал весёлый голос профессора:

— Ну, довольно на первый раз![5] Ещё недельку[6] проведёте в темноте.

<hr />

[1]*What is wrong?* [2]*It was beyond her strength.* [3]*Then he will see me.* [4]*He will see how I look.* [5]*That will do for the first time.* [6]Dim. of неделя (week).

Фе́ня стра́шно побледне́ла, и бы́стро пошла́ по коридо́ру. Бо́льше её в го́спитале никто́ не ви́дел. Пото́м узна́ли, что она́ уе́хала на ро́дину.

Леони́д Со́болев[1]

---

[1]Contemporary Russian short-story writer (1908-   ).

В СЕМЬЕ

I

Была́ ра́нняя весна́. Доро́га, по кото́рой[1] шёл танки́ст Алексе́й Скворцо́в, ещё не совсе́м просо́хла. В не́которых места́х ещё лежа́л[2] снег; в други́х уже́ росла́ зелёная молода́я трава́.

Алексе́й подня́лся на́ гору, и пе́ред ним вдруг откры́лась в доли́не родна́я дере́вня. Он останови́лся от волне́ния и до́лго смотре́л свои́м еди́нственным гла́зом на знако́мые кры́ши домо́в. Он жа́дно иска́л среди́ них са́мую родну́ю. И вдруг се́рдце его́ си́льно заби́лось: там, недалеко́ от пло́щади, блести́т на со́лнце кры́ша родно́го до́ма. Алексе́й вы́тер рукаво́м слёзы на своём изуро́дованном лице́. Он шёл домо́й пря́мо из го́спиталя. Он не по́мнит, как он попа́л[3] в го́спиталь. По́мнит то́лько, как он бро́сился со свои́м та́нком на та́нки врага́; как блесну́л и ослепи́л его́ ого́нь. Чем э́то ко́нчилось он не ви́дел; э́то ему́ рассказа́ли пото́м, в го́спитале, по́сле опера́ции.

Когда́ он в пе́рвый раз[4] по́сле опера́ции посмотре́л на себя́ в зе́ркало, он не узна́л себя́: э́то бы́ло чужо́е лицо́; ни одно́й знако́мой черты́. И го́лос его́ стал чужи́м, хри́плым.

В си́льном волне́нии Алексе́й продолжа́л свой путь. Вот он спусти́лся с горы́ в родну́ю дере́вню, перешёл мо́стик[5] и ме́дленно пошёл по у́лице. В конце́ у́лицы стоя́ла гру́ппа колхо́зников: они́ о чём-то[6] говори́ли. Когда́ он подошёл к ним, не́сколько челове́к оберну́лись, посмотре́ли на него́ с выраже́нием жа́лости, и продолжа́ли разгово́р. Никто́ не узна́л его́. Алексе́й пошёл да́льше, и ско́ро уви́дел свою́ ха́ту.[7] Вот и

---

[1]*Along which.* [2]*There was.* [3]*How he ended up.* [4]*For the first time.* [5]*Dim. of* мост (bridge). [6]*About something.* [7]Ха́та for дом (house) is used only for peasant dwellings in the Ukraine and in Southern Russia.

старые ворота. Он вошёл в них и пошёл по двору. Навстречу ему шла старушка: это была его мать. Как она постарела!... Узнает-ли она его теперь?

— Здравствуйте, — сказал Алексей своим сиплым голосом.

— Здравствуйте, — ответила мать —. Вы к Насте?[1]

— И к Насте, и к вам ... Я ... привёз вам поклон от вашего Алексея.

Глаза матери вдруг засияли большой радостью, потом наполнились слезами.

— Алёша,[2] мой сын! Да где же он? Где вы его видели?

— В госпитале ... Мы вместе сражались ... Как его семья?

Старуха зарыдала.

— Вы, тётя, не убивайтесь, — сказал Алексей. — Он легко ранен. Он скоро выйдет из госпиталя. А где же ... жена ... дети?

— Настя в колхозе. И Стёпа,[3] её сын, почти всегда с ней. А Наташа,[4] его сестричка,[5] моя внучка, в хате. Зайдите, пожалуйста, отдохните.

Не узнала ... Мать открыла дверь, знакомую ему с детства, и впустила его в дом. У окна он увидел девочку. Он не узнал её: она выросла, похудела, только глаза матери, их сразу узнаешь. Забыв всё, он вдруг сделал движение к ней. Девочка бросилась в угол и смотрела на него оттуда широкими от страха глазами.

— Не бойся, милая, — успокаивала её бабушка.

— Дядя принёс тебе поклон от папы.

— И подарков — сказал Алексей, сняв сумку и вынув оттуда подарки, которые ему приносили в госпиталь для его детей. Он протянул их к ней, но девочка не брала их.

— Возьми же, деточка,[6] это от папы!

---

[1]Fam. for Анастасия. [2]Fam. for Алексей. [3]Fam. for Степан. [4]Fam. for Наталья. [5]Dim. of сестра (sister). [6]Affec. for детка, which, in turn, is affec. for дитя (child).

А она́ стоя́ла неподви́жно, опусти́в глаза́ и ру́ки.

— Что же ты так серьёзно смо́тришь? — сказа́ла ба́бушка. — Ви́дишь, как па́па тебя́ лю́бит! А ведь ты то́же его́ лю́бишь и всё вре́мя вспомина́ешь его́! Ни на мину́ту не забыва́ет его́ — обрати́лась она́ к Алексе́ю — У́тром, как то́лько проснётся, про́сит его́ портре́т. А но́чью, пе́ред сном, всегда́ его́ целу́ет.

Алексе́й взгляну́л на свой портре́т, кото́рый висе́л на стене́, укра́шенный ле́нтами и бума́жными цвета́ми.

— Что, похо́ж он на свой портре́т? — спроси́ла стару́ха.

Алексе́й ничего́ не отве́тил, и подня́лся, чтоб уйти́.

— Куда́ же вы?[1]

— Пойду́ Нас . . . Наста́сью Миха́йловну повида́ю . . . Покло́н переда́м.

II

Проходя́ ми́мо одного́ двора́, он вдруг услы́шал за забо́ром весёлый же́нский смех и останови́лся. Э́тот смех он ча́сто слы́шал и сквозь вой самолётов и сквозь разры́вы бомб и грана́т. Алексе́й узна́л и двор. Э́то двор его́ това́рища Па́вла. Он бы́стро вошёл в воро́та. На́стя стоя́ла спра́ва у воро́т, а ря́дом с ней Па́вел с той же молодо́й весёлой улы́бкой, с пусты́м ле́вым рукаво́м. Он говори́л что-то весёлое, и На́стя, не замеча́я Алексе́я, продолжа́ла смея́ться. Алексе́й ме́дленно напра́вился к ней. Она́ взгляну́ла на него́, и, пока́ он подходи́л, улы́бка на её лице́ смени́лась серьёзным выраже́нием с той же жа́лостью, с кото́рой смотре́ли на него́ все. Он подошёл. Она́ подняла́ свои́ бро́ви над глубо́кими ка́рими глаза́ми и ждала́.

— На . . . ста́сья Миха́йловна? — спроси́л он.

— В чём де́ло?[2]

Она́ внима́тельно посмотре́ла ему́ в лицо́.

— Я . . . привёз вам покло́н и письмо́.

---

[1]*But where are you going?*   [2]*What is it about?*

— От кого?

— От Алексе́я, из го́спиталя.

Он ви́дел, как она́ побледне́ла.

— Что с ним?[1]

— Ничего́, выздора́вливает. Вот узна́ете из его́ письма́, кото́рое я вам привёз.

Алексе́й доста́л из карма́на письмо́, кото́рое написа́л вчера́[2] в го́спитале, и по́дал жене́. Она́ бы́стро прочита́ла его́ и положи́ла в карма́н.

— В после́днем письме́ он писа́л, что прие́дет в коро́ткий о́тпуск, а тепе́рь пи́шет, что отправля́ется на фронт. Вы с ним в го́спитале вме́сте бы́ли?

— Вме́сте. Ря́дом сража́лись, ря́дом и в го́спитале лежа́ли.

— Ря́дом сража́лись?

— Да, в одно́м . . . в одно́й та́нковой коло́нне.

К На́сте подходи́ли колхо́зники, говори́ли о дела́х. Пото́м она́ спроси́ла Алексе́я: — Вы, това́рищ, тепе́рь куда́ направля́етесь?

— Домо́й, к себе́.[3] Я то́лько останови́лся на ва́шей ста́нции, чтоб переда́ть письмо́ и покло́н.

— Вы, пожа́луйста, к нам, отдохни́те.

— Я уже́ был у вас.

— Тогда́ идёмте со мной. Я иду́ в колхо́з; по доро́ге поговори́м.

Но по доро́ге он не мог мно́го говори́ть с ней. Подходи́ли всё но́вые лю́ди.

В конто́ре колхо́за он уви́дел свой портре́т. Из ра́мы, обви́той ле́нтами, на него́ смотре́ло весёлое молодо́е лицо́ с густы́ми тёмными кудря́ми.

— Вот — сказа́ла На́стя колхо́зникам — Алёшин това́рищ, вме́сте сража́лись.

Алексе́я окружи́ли и ста́ли расспра́шивать. Бо́льше всех спра́шивал его́ това́рищ Па́вел. И Алексе́й вдруг вспо́мнил, как когда́-то он и Па́вел вме́сте уха́живали

---

[1] *What has happened to him?* [2] Вчера́ means yesterday; it should have been накану́не (the day before). [3] *Home.*

за На́стей. Алексе́й ско́ро жени́лся на ней,[1] а Па́вел до́лго ещё не́ был жена́т. По́сле сва́дьбы Алексе́я дру́жба ме́жду молоды́ми людьми́ продолжа́лась, и они́ ещё бли́же сошли́сь[2] на дру́жной колхо́зной рабо́те.

III

Алексе́й вы́шел из конто́ры колхо́за. Он шёл по у́лице, никого́ и ничего́ не замеча́я. Вот, наконе́ц, и произошла́ встре́ча, кото́рую он так ждал и кото́рой так боя́лся! Како́й встре́чи он ждал и как он её себе́ представля́л? Ча́ще всего́ представля́л, как жена́ и мать, узна́в его́, в пе́рвый моме́нт с у́жасом отшатну́тся . . . А пото́м, ей, молодо́й, остава́ться на всю жизнь с уро́дом . . . Сра́зу-ли открове́нно отка́жется она́ от него́, и́ли оста́нется с ним из жа́лости? Нет, э́того не бу́дет! . . . „Уйду́, уйду́ сам . . . — ду́мал он — . . . Заче́м я туда́ пое́ду?“ И Алексе́й реши́л, что он домо́й не пое́дет. И когда́ он э́то реши́л, то почу́вствовал стра́шное жела́ние повида́ть семью́ и ро́дину. Он стал бы́стро собира́ться из го́спиталя домо́й. И опя́ть вста́ло пе́ред ним го́ре жены́ и ма́тери, у́жас дете́й. И тут он оконча́тельно сказа́л себе́, что не вернётся домо́й. А на друго́й день он уже́ е́хал в по́езде . . . домо́й.

И вот произошло́ то, чего́ он так ждал: он вошёл в свой дом, встре́тился с семьёй. А тепе́рь на́до уйти́. Так всем бу́дет ле́гче. Тяжело́ бу́дет ма́тери ждать его́ до сме́рти, но всё-таки ле́гче, чем ви́деть его́ таки́м уро́дом. Де́ти подрасту́т, жена́ встре́тит друго́го — мо́жет быть, того́ же[3] Па́вла.

Когда́ он проходи́л ми́мо коло́дца, како́й-то ма́льчик подбежа́л к нему́:

— Дя́денька,[4] э́то вы от па́пы?

Стёпа! Как он вы́рос! — шестиле́тний ма́льчик . . .

— А как ты узна́л, что я . . . от па́пы?

---

[1]*Married her.* [2]*Became even greater friends.* [3]*That very same.* [4]Affec. for дя́дя (uncle).

—Бабушка сказала: страшный такой дядя.

— А я страшный?

— Ты папу видел? — спросил мальчик, вместо ответа.

— Да, видел.

— А скоро папа приедет домой?

— А ты хочешь его видеть?

— О, конечно, очень хочу!

— А помнишь, как ты его провожал?

— Как же![1] Конечно, помню. Я плакал, а он поднял меня высоко-высоко и всё раскачивал . . .[2]

Дома Алексей передал Стёпе подарки от отца, потом пошёл с ним в огород. Недалеко от огорода был колхозный сад. Там дети рыли ямки и садили молодые яблони. Алексей взял лопату и тоже стал копать ямки для яблонь в своём садике.[3]

Подошла мать и сказала:

— Гляжу я на тебя и всё думаю об Алёше. Ты так похож на него: такая же спина, такие же движения. У тебя семья есть?

— Есть. И мать есть.

— Как она обрадуется, когда увидит тебя! Но и слёз не мало прольёт.[4]

— А я к ней не поеду, пусть живёт спокойно.

— Как же она может жить спокойно, когда тебя с ней нет?

И старуха заплакала.

— Пойдём, милый, обедать! — сказала она, вытирая слёзы.

— А где же Настасья Михайловна?

— О, она так занята, что часто только вечером приходит домой.

— Хорошо — сказал Алексей. — Вот посажу вам на память по яблоньке,[5] потом приду.

---

[1]*Certainly.* [2]*Rocked and rocked.* [3]Dim. of сад (garden). [4]*Will shed many tears.* [5]Dim. of яблоня (apple tree). *An apple tree for each.*

IV

Мать ушла́, а Алексе́й оста́лся в огоро́де рабо́тать. Пе́ред ве́чером он ви́дел, как На́стя вошла́ во двор в сопровожде́нии Па́вла. Они́ до́лго разгова́ривали в углу́ двора́, и до него́ доноси́лся её смех. Пото́м Па́вел ушёл, а На́стя вошла́ в дом. Вско́ре прибежа́л Стёпа звать его́ обе́дать.

За обе́дом На́стя расспра́шивала его́ об Алексе́е, как он себя́ чу́вствует, не жа́луется-ли на здоро́вье.

— Жа́луется, — сказа́л Алексе́й — то́лько не на здоро́вье.

— А на что же?

— Что пи́шете вы ему́ ма́ло.

— Вы ви́дите, — сказа́ла На́стя, — как ма́ло вре́мени у нас; не́когда мно́го писа́ть.

— А разгова́ривать с Па́влом есть вре́мя? — го́рько поду́мал Алексе́й, и сказа́л:

— Ну, спаси́бо за прию́т. Мне пора́ на ста́нцию.

— Что же вы пойдёте так по́здно?[1] — сказа́ла На́стя ла́сково. Переночу́йте у нас, а за́втра пое́дете.

Но Алексе́й стал надева́ть су́мку. Вдруг Стёпа, ухвати́вшись за су́мку, стал его́ проси́ть переночева́ть и ещё рассказа́ть что-нибудь про па́пу.

«Вот ви́дите! — сказа́ла На́стя — Да и я хоте́ла бы ещё поговори́ть об Алёше. Пожа́луйста, оста́ньтесь. Я иду́ в колхо́з, но ско́ро приду́, и мы поговори́м. Я не проща́юсь с ва́ми». И она́ ушла́, а Стёпа прижа́лся к нему́ и стал проси́ть расска́зывать о па́пе. Ско́ро все пошли́ спать. Алексе́й задрема́л, но ско́ро просну́лся; он слы́шал, как пришла́ На́стя, и как она́ легла́ спать в сосе́дней ко́мнате. А пото́м кто-то постуча́л в окно́. Она́ приотвори́ла его́. За окно́м послы́шался ти́хий го́лос Па́вла. Они́ о чём-то пошепта́лись. На́стя закры́ла окно́. Алексе́й уже́ не спал. Он лежа́л с широко́ раскры́тыми глаза́ми и смотре́л

---

[1] *Why should you go so late?*

в тёмный потолок. Зачем он вернулся? Зачем не сгорел он в танке? Бежать, бежать сейчас же! Он привстал на постели, прислушался. Настя тоже, повидимому, не спала. Он слышал, как она ворочалась в постели. Вот вырвался из её груди вздох, как стон. Нельзя уйти незамеченным. Слышно только сонное дыхание матери и детей. Что их ждёт? И думы о детях, печальные, горькие, мрачные, как ночь, больно сжимали сердце Алексея. Наконец, весенняя ночь кончилась. Запели птицы, и скоро стало совсем светло. Теперь можно встать. В избе уже встали. Первой проснулась мать, потом Настя. Алексей вышел и поздоровался.

— Чего вы так рано встали? — сказала Настя. — Поспали бы ещё.

— Трудно, вероятно, спать в чужом доме, когда свой недалеко — сказала мать ласково.

— Мы вас подвезём до станции, — сказала Настя.

— Нет, спасибо — ответил Алексей. — Нет у вас времени подвозить меня.

— А у вас нашлось время[1] сделать[2] для нас двадцать километров? Но мне всё равно надо поехать на станцию. Ночью прибегал Паша[3] — сказала она, обращаясь к матери—сказать, что срочно вызывают в город. Вы пока закусите; скоро приедет Павел, и мы поедем.

Алексей и Настя стали быстро завтракать. Вот и позавтракали. Проснулся Стёпа.

— Ну, Стёпа, прощай, — сказал Алексей.

— Чего же вы уходите? — грустно спросил Стёпа.

— А ты думал, что дядя совсем останется? — засмеялась Настя.

— Да, — упрямо сказал Стёпа, — хоть пока папа вернётся.

— А ты расти, пока папа вернётся, — сказал Алексей.

---

[1] *You found the time.* [2] *To walk.* [3] Used here for Павлуша, which is the familiar term of Павел.

— Ну, прощайте, Настасья Михайловна, спасибо за приют.

— Спасибо за хорошие вести, спасибо, что потрудились, — сказала Настя, вскинув на него свой глубокие глаза. В них уже не было теперь жалости: только большая и грустная ласка. Он отвернулся и подошёл к спящей девочке. Прильнув к её личику[1] долгим поцелуем, он сдержал в горле хрип и повернулся к Стёпе.

— Ну, прощай, Стёпа, — сказал он, как смог,[2] и, подняв его высоко на руках, стал раскачивать, как два года тому назад.[3]

— Алёша! — вдруг крикнула Настя страшным голосом.

Алексей крепко прижал Стёпу, словно держась за него, и стоял, опустив голову. А Настя бросилась к нему и, припав лицом к груди, кричала среди рыданий:

— Алёшенька![4] . . . Ты . . . ты . . . родной мой. О! — стонала она, покрывая поцелуями его грудь, лицо, руки.

Стёпа тоже закричал и заплакал. Мать, спотыкаясь, вошла на крик и стала на пороге, ничего не понимая. Вдруг она тоже закричала, упала на землю у ног Алексея и, обнимая, целуя их, говорила ласковые слова.

— Да как же ты[5] — тихо шептала Настя — как же ты не признался, покинуть хотел! . . .

— Не хотел, чтоб узнали, — с трудом шептал Алексей.

— Да кто другой[6] мог бы приласкать так своих детей, — сказала Настя с тихой нежностью.

— Дети вырастут без меня. А тебе, молодой, зачем я,[7] урод, буду мешать жить?[7]

Настя вдруг отстранилась и, помолчав, сказала тихо, сурово глядя ему в глаза:

---

[1]Dim. of лицо (face). [2]*The best he could.* [3]*As two years before.* [4]Very affec. for Алёша, which is the familiar term of Алексей. [5]*How could you* . . . [6]*Who else* . . . [7]*Why should I . . . spoil your life?*

«Ну, спасибо, Алёша, что так обо мне думал[1] . . . так в меня верил[2] . . . Ты что же думал, за красоту твою я люблю тебя? Я всегда видела твою душу и любила тебя за неё. Теперь я всем покажу, какой любви и заботы ты стоишь» И она крепко прижалась к нему.

— Сыночек[3] мой — тихо плакала мать, — да что же они с тобой сделали![4] . . . А я глянула на тебя в спину — как раз как[5] мой Алёша . . .

— А я вчера за обедом, — сказала Настя — тоже . . . А ночью не могла спать . . . — И в голосе была радость, нежность.

— Папа, — сказал Стёпа, — так сколько же ты танков сбил?

Солнце уже поднялось над полем, а кто-то уже стучал в окно — звал Настю на работу.

К. Тренёв[6]

[1] *The opinion you had of me.* [2] *Had such faith in me.* [3] Dim. and affec. for сын (son). [4] *What have they done to you?* [5] *Just exactly like.* [6] Contemporary Russian short-story writer and playwright (1878-1945).

В ЛЮ́ДЯХ[1]

ОТРЫ́ВОК I

. . . Да́ма спроси́ла меня́: «Что́ же тебе́ подари́ть?»
Я сказа́л, что мне ничего́ не на́до дари́ть, а не да́ст-ли
она́ мне каку́ю-нибу́дь кни́жку?[2] Она́ приподняла́ мой
подборо́док и спроси́ла с прия́тной улы́бкой:

— Во́т как, ты лю́бишь чита́ть, да? Каки́е же
кни́ги ты чита́л? — Улыба́ясь, она́ ста́ла ещё краси́вее;
я смущённо назва́л не́сколько рома́нов.

— Что́ же в них нра́вится тебе́? — спра́шивала она́,
положи́в ру́ки на стол.

Я объясни́л ей, как уме́л, что жить о́чень тру́дно
и ску́чно, а чита́я кни́ги, забыва́ешь об э́том.

— Да-а, во́т как? — сказа́ла она́, встава́я. — Э́то
неду́рно, э́то, пожа́луй, ве́рно . . . Ну, что́ же? Я
ста́ну дава́ть тебе́ кни́ги, но сейча́с у меня́ нет . . . А,
впро́чем, возьми́ вот э́то . . . Прочита́ешь, дам втору́ю
часть, их четы́ре . . .

Я ушёл, унося́ с собо́й «Та́йны Петербу́рга» кня́зя
Меще́рского, и на́чал чита́ть э́ту кни́гу с больши́м
внима́нием, но с пе́рвых же страни́ц[3] мне ста́ло я́сно,
что петербу́ргские «та́йны» скучне́е мадри́дских, ло́н-
донских и пари́жских.[4]

— Ну, что́ же, понра́вилось? — спроси́ла она́,
когда́ я возврати́л ей рома́н Меще́рского. Мне бы́ло
о́чень тру́дно отве́тить «нет», я ду́мал, что э́то её
рассе́рдит. Но она́ то́лько рассмея́лась, пошла́ в
спа́льню и вы́несла отту́да ма́ленький то́мик.

— Э́то тебе́ понра́вится.

---

[1]An autobiographical work by Gorki. (See note on p. 71.) [2]A very
common diminutive of кни́га (book). [3]From the very first pages. [4]Those of
Madrid, London, Paris.

Это были поэмы Пушкина.[1] Я прочитал их все сразу . . .

Пушкин до того удивил меня простотой и музыкой стиха,[2] что долгое время проза казалась мне неестественной. Пролог к «Руслану»[3] напоминал мне лучшие сказки бабушки, а некоторые строки изумляли меня своей правдой.

«Там, на неведомых дорожках,
    Следы невиданных зверей» —
мысленно повторял я чудесные строки. Стихи запоминались удивительно легко, украшая всё, о чём они говорили. Это делало меня счастливым, жизнь мою — лёгкой и приятной. Какое это счастье — быть грамотным!

Великолепные сказки Пушкина были всего ближе и понятнее мне: прочитав их несколько раз, я уже знал их на память; лягу[4] спать и шепчу стихи, закрыв глаза, пока не усну . . .

Старуха хозяйка[5] ругалась: — Читаешь всё,[6] а самовар четвёртый день не чищен! Вот возьму палку . . .

Дама ещё выросла в моих глазах, — вот какие книги она читает! . . . Когда я принёс ей книгу и с грустью отдал, она уверенно сказала:

— Это тебе понравилось! Ты слыхал о Пушкине?

Я что-то уже читал о поэте в одном из журналов, но мне хотелось, чтоб она сама рассказала о нём, и я сказал, что не слыхал.

Кратко рассказав мне о жизни и смерти Пушкина, она спросила, улыбаясь:

— Видишь, как опасно любить женщин?

По всем книжкам, прочитанным мною, я знал, что это, действительно, опасно, но и хорошо. Я сказал:

---

[1]Great Russian poet (1799-1837). [2]Ordinarily, " line "; but here, " poetry," " poetic work." [3]The complete title of the poem is Руслан и Людмила. [4]Future of лечь. Similar future forms are often used to express repeated action in the present and in the past. Лягу спать = every time I go to bed. [5]Here, " the wife of the boss." [6]Ordinarily, " everything "; here, " continually."

— Опа́сно, а все лю́бят! И же́нщины то́же ведь страда́ют от э́того . . .

Она́ взгляну́ла на меня́ и сказа́ла серьёзно:

— Во́т как? Ты э́то понима́ешь? Тогда́ я жела́ю тебе́ — не забыва́й об э́том!

И начала́ спра́шивать, каки́е стихи́ понра́вились мне. Я стал что́-то говори́ть ей, разма́хивая рука́ми, чита́я на па́мять. Она́ слу́шала меня́ мо́лча и серьёзно, пото́м вста́ла и прошла́сь по ко́мнате, говоря́:

— Тебе́, миле́йший зверь, ну́жно бы́ло бы учи́ться! Я поду́маю об э́том . . .

Го́рький[1]

---

[1]Great Russian novelist, short-story writer and dramatist (1868-1936).

В ЛЮДЯХ

ОТРЫВОК II

Мои обязанности в мастерской были несложны: утром, когда ещё все спят, я должен был приготовить мастерам самовар, а пока они пили чай в кухне, мы с Павлом прибирали мастерскую, отделяли для красок желтки от белков, затем я отправлялся в лавку. Вечером меня заставляли растирать краски и «присматриваться» к мастерству. Сначала я «присматривался» с большим интересом, но скоро понял, что почти все, занятые этим мастерством, не любят его и страдают мучительной скукой.

Вечера мои были свободны; я рассказывал людям о жизни на пароходе; рассказывал разные истории из книг и, незаметно для себя, занял в мастерской какое-то особенное место — рассказчика и чтеца.

Я скоро понял, что все эти люди видели и знают меньше меня; почти каждый из них с детства был посажен в тесную клетку мастерства и с той поры сидит в ней. Из всей мастерской только Жихарёв был в Москве. Все остальные бывали только в Шуе, Владимире. Когда говорили о Казани, меня спрашивали:

— А русских много там?[1] И церкви есть?[1]

Пермь[2] для них была в Сибири; они не верили, что Сибирь — за Уралом.

Иногда мне думалось, что они смеются надо мной, утверждая, что Англия — за морем-океаном, а Бонапарт[3] родом из калужских[4] дворян. Когда я расскажы-

---

[1]At one time Kazan was inhabited almost exclusively by Tartars who are Mohammedans. [2]Perm, now Molotov, is in the Ural mountains. [3]Napoleon Bonaparte. [4]*From Kaluga.*

вал им о том, что сам видел, они плохо верили мне, но все любили страшные сказки, запутанные истории; даже пожилые люди явно предпочитали выдумку — правде; я хорошо видел, что чем более[1] невероятны события, чем больше[1] в рассказе фантазии, тем[1] внимательнее слушают меня люди. Вообще, действительность не занимала их, и все мечтательно заглядывали в будущее, не желая видеть бедность и уродство настоящего . . .

В сундуке Давидова оказались потрёпанные рассказы Голицинского, «Иван Выжигин» Булгарина, томик барона Брамбеуса[2]; я прочитал всё это вслух, всем понравилось, а Ларионыч[3] сказал:

— Чтение отметает ссоры и шум — это хорошо!

Я стал усердно искать книг, находил их и почти каждый вечер читал. Это были хорошие вечера; в мастерской тихо, как ночью; над столами висят стеклянные шары — белые, холодные звёзды, их лучи освещают лохматые и лысые головы, приникшие к столам; я вижу спокойные, задумчивые лица, иногда раздаётся возглас похвалы автору книги или герою. Люди внимательны и кротки — непохожи на себя; я очень люблю их в эти часы, и они тоже относятся ко мне хорошо; я чувствовал себя на месте.

— С книгами у нас стало, как весной, когда зимние рамы выставят и первый раз окна на волю откроют, — сказал однажды Ситанов.

Трудно было доставать книги, записаться в библиотеку не догадались, но я всё-таки доставал книжки, выпрашивая их всюду, как милостыню. Однажды пожарный брандмейстер дал мне том Лермонтова,[4] и вот[5] я почувствовал силу поэзии, её могучее влияние на людей.

---

[1]*The more . . . the more.* [2]All three names are now wholly unknown. [3]It used to be common among uneducated people to call one another by the patronym and to say -ыч, -ич instead of -ович. Thus, Ларионыч stands for Иван (Павел, Яков, etc.) Ларионович. [4]Famous Russian poet and novelist (1814-1841). [5]*Then.*

Помню, уже с первых строк «Демона»[1] Ситанов заглянул в книгу, потом — в лицо мне, положил кисть на стол и, сунув длинные руки в колени, закачался, улыбаясь. Под ним заскрипел стул.

— Тише, братцы, — сказал Ларионыч и, тоже бросив работу, подошёл к столу Ситанова, за которым я читал. Поэма волновала меня мучительно и сладко, у меня срывался голос, я плохо видел строки стихов, слёзы навёртывались на глаза. Но ещё более волновало глухое, осторожное движение в мастерской, вся она тяжело ворочалась, и точно магнит тянул людей ко мне. Когда я кончил первую часть, почти все стояли вокруг стола, тесно прислонившись друг к другу,[2] обнявшись, хмурясь и улыбаясь.

— Читай, читай, — сказал Жихарёв, наклоняя мою голову над книгой.

Я кончил читать, он взял книгу, посмотрел её титул и, сунув под мышку себе, объявил:

— Это надо ещё раз прочитать! Завтра опять прочитаешь. Книгу я спрячу.

Отошёл, запер Лермонтова в ящик своего стола и принялся за работу. В мастерской было тихо, люди осторожно расходились к своим столам; Ситанов подошёл к окну, прислонился лбом к стеклу и застыл, а Жихарёв, снова отложив кисть, приподнял плечи, спрятал голову и сказал:

— Деймона[3] я могу даже написать[4]: телом чёрен и мохнат, крылья огненно-красные, а личико,[5] ручки,[5] ножки[5] — синевато-белые, как снег в месячную ночь.[6]

Он до самого ужина беспокойно вертелся на табурете, играл пальцами и непонятно говорил о демоне, о женщинах и Еве, о рае . . .

Его слушали молча; должно быть, всем, как и мне, не хотелось говорить. Работали неохотно, поглядывая

---

[1]One of the most famous of Lermontov's poems. [2]*Against each other.* [3]Incorrect for демона. [4]*Paint.* [5]Dim. of лицо (face), руки (hands), ноги (legs). [6]*Moonlit night.* Месячный is a provincial term for лунный.

на часы́, а когда́ проби́ло де́вять, бро́сили рабо́ту о́чень дру́жно.

Сита́нов и Жихарёв вы́шли на двор, я пошёл с ни́ми. Там, гля́дя на звёзды, Сита́нов сказа́л:

«Кочу́ющие карава́ны
В простра́нстве бро́шенных свети́л» . . .

— Я никаки́х слов не по́мню, — заме́тил Жихарёв, вздра́гивая на о́стром хо́лоде. — Ничего́ не по́мню, а его́ ви́жу! Удиви́тельно э́то — челове́к заста́вил чо́рта пожале́ть?[1] Ведь жа́лко его́, а?[2]

— Жа́лко — согласи́лся Сита́нов.

— Во́т что зна́чит — челове́к! — воскли́кнул Жихарёв. В сеня́х он предупреди́л меня́:

— Ты, Макси́мыч,[3] никому́ не говори́ в ла́вке про э́ту кни́гу, она́, коне́чно, запрещённая!

Я обра́довался: так во́т о каки́х кни́гах спра́шивал меня́ свяще́нник на и́споведи!

У́жинали вя́ло, без обы́чного шу́ма и го́вора, как бу́дто со все́ми случи́лось не́что ва́жное, о чём на́до поду́мать. А по́сле у́жина, когда́ все легли́ спать, Жихарёв сказа́л мне, вы́нув кни́гу:

— Ну́-ко,[4] ещё раз прочита́й э́то! Ме́дленно, не торопи́сь . . .

Не́сколько челове́к мо́лча вста́ли с посте́лей, подошли́ к столу́ и усе́лись вокру́г него́ разде́тые.

И сно́ва, когда́ я ко́нчил чита́ть, Жихарёв сказа́л, посту́кивая па́льцами по столу́:

— Ах, де́мон, де́мон . . . вот как, брат, а?

Сита́нов нагну́лся че́рез моё плечо́, прочита́л что́-то и засмея́лся, говоря́:

— Спишу́ себе́ в тетра́дь . . .

Жихарёв встал и понёс кни́гу к своему́ столу́, но останови́лся и вдруг стал говори́ть оби́женно, вздра́гивающим го́лосом:

---

[1]Meaning " the poet made us pity the devil." [2]*We feel sorry for him, don't we?* [3]Gorki's patronym was Макси́мович. [4]Prov. for ну́-ка (come, brother).

— Живём, как слепы́е щеня́та, ничего́ не зна́ем, ни Бо́гу, ни де́мону не нужны́.

За́пер кни́гу и стал одева́ться, спроси́в Сита́нова:

— Ухо́дишь?

— Ухожу́.

Когда́ они́ ушли́, я лёг у две́ри на полу́, ря́дом с Па́влом Одинцо́вым. Он до́лго вози́лся, сопе́л и вдруг тихо́нько запла́кал.

— Ты что́?

— Жа́лко мне всех стра́шно, — сказа́л он, — я ведь четвёртый год с ни́ми живу́, всех зна́ю . . .

Мне то́же бы́ло жа́лко э́тих люде́й. Мы до́лго не спа́ли, шо́потом бесе́дуя о них, находя́ в ка́ждом до́брые, хоро́шие черты́ и во всех что́-то, что ещё увели́чивало на́шу жа́лость.

М. Го́рький

ПЕЛАГЕЯ

Пелагея была женщина неграмотная. Даже своей фамилии она не умела подписывать.

А муж у Пелагеи был ответственный советский работник.[1] И хотя он был человек простой, из деревни, но за пять лет жизни в городе многому научился. И не только фамилию подписывать, а чорт знает, чего он только не знал. И очень он стеснялся, что жена его была неграмотная.

«Ты бы, Пелагеюшка,[2] хоть фамилию подписывать научилась, — говорил он Пелагее — лёгкая у меня такая фамилия, из двух слогов:[3] Куч-кин, а ты не можешь . . .»

А Пелагея, бывало, рукой махнёт и отвечает:

«Зачем мне это, Иван Николаевич? Годы мои постепенно идут. На что[4] мне теперь учиться и буквы выводить?[5] Пусть лучше молодые учатся, а я и так до старости доживу».

Муж у Пелагеи был человек ужасно занятой и на жену много времени тратить не мог. Покачает[6] он головой — эх, Пелагея, Пелагея. И замолчит.

Но однажды всё-таки принёс Иван Николаевич книжку. «Вот, — говорит — Поля, новейший букварь-самоучитель,[7] составленный по последнему методу. Я — говорит — сам тебе буду показывать».

А Пелагея усмехнулась только, взяла букварь в руки, повертела[8] его и в комод спрятала. «Пусть —

---

[1] *Worker holding a responsible office.* [2] *Affec. for* Пелагея. [3] *Of two syllables.*
[4] *What for?* [5] *To form carefully.* [6] See качать. [7] *Manual of self-instruction.*
[8] See вертеть.

думает — лежи́т, мо́жет быть, пото́мкам пригоди́тся».[1]

Но вот одна́жды присе́ла Пелаге́я за рабо́ту. Пиджа́к Ива́ну Никола́евичу на́до бы́ло почини́ть, рука́в протёрся.[2]

Се́ла Пелаге́я за стол. Взяла́ иго́лку. Су́нула ру́ку под пиджа́к — шурши́т что-то.

«Не де́ньги-ли?» — поду́мала Пелаге́я.

Посмотре́ла — письмо́. Чи́стый тако́й, аккура́тный конве́рт, то́ненькие[3] бу́ковки[3] на нём, и бума́га духа́ми па́хнет. Ёкнуло у Пелаге́и се́рдце.

«Неуже́ли — ду́мает — Ива́н Никола́евич меня́ обма́нывает? Неуже́ли он перепи́ску с да́мами ведёт[4] и надо мно́й, негра́мотной ду́рой, смеётся?»

Погляде́ла Пелаге́я на конве́рт, вы́нула письмо́, но прочита́ть не мо́жет.

Пе́рвый раз в жи́зни пожале́ла Пелаге́я, что чита́ть она́ не уме́ет.

«Хоть — ду́мает — и чужо́е письмо́, а должна́ я знать, что в нём пи́шут. Мо́жет быть, от э́того вся моя́ жизнь переме́нится, и мне лу́чше в дере́вню е́хать, на мужи́цкие рабо́ты».

Запла́кала Пелаге́я, ста́ла вспомина́ть, что Ива́н Никола́евич бу́дто перемени́лся в после́днее вре́мя,[5] — бу́дто он стал об уса́х свои́х забо́титься и ру́ки ча́ще мыть. Сиди́т Пелаге́я, смо́трит на письмо́ и пла́чет го́рькими слеза́ми. А проче́сть письма́ не мо́жет. А чужо́му челове́ку[6] показа́ть сты́дно.

По́сле спря́тала Пелаге́я письмо́ в комо́д, доши́ла[7] пиджа́к, и ста́ла ожида́ть Ива́на Никола́евича. И

---

[1] Пригоди́ться, *to be useful*. [2] See протира́ться. [3] Dim. for то́нкий and бу́ква. [4] Вести́ перепи́ску, *to correspond*. [5] *Lately*. [6]*Stranger*. [7]*Finished sewing*.

когда́ он пришёл, Пелаге́я и ви́ду не показа́ла.[1] Напро́тив того́, она́ ро́вным и споко́йным то́ном разгова́ривала с му́жем и да́же намекну́ла ему́, что она́ непро́чь бы[2] поучи́ться, и что ей чересчу́р надое́ло быть негра́мотной. О́чень э́тому обра́довался Ива́н Никола́евич.

— Ну, и отли́чно — сказа́л он. — Я тебе́ сам бу́ду пока́зывать.

— Чтож, пока́зывай — сказа́ла Пелаге́я. И в упо́р посмотре́ла[3] на ро́вные у́сики Ива́на Никола́евича.

Два ме́сяца Пелаге́я изо дня́ в день[4] учи́лась чита́ть. Она́ терпели́во по склада́м[5] составля́ла слова́, выводи́ла бу́квы и зау́чивала фра́зы. И ка́ждый ве́чер вынима́ла из комо́да заве́тное письмо́ и пыта́лась прочита́ть его́.

Одна́ко э́то бы́ло о́чень не легко́.

То́лько на тре́тий ме́сяц Пелаге́я одоле́ла нау́ку.

У́тром, когда́ Ива́н Никола́евич ушёл на рабо́ту, Пелаге́я вы́нула из комо́да письмо́ и ста́ла чита́ть его́.

Она́ с трудо́м чита́ла ме́лкий по́черк, и то́лько за́пах духо́в от бума́ги подба́дривал[6] её.

Письмо́ бы́ло адресо́вано Ива́ну Никола́евичу.

Пелаге́я чита́ла:

«Уважа́емый[7] това́рищ Ку́чкин!

Посыла́ю Вам обе́щанный буква́рь. Я ду́маю, что Ва́ша жена́ в два-три ме́сяца мо́жет одоле́ть э́ту нау́ку. Обеща́йте голу́бчик, заста́вить её э́то сде́лать. Внуши́те ей, как, в су́щности, сты́дно быть негра́мотной ба́бой.

Сейча́с мы ликвиди́руем[8] негра́мотность по всей

---

[1]*Showed no sign.* [2]*Has no objection.* [3]See смотре́ть. [4]*Day after day.* [5]*Syllable per syllable.* [6]See подбодри́ть. [7]*Dear* (lit., *respected*). [8]*Are doing away with.*

Респу́блике, а о свои́х бли́зких[1] почему́-то[2] забыва́ем. Обяза́тельно сде́лайте э́то, Ива́н Никола́евич.

С приве́том
Мари́я Блóхина».

Пелаге́я два́жды прочита́ла письмó и, скóрбно сжав гу́бы, и чу́вствуя каку́ю-то та́йную оби́ду, запла́кала.

По М. Зóщенко.[3]

---

[1]*About our intimates.*   [2]*For some reason or other.*   [3]A contemporary Russian humorist (1895-   ).

МАТЬ

I

Поезд остановился на какой-то глухой станции. Я вышел на тамбур.

Проводник стоял возле вагона; скучный свет его фонаря освещал лужицу, на которой появлялись и тотчас же лопались крупные пузырьки,[1] а дальше висела сентябрьская плотная тьма.

— Что за станция?

— Чёрная грязь, — ответил проводник и сплюнул.

— Бывают же названия![2]

Дважды простонал колокол. К вагону подбежала женщина в шубе,[3] с большим кошелём[4] через плечо, и нерешительно протянула руку с билетом.

— Общий рядом,[5] — недовольно проворчал проводник, не взглянув на билет.

Придерживая кошель, сползавший с плеча, женщина кинулась к соседнему вагону. Слышен был её жалующийся, растерянный голос:

— Да я показывала ему . . . Сюда послал. Ах ты, Господи!

Паровоз задышал чаще и громче. Женщина снова очутилась у нашего вагона и уцепилась за поручни, пытаясь подняться по ступенькам, высоко висевшим над землёй.

— Тут мягкий![6] — раздражённо крикнул проводник.

---

[1]Dim. of пузыри́ (bubbles). [2]*There are all kinds of names in the world.* [3]Шу́ба is a fur coat. Her's was really a sheepskin. [4]A receptacle, usually made of birch-bark, which Russian peasants used to carry across the back. [5]*The coach* (car) *is the next one.* [6]Instead of first and second class cars, as in other European countries, the Russians now divide their cars into мя́гкий (soft seats) and твёрдый (hard seats) or о́бщий (common).

— Ах ты, Господи! Опять не туда попала.[1] Останусь я . . . Билет-то мой правильный! Неужто[2] обманывать стану?[2] — твердила женщина.

Поезд медленно тронулся.

Проводник навёл фонарь на белую с синими полосками бумажку, зажатую в руке женщины, и смущённо сказал:

— Ну, лезь[3] . . .

— Слава тебе, Господи,[4] — вздохнула женщина, протискиваясь в вагон.

Щурясь от яркого электрического света, она сняла с плеча берестяной кошель и вытерла лицо кончиком клетчатого платка. Старчески пухлые щёки с обильными морщинами вокруг добродушных серых глаз хранили на себе прочный деревенский загар.

— Уж и не думала,[5] что поеду, — блаженно улыбнулась она.

Пассажиры с недоумением и любопытством разглядывали её, морщась от острого запаха дублёной кожи: на старухе была новая нагольная шуба лимонно-жёлтого цвета.

— Придётся к вам её поместить, — с виноватой улыбкой сказал проводник, входя в наше купе.

— Позвольте, почему же к нам? — запротестовала киноактриса с чересчур пунцовыми губами.

— Больше мест нет,[6] — буркнул проводник. — Проходи, тётка![7]

Женщина вошла в купе и, робко оглядев нас, поставила кошель на пол.

— Здравствуйте, милые[8] . . . Вы уж не гневайтесь[9] на меня, я где-нибудь тут присяду . . . Притомилась,[10]

<hr>

[1]*Again the wrong place!* [2]Неужто is a popular term for неужели (could it be). *Would I try to cheat?* [3]This is a vulgar language. He should have said войдите, пожалуйста (please come in). [4]*Thank heavens.* [5]The уж is emphatic. *I almost gave up hope.* [6]*There are no other seats.* [7]Literally, " pass, auntie." If he were addressing a city lady, he would have said: пройдите, пожалуйста. [8]*Good morning* (afternoon, evening), *dear friends.* [9]Pop. for вы меня простите. [10] Устала.

тридцать вёрст[1] считают от нашей деревни до станции. Председатель Павел Иванович говорит: „Возьми коня, Спиридоновна", а как я коня возьму? Будь я[2] делегатка какая по важной причине,[2] а то по своему делу[3] . . .

— А куда же вы едете? — спросил инженер крупного южного завода, ехавший в отпуск.

— К сыну, милый, еду в Москву . . . Написал мне, чтоб я непременно приехала в гости. Три года не видала. Он женился без меня, и жену его в глаза не видала[4] . . . Такое теперь время пошло[5] . . . И детки[6] у Ванички[7] — парочка[8] . . . Хочется мне на внучков[9] поглядеть . . .

Женщина присела на край дивана и уставилась неподвижным взглядом на яркокрасные губы киноактрисы.

— С виду тебе будто и за тридцать,[10] а губы молодые, словно вишен наелась, — заметила старуха.

— Давайте продолжим игру, — как бы не слыша,[11] сказала киноактриса и быстрыми привычными движениями перетасовала карты.

II

Лениво, зевая, принялись мы играть десятую партию. Когда дошла моя очередь, я выбросил даму пик.

— Ах ты, Господи! — с досадой прошептала старуха.

— Возьми назад. Десяткой крестей[12] крой! Крести, чай,[13] козыри . . .

Я взял даму пик и пошёл десяткой треф.

— А теперь заходи[14] с бубнового валета! Кидай

---

[1]Old measure of length. Now the metric system is used. A верста is a little less than three-quarters of a mile. [2]Imperative for subjunctive. *If I were a delegate going on important business.* [3]*But this is a personal business.* [4]*I never saw.* [5]*Such times have come!* [6]Dim. of дети (children). [7]Affec. for Ваня, which is the familiar term for Иван. [8]Парочка (two) is here an endearing term for двое. [9]Dim. of внуков, or внучат (grandchildren). [10]*You look over thirty.* [11]*As if she did not hear.* [12]Pop. for трефы (clubs). [13]Pop. for не правда-ли? (is it not?). [14]Incorrect for иди or ходи (play).

валёта! — скомандовала она и, выдернув карту из моих рук, размашисто положила её на чемодан, служивший нам столом.

Я лишь держал карты в руках, а играла старуха. Щёки её зарумянились, в глазах заблестел азарт.

— А почему вы взяли билет не в общий вагон, там же вдвое дешевле? — спросила киноактриса, обмахиваясь надушенным платком: её, видимо, очень беспокоил едкий запах дублёной кожи.

— Я, милая, первый раз на машине[1] еду, откуда мне знать?[2] Ваничка прописал[3] мне, чтоб я купила самый дорогой билет. Так и написал: „Покупайте, мамаша, самый дорогой, не иначе, а в деньгах не стесняйтесь". Мне этот билет и продать-то не хотели на станции. Глянул на меня усатый из окошечка и говорит: „У тебя, тётенька, и денег таких, наверно, нет". — „Ваничка, — говорю я, — лучше тебя знает, где мне ехать, не указывай.[4] А насчёт денег не тревожься: он мне две сотни прислал на дорогу".

— А что ваш сын делает в Москве? — спросил инженер, разглядывая старуху.

— Людей лечит. Людей ... На самой высокой службе. Годов[5] пять всё по книжкам учился. Я ему и говорю: «Что ты, Ваничка, себе глаза портишь книжками?» А он мне и отвечает: «Был я, мамаша, слепой, а теперь глаза лучше видеть стали.» Сам он — умственный[6] паренёк,[7] батьку[8] своего умом превысил.[9] Батька-то его, муж мой, в пастухах ходил и всякую хворь[10] у скотинки[11] умел распознать. Травку[12] какую-то заварит, припарку поставит — коровке[13] и легче. А Ваничка у него в подпасках, бывало, всё

---

[1]Incorrect for поездом (on a train). [2]*How could I know?* [3]Incorrect for написал. [4]An educated person would have said: это вас не касается (this does not concern you). [5]Incorrect for лет (years). [6]Incorrect for способный (intelligent). [7]Dim. and pop. for парень (lad). [8]Vulgar for отец (father). [9]Incorrect for превзошёл (surpassed). [10]Pop. for болезнь (illness). [11]Affec. for скот (cattle). [12]Dim. of трава (grass). [13]Dim. of корова (cow). *The cow would feel better.*

приглядывается, перенимает . . . А тебе ходить бы надо виней,[1] а не с бубен, — укоризненно сказала старуха киноактрисе, которая осталась «в дураках».

Игра расстроилась. Киноактриса отвернулась к окну.

— Ужасно жарко — сказала она, обмахиваясь платком. — И как вы можете сидеть в своей шубе?

— Тепло не делает вреда человеку, — убеждённо ответила старуха. — А я Ваничке гостинца[2] везу. Клюквы набрала на Колобошкином болоте. Там ягода крупная[3] . . . Полный кошель. Ещё Ваничка из бересты сплёл, как в подпасках ходил . . . Такой он был мастер на это дело[4] . . .

Старуха открыла кошель, доверху наполненный клюквой, и, зачерпнув горсть, любовно пересыпала с руки на руку крупные, отливавшие рубиновым цветом ягоды.

— Угощайтесь, милые, такой ягоды во всей округе[5] нет! — Она протянула киноактрисе свою крепкую руку.

— Нет, спасибо . . . Я буду спать. — Киноактриса поднялась, давая понять нам, мужчинам, чтобы мы вышли.

Мы стояли у окна в коридоре и молча ели прохладную, пахнущую мохом клюкву.

— А моя умерла . . . десять лет тому назад,[6] — вдруг тихо сказал инженер, перекатывая на ладони последнюю ягоду. И я понял, что он думает о своей матери, которой не суждено было увидеть сына, ставшего инженером.

Я смотрел на ягоды, лежавшие в руке, и воспоминания унесли меня в далёкое прошлое, когда надо мной[7] по утрам склонялось доброе, в морщинках, лицо и тёплая рука ласкала мои волосы . . .

---

[1]Pop. for пики (spades). [2]Ungrammatical for гостинец, which is the popular term for подарок (a present). [3]*Large berries.* The singular is often used to express the idea of a collective. [4]*He was such a master at this trade!* [5]Obsol. for окрестность (the surrounding places). [6]*Ten years ago.* [7]*Over me.*

Когда́ мы вошли́ в купе́, киноактри́са лежа́ла, заку́тавшись в голубо́е шёлковое одея́ло, похо́жая на ку́клу. Стару́ха попре́жнему сиде́ла в шу́бе и смотре́ла немига́ющими глаза́ми на ро́зовый абажу́р насто́льной ла́мпочки.

Я взобра́лся на своё ве́рхнее ме́сто, закры́л глаза́, но сон не приходи́л. Инжене́р то́же воро́чался, вздыха́л, — пото́м доста́л коро́бку папиро́с и вы́шел. Он до́лго не возвраща́лся.

По ше́лесту одея́ла я догада́лся, что киноактри́са то́же не спит . . .

У́тром, когда́ по́езд останови́лся под стекля́нным ку́полом перро́на, в наш ваго́н вошёл молодо́й челове́к с не́жно-де́тским румя́нцем на щека́х и доброду́шными се́рыми, как у стару́хи, глаза́ми.

— Ва́ничка! — вскри́кнула стару́ха и, обхвати́в рука́ми его́ ше́ю, гро́мко поцелова́ла снача́ла пра́вую, пото́м ле́вую и опя́ть пра́вую щеку́.

Молодо́й челове́к взволно́ванно вгля́дывался в лицо́ ма́тери, и волне́ние э́то передало́сь нам, — мы забы́ли, что пора́ выходи́ть из ваго́на.

Ва́ничка привы́чным мя́гким движе́нием переки́нул за плечо́ берестяно́й коше́ль и взял под руку мать.

— С Колобо́шкина боло́та . . . Я́года отбо́рная . . .

Шум толпы́ заглуши́л го́лос стару́хи. В после́дний раз мелькну́ла её лимо́нно-жёлтая шу́ба и исче́зла в торопли́вом людско́м пото́ке.

В. Ильенко́в[1]

---

[1]A contemporary short-story writer and novelist (1897-   ).

ОБЛО́МОВ

ОТРЫ́ВОК I: ВЕ́ЧЕР В ОБЛО́МОВКЕ[1]

(This text and the following one are typical episodes in the life of a Russian squire during the times of serfdom. They have been drawn from *Oblomov*, a famous classical novel by N. Goncharov.)

Наступа́ет дли́нный зи́мний ве́чер. Мать сиди́т на дива́не, поджа́в под себя́ но́ги; лени́во вя́жет де́тский чуло́к, зева́ет и по времена́м че́шет спи́цей го́лову.

По́дле сиди́т Наста́сья Ива́новна да Пелаге́я Игна́тьевна и, уткну́в носы́ в рабо́ту, приле́жно шьют что-нибу́дь к пра́зднику для Илю́ши,[2] и́ли для его́ отца́, и́ли для сами́х себя́.[3]

Оте́ц, заложи́в ру́ки наза́д, хо́дит по ко́мнате взад и вперёд, в соверше́нном удово́льствии, и́ли прися́дет[4] в кре́сло и, посиде́в немно́го, начнёт опя́ть ходи́ть, внима́тельно прислу́шиваясь к зву́ку со́бственных шаго́в. Пото́м поню́хает табаку́, вы́сморкается и опя́ть поню́хает.

В ко́мнате ту́скло гори́т одна́ свеча́, и то э́то[5] допуска́ется то́лько в зи́мние и осе́нние вечера́. В ле́тние ме́сяцы все стара́лись ложи́ться и встава́ть без свече́й, при дневно́м све́те. Это де́лалось ча́стью по привы́чке, ча́стью из эконо́мии.

На вся́кий предме́т, кото́рый производи́лся не до́ма, а покупа́лся, обло́мовцы[6] бы́ли до кра́йности скупы́. Они́ с удово́льствием заколю́т[7] отли́чную инде́йку[8] и́ли дю́жину цыпля́т к прие́зду го́стя, но ли́шней изю́минки[9] не поло́жат в ку́шанье, и побледне́ют,

---

[1]Village and family estate of landowner Обло́мов   [2]Affec. for Илья́.
[3]*For themselves.* [4]All the future tenses of this paragraph express habitual action. [5]*And even this.* [6]The inhabitants of Обло́мовка. [7]Заколо́ть is not commonly used when applied to fowl; more commonly, заре́жут (would kill). [8]More commonly, индю́шку (turkey hen). [9]Dim. of изю́мина (raisin).

éсли тот же гость сам нальёт себе в рюмку вина. Впрочем, такой беды там почти никогда не случалось.

Не для всякого[1] зажгут и две свечи: свечка покупалась в городе на деньги и береглась, как и все покупные вещи, под ключом самой хозяйки. Огарки бережно считались и прятались. Вообще там денег тратить не любили. Обломовцы соглашались лучше терпеть всякого рода неудобства, даже привыкли не считать их неудобствами, чем тратить деньги.

От этого[2] и диван в гостиной давно уже весь в пятнах; от этого и кожаное кресло Ильи Ивановича только называется кожаным, а в самом деле оно — не то[3] мочальное, не то[3] верёвочное: кожи-то осталось только на спинке один клочок, а остальная уж пять лет как[4] развалилась в куски и слезла. От того же, может быть, и ворота кривы, и крыльцо шатается. Но заплатить за что-нибудь, хотя самое нужное, вдруг двести, триста, пятьсот рублей казалось им чуть-ли не самоубийством.

Услыхав, что один из соседей, молодой помещик, ездил в Москву и заплатил там за дюжину рубашек триста рублей, двадцать пять рублей за сапоги, сорок рублей за жилет к свадьбе, старик Обломов перекрестился и сказал с выражением ужаса, что „этого молодца надо посадить в острог“[5] . . .

На креслах в гостиной, в разных положениях, сидят и сопят обитатели или обычные посетители дома.

Между собеседниками по большей части царствует глубокое молчание: все видятся каждый день друг с другом;[6] обо всём уже много раз говорили, а новостей извне получается мало.

Тихо. Только раздаются шаги тяжёлых сапог Ильи Ивановича, ещё[7] стенные часы в футляре глухо стучат маятником, да порванная, время от времени, рукой

---

[1]*Not for everybody.* [2]*Because of this.* [3]*Neither exactly . . . nor.* [4]*It has been five years since.* [5]Obsol. for тюрьма (prison, jail). [6]*One another.* [7]Better да ещё (also).

или зуба́ми ни́тка у Пелаге́и Игна́тьевны и́ли у Наста́сьи Ива́новны наруша́ет тишину́ . . .

Так иногда́ пройдёт[1] полчаса́, ра́зве кто-нибу́дь зевнёт вслух и перекре́стит рот, промо́лвив: „Го́споди, поми́луй". За ним зевнёт сосе́д, пото́м сле́дующий, ме́дленно, как бу́дто по кома́нде, отворя́ет[2] рот, и так да́лее,[3] заразительная игра́ во́здуха и лёгких обойдёт всех.[4]

И́ли Илья́ Ива́нович подойдёт к окну́, взгля́нет туда́[5] и ска́жет с не́которым удивле́нием:

— Ещё пять часо́в то́лько, а уж как темно́ на дворе́!

— Да — отве́тит кто-нибу́дь, — в э́ту по́ру всегда́ темно́; дли́нные вечера́ наступа́ют.

А весно́й удивя́тся и обра́дуются, что дли́нные дни наступа́ют. А спроси́те-ка, заче́м им э́ти дли́нные дни, так они́ и са́ми не зна́ют.

И опя́ть замолча́т.

А там[6] кто-нибу́дь ста́нет снима́ть нага́р со свечи́ и вдруг неча́янно погаси́т — все встрепену́тся.

— Неожи́данный гость![7] — ска́жет непреме́нно кто-нибу́дь.

Иногда́ на э́том завя́жется разгово́р.

— Кто же э́тот гость? — ска́жет хозя́йка. Уж не Наста́сья-ли Фаде́евна? Ах, дай-то, Го́споди! Да нет! она́ бли́же[8] пра́здника не бу́дет. А как бы я была́ ра́да![9] Как бы мы обняли́сь да напла́кались с ней вдвоём! И к зау́трене, и к обе́дне бы вме́сте пошли́ . . .

— А когда́ она́ уе́хала от нас? — спро́сит Илья́ Ива́нович — Ка́жется, по́сле Ильина́ дня?[10]

— Что ты,[11] Илья́ Ива́нович, всегда́ перепу́таешь!— попра́вит жена́.

— Она́, ка́жется, в Петро́вки[12] здесь была́ — возража́ет Илья́ Ива́нович.

---

[1]The future for habitual action. [2]Отворя́ет for открыва́ет (opens) is ironical; the word is used for opening a gate. [3]*And so on.* [4]*Would make the round.* [5]*Into it.* [6]*Then.* [7]A common superstitious belief. [8]Pop. for ра́ньше (sooner). [9]*How happy I would be!* [10]*The day of Saint-Ilia.* [11]*How can you?* [12]A short period of Lent before Saint-Peter's day.

— Ты всегда́ так!¹ — с упрёком ска́жет жена́. —
Спо́ришь, то́лько сра́ми́шься . . .

— Ну как же не́ была́ в Петро́вки? Тогда́ пироги́
с гриба́ми пекли́: она́ лю́бит . . .

— Так э́то Ма́рья Они́симовна: она́ лю́бит пироги́
с гриба́ми, как э́то ты не по́мнишь? Да и Ма́рья
Они́симовна не до² Ильина́ дня, а до Про́хора и
Никано́ра гости́ла.

Они́ вели́ счёт вре́мени по пра́здникам, по времена́м
го́да, по ра́зным семе́йным и дома́шним слу́чаям, не
ссыла́ясь никогда́ ни на ме́сяцы, ни на чи́сла. Мо́жет
быть, э́то происходи́ло ча́стью и оттого́, что, кро́ме
самого́ Обло́мова, про́чие все пу́тали и назва́ние
ме́сяцев, и поря́док чи́сел.

Н. Гончаро́в³

---

¹*You always do that.* ²*Not till.* ³A famous Russian writer (1812-1891).

ОБЛОМОВ

ОТРЫ́ВОК II: НЕОБЫКНОВЕ́ННОЕ СОБЫ́ТИЕ

Ничто́ не наруша́ло однообра́зия жи́зни Обло́мовых. Но обло́мовцы не жа́ловались на э́то однообра́зие. Друго́й жи́зни они́ себе́ не представля́ли; а е́сли бы и могли́ предста́вить, то с у́жасом отверну́лись бы от неё.

Но одна́жды э́то однообра́зие бы́ло нару́шено одни́м необыкнове́нным слу́чаем.

Когда́, отдохну́в по́сле тру́дного обе́да, все собра́лись к ча́ю, вдруг пришёл обло́мовский мужи́к, вороти́вшийся¹ из го́рода, и стал что́-то достава́ть из-за па́зухи.² До́лго он достава́л и, наконе́ц, вы́нул отту́да письмо́ на и́мя Ильи́ Ива́новича Обло́мова.

Все за́мерли; хозя́йка да́же измени́лась в лице́; глаза́ всех устреми́лись и носы́ вы́тянулись по направле́нию к письму́.

— Что э́то тако́е? От кого́? — произнесла́, наконе́ц, Обло́мова.

Обло́мов взял письмо́ и до́лго воро́чал его́ в рука́х, не зна́я, что с ним де́лать.

— Где ты³ его́ взял? — спроси́л он мужика́. — Кто тебе́³ дал?

— На дворе́, где я останови́лся в го́роде — отвеча́л мужи́к. — С по́чты приходи́ли два ра́за спра́шивать, нет-ли обло́мовских мужико́в: письмо́, говоря́т, к ба́рину⁴ есть.

— Ну? . . .

---

¹Colloq. for верну́вшийся (who returned). ²*From beneath his shirt* (or *coat*). ³People of the upper classes always addressed those of the lower classes by ты (instead of вы). ⁴Term used in the pre-revolutionary days with the connotation of high respect. The к is superfluous.

Ну, я ра́ньше промолча́л; солда́т[1] и ушёл с письмо́м.
Но ве́рхлевский дьячо́к вида́л меня́, он и сказа́л.
Пришли́ опя́ть, ста́ли руга́ться и о́тдали письмо́, ещё
пята́к[2] взя́ли. Я спроси́л, что мне де́лать с письмо́м?
Так мне веле́ли ва́шей ми́лости отда́ть.

— А ты бы не брал, — серди́то заме́тила Обло́мова.

— Я не хоте́л брать. На что, говорю́, нам письмо́?
Нам не на́до. Нам, говорю́, не прика́зывали брать
пи́сем, я и не сме́ю. Но солда́т на́чал о́чень руга́ться;
хоте́л нача́льству жа́ловаться; я и взял.

— Дура́к! — сказа́ла Обло́мова.

— От кого́ э́то мо́жет быть?[3] — заду́мчиво говори́л
Обло́мов, рассма́тривая а́дрес. — По́черк как бу́дто[4]
знако́мый!

И письмо́ ста́ло ходи́ть из рук в ру́ки.[5] Начали́сь
дога́дки: от кого́ и о чём оно́ могло́ быть?

Илья́ Ива́нович веле́л сыска́ть[6] очки́. Их иска́ли
часа́ полтора́. Он наде́л их и уже́ хоте́л[7] вскрыть письмо́.

— Подожди́, не распеча́тывай, Илья́ Ива́нович, — с
боя́знью останови́ла его́ жена́: — кто его́ зна́ет, како́е
оно́,[8] э́то письмо́?[8] Мо́жет быть, стра́шное,[9] беда́
кака́я-нибу́дь.[10] Ведь како́й наро́д ны́нче[11] стал! За́в-
тра и́ли послеза́втра успе́ешь[12]: не уйдёт[13] оно́ от тебя́.[13]

И письмо́ с очка́ми бы́ли спря́таны под замо́к. Все
заняли́сь ча́ем. Оно́ бы пролежа́ло там го́ды, е́сли
бы не́ было сли́шком необыкнове́нным явле́нием и не
волнова́ло умы́ обло́мовцев. За ча́ем и на друго́й
день говори́ли то́лько о письме́.

Наконе́ц, не вы́терпели, и на четвёртый день, со-
бра́вшись толпо́й, распеча́тали. Обло́мов взгляну́л на
по́дпись.

---

[1]The ignorant peasant called the mailman солда́т (soldier), either
because the latter wore a uniform or because the word почтальо́н was
unknown to him. [2]Pop. for пять копе́ек. [3]*Whom can it be from?* [4]*Seems.*
[5]*Was passed round.* [6]Colloq. for отыска́ть or найти́ (to look for, find).
[7]*Was about to.* [8]*What kind of letter it is.* [9]*Containing something frightful.* [10]*Some
trouble.* [11]Ны́нче is a popular term for сего́дня (today) or for тепе́рь
(nowadays). [12]*Will not be too late.* [13]*It won't run away.*

— Ради́щев, — прочита́л он. — Э! Да э́то от Фили́п-па Матве́евича!

— А! Э! Вот от кого́! — послы́шалось со всех сторо́н. — Да как э́то он ещё жив до сих пор? Ещё не у́мер! Ну, сла́ва Бо́гу! Что он пи́шет?

Обло́мов стал чита́ть вслух. Оказа́лось, что Фили́пп Матве́евич про́сит присла́ть ему́ реце́пт пи́ва, кото́рое осо́бенно хорошо́ вари́ли в Обло́мовке.

— Посла́ть, посла́ть ему́! — заговори́ли все. — На́до написа́ть письмо́.

Так прошло́ неде́ли две.

— На́до, на́до написа́ть — тверди́л Илья́ Ива́нович жене́. — Где реце́пт?

— А где он? — отвеча́ла жена́. — Ещё на́до сыска́ть. Да погоди́, заче́м торопи́ться? Вот, Бог даст, придёт пра́здник, тогда́ и напи́шешь. Не уйдёт же оно́[1] . . .

— И в са́мом де́ле,[2] в пра́здник лу́чше напишу́, — сказа́л Илья́ Ива́нович.

На пра́зднике опя́ть зашла́ речь о письме́. Илья́ Ива́нович уж совсе́м собра́лся писа́ть. Он ушёл в кабине́т, наде́л очки́ и сел к столу́.

В до́ме наступи́ла глубо́кая тишина́: лю́дям[3] бы́ло прика́зано не то́пать, не шуме́ть. — Ба́рин пи́шет! — говори́ли все таки́м ро́бко почти́тельным го́лосом, каки́м говоря́т, когда́ в до́ме есть поко́йник.

Он то́лько бы́ло[4] написа́л: «Ми́лостивый Госуда́рь», ме́дленно, кри́во, дрожа́щей руко́й, как бу́дто[5] де́лал како́е-нибудь опа́сное де́ло, как к нему́ яви́лась жена́.

— Иска́ла, иска́ла, — нет реце́пта, — сказа́ла она́.

— На́до ещё в спа́льне в шкафу́ поиска́ть. Да как посла́ть письмо́?

— С по́чтой[6] на́до, — отвеча́л Илья́ Ива́нович.

— А ско́лько э́то сто́ит?

Обло́мов доста́л ста́рый календа́рь.

— Со́рок копе́ек, — сказа́л он.

---

[1]*It won't run away.* The же is emphatic. [2]*That's right.* [3]*Servants.* [4]*No sooner.* [5]*As though.* [6]Obsol. for по́чтой or по по́чте (by mail).

— Сорок копеек на пустяки бросать! — заметила она. — Лучше подождём пока кто-нибудь поедет в город.

— И в самом деле, лучше подождать, — отвечал Илья Иванович, всунул перо в чернильницу и снял очки.

— Право, лучше, — заключил он. — Не уйдёт, успеем послать.

Неизвестно, получил-ли Филипп Матвеевич рецепт.

Н. Гончаров

ТОСКА

I

Вечер. Крупный, мокрый снег лениво кружится в воздухе и падает вниз, покрывая собою крыши, лошадиные спины, плечи, шапки. Извозчик Иона Потапов, весь белый от снега, сидит, согнувшись, неподвижно на козлах. Его лошадёнка[1] тоже бела и неподвижна. Она, вероятно, о чём-то[2] думает. Кого[3] оторвали от плуга и бросили сюда, в этот большой город, полный огней, шума и бегущих по улицам людей, тому[3] нельзя не[4] думать . . .

Иона и его лошадёнка не двигаются с места уже давно. Выехали они со двора ещё до обеда,[5] а седоков всё нет и нет.[6] Но вот на город спускается вечер, и уличный шум становится громче.

— Извозчик, на Выборгскую! — слышит Иона. — Извозчик!

Иона вздрагивает и сквозь ресницы, облепленные снегом, видит перед собою военного.

— На Выборгскую! — повторяет военный. — Да ты спишь, что-ли? На Выборгскую!

В знак согласия Иона дёргает вожжи, отчего со спины лошади и с его плеч сыплется снег. Военный садится в сани. Извозчик чмокает губами,[7] вытягивает шею, приподнимается и машет кнутом. Лошадёнка тоже вытягивает шею и нерешительно двигается с места...

— Куда едешь, чорт! — слышит Иона крик из тёмной, движущейся взад и вперёд массы.[8] — Права держи![9]

---

[1]Dim. and pejor. of лошадь (horse). [2]*About(of) something.* [3]*The one . . . he.* [4]*Cannot help.* [5]Обед is the meal that is usually taken about noon. До обеда means " before noon." [6]*Emphatic for "not any."* [7]*Smacks his lips.* A sound used in Russia to urge horses on. [8]*Mass of people.* [9]*Keep to the right!*

— Ты ездить не умеешь! Права держи! — сердится военный.

Бранится кучер с кареты, злобно глядит и стряхивает с рукава снег прохожий, перебегавший дорогу и налетевший плечом на лошадёнку. Иона сидит на козлах, как на иголках, и водит глазами, словно не понимает, где он и зачем он здесь. Вдруг он оглядывается на седока и шевелит губами . . . Хочет что-то сказать, но из горла ничего не выходит.

— Что? — спрашивает военный.

Иона кривит улыбкой рот,[1] напрягает своё горло, и тихо начинает:

— А у меня, барин, . . . сын на этой неделе умер.

— Гм . . . Отчего же он умер?

Иона оборачивается всем телом к седоку и говорит:

— А кто же его знает?[2] . . . Три дня полежал в больнице и умер . . . Божья воля.

Сворачивай, дьявол! — раздаётся в темноте — Куда смотришь? Глазами смотри![3]

— Поезжай, поезжай . . . — говорит седок. — Так мы и до завтра не доедем. Скорее!

Извозчик опять вытягивает шею, приподнимается и с тяжёлой грацией взмахивает кнутом. Несколько раз потом оглядывается он на седока, но тот[4] закрыл глаза, и, вероятно, не расположен слушать. Высадив его на Выборгской, он останавливается у[5] трактира,[6] сгибается на козлах и опять сидит неподвижно . . . Мокрый снег опять покрывает его и лошадёнку. Проходит час, другой . . .

По тротуару, громко стуча калошами, проходят трое молодых людей: двое из них высоки и тонки, третий мал и горбат.

— Извозчик, к Полицейскому мосту! — кричит горбач.[7] — Троих . . . двугривенный![8]

---

[1]*Assumes a wry smile.* [2]*Who knows? I have no idea.* [3]*Use your eyes.* [4]*The latter.* [5]*Near.* [6]Obsol. for a " cheap restaurant." [7]Pop. for горбатый. [8]Colloq. for двадцать (20) копеек.

Иона дёргает вожжами и чмокает. Двугривенный слишком мало, но ему всё равно сколько, были бы только[1] седоки ... Молодые люди, толкаясь и бранясь, подходят к саням и все трое лезут на сиденье. Начинается решение вопроса: кому двум сидеть,[2] а кому третьему стоять? После долгого спора приходят к решению, что стоять должен горбатый, как самый маленький.

— Ну, скорей! — кричит горбач, становясь и дыша в затылок Ионы. — Скорей! Да и шапка же у тебя,[3] братец![4] Хуже во всём Петербурге не найти![5]

— Гы-ы ... гы-ы ... — хохочет Иона. — Какая есть ...

— Ну, ты, скорей! Ты так всю дорогу будешь ехать? Да?

— Голова ужасно болит ... — говорит один из длинных.[6] — Вчера у Дукмасовых[7] мы вдвоём с Васькой[8] четыре бутылки коньяку выпили.

— Не понимаю, зачем врать! — сердится другой длинный.

— Накажи меня Бог,[9] правда ...

— Это такая же правда, как то, что вошь кашляет.

— Гы-ы! — улыбается Иона. — Ве-есёлые господа!

— Тьфу, чтоб тебя черти взяли![10] ... — сердится горбатый — Поедешь ты, старая холера,[11] или нет? Разве так ездят?[12] Ударь-ка её кнутом! Но, чорт! Хорошенько её ударь!

Иона чувствует за своей спиной вертящееся тело горбача. Он слышит его ругань, видит людей, и чувство одиночества начинает мало-помалу отлегать от груди. Горбач ругается до тех пор, пока не

---

[1]*So long as there are.* [2]*Which two shall sit.* [3]*What a cap!* [4]Fam. for брат (brother). [5]*One would not find a worse one.* Петербург, later Петроград, are the former names of Leningrad. [6]*Lanky.* Длинный for высокий is incorrect when applied to people. It is here used ironically. [7]*At the home of Dukmassovs.* [8]*The two of us, Vaska and I.* Васька is familiar and popular for Василий. [9]*God strike me.* Common popular swearing. [10]*May the devil take you.* [11]Abusive language. [12]*Is this the way to drive?*

разража́ется ка́шлем. Дли́нные начина́ют говори́ть о
како́й-то Наде́жде Петро́вне. Ио́на огля́дывается на
них. Дожда́вшись[1] коро́ткой па́узы, он огля́дывается
ещё раз и бормо́чет:

— А у меня́ на э́той неде́ле . . . сын у́мер!

— Все помрём — вздыха́ет горба́ч, вытира́я по́сле
ка́шля гу́бы. — Ну, погоня́й, погоня́й! Господа́, я не
могу́ да́льше так е́хать! Когда́ он нас довезёт?

— А ты его́ немно́го подбодри́ . . . в ше́ю!

— Ста́рая холе́ра, слы́шишь? И́ли тебе́ плева́ть на
на́ши слова́? И Ио́на бо́льше[2] слы́шит, чем[2] чу́вствует
зву́ки уда́ров в ше́ю.

— Гы-ы . . . — смеётся он. — Весёлые господа́ . . .
дай Бог здоро́вья![3]

— Изво́зчик, ты жена́т? — спра́шивает дли́нный.

— Я-то? Гы-ы . . . ве-есёлые господа́! Тепе́рь у
меня́ одна́ жена́ — сыра́я земля́ . . . Моги́ла, то́ есть![4]
Сын-то вот у́мер, а я жив . . . Стра́нное де́ло, смерть
две́рью оши́блась . . . Вме́сто того́, чтобы ко мне
притти́, она́ к сы́ну . . .

И Ио́на обора́чивается, чтобы рассказа́ть, как у́мер
его́ сын, но тут горба́ч легко́ вздыха́ет и заявля́ет, что,
сла́ва Бо́гу, они́, наконе́ц, прие́хали. Получи́в двугри́-
венный, Ио́на до́лго гляди́т вслед молоды́м лю́дям,
исчеза́ющим в тёмном подъе́зде. Опя́ть он одино́к и
опя́ть наступа́ет для него́ тишина́ . . . Ути́хшая
ненадо́лго тоска́ появля́ется вновь и да́вит грудь ещё
с бо́льшей си́лой. Глаза́ Ио́ны трево́жно бе́гают по
толпа́м, бы́стро дви́гающимся по о́бе стороны́ у́лицы:
не найдётся-ли из э́тих ты́сяч хоть оди́н, кото́рый
вы́слушал бы его́? Но то́лпы бегу́т, не замеча́я ни его́,
ни его́ тоски́ . . . Тоска́ грома́дная, не зна́ющая грани́ц.
Ло́пни[5] грудь Ио́ны и вы́лейся[5] из неё тоска́, так она́ бы,
ка́жется, весь свет залила́, но тем не ме́нее её не ви́дно.

---

[1]*Having waited* (until there was . . .). [2]*Rather . . . than* . . . [3]A popular expression for " thank you." [4]*The grave, I mean.* [5]*Were his chest to
burst open.* The imperative is often used for the subjunctive.

II

Ио́на ви́дит дво́рника и реша́ет заговори́ть с ним.

— Ми́лый, кото́рый тепе́рь час?

— Деся́тый¹ . . . Чего́ же ты стал здесь? Проезжа́й!

Ио́на отъезжа́ет на не́сколько шаго́в, изгиба́ется и отдаётся тоске́ . . . Обраща́ться к лю́дям он счита́ет уже́ бесполе́зным. Но не прохо́дит и пяти́ мину́т,² как³ он выпрямля́ется, встря́хивает голово́й, сло́вно почу́вствовал о́струю боль, и дёргает во́жжи . . .

— Ко двору́,⁴ — ду́мает он — Ко двору́!

И лошадёнка, то́чно поня́в его́ мы́сли, начина́ет бежа́ть. Спустя́ часа́ полтора́, Ио́на сиди́т уже́ о́коло большо́й, гря́зной пе́чи. На печи́, на полу́, на ска́мьях храпи́т наро́д. Ду́шно . . . Ио́на гляди́т на спя́щих и жале́ет, что так ра́но верну́лся домо́й . . .

— И на овёс не зарабо́тал⁵ — ду́мает он. — Оттого́-то⁶ вот и тоска́. Челове́к, зна́ющий своё де́ло . . . кото́рый⁷ и сам сыт, и ло́шадь сыта́,⁸ всегда́ споко́ен . . .

В одно́м из угло́в поднима́ется молодо́й изво́зчик и, со́нный, идёт к ведру́ с водо́й.

— Пить захоте́л? — спра́шивает Ио́на.

— Да, пить!

— Так . . . А у меня́, брат, сын у́мер . . . Слыха́л? на э́той неде́ле в больни́це . . .

Ио́на смо́трит, како́й эффе́кт произвели́ его́ слова́, но не ви́дит ничего́. Молодо́й укры́лся с голово́й и уже́ спит. Стари́к вздыха́ет и че́шется . . . Как⁹ молодо́му хоте́лось пить, так ему́ хо́чется говори́ть. Ско́ро бу́дет неде́ля, как у́мер сын, а он ещё не говори́л ни с кем¹⁰ . . . Ну́жно поговори́ть обо всём . . . На́до рассказа́ть, как заболе́л сын, как он му́чился, что

---

¹Literally, "the tenth" (hour). Until very recently, in Russia the common people, few of whom possessed a watch or a clock, were not in the habit of measuring time with precision. ²*Hardly five minutes had passed.* ³*That.* ⁴Двор = yard; here, ко двору́ means "to the inn." ⁵*I have not even earned enough to buy oats.* In Russia of that time, oats and hay constituted the only feed for horses. ⁶*That's the cause.* ⁷*Who.* ⁸Ungrammatical. Should be: и ло́шадь кото́рого сыта́. ⁹*Just as.* ¹⁰*With no one.*

говори́л пе́ред сме́ртью, как у́мер . . . Ну́жно описа́ть
по́хороны и пое́здку в больни́цу за оде́ждой поко́йника.
В дере́вне оста́лась до́чка Ани́сья . . . И про неё[1]
ну́жно поговори́ть . . . Да ма́ло-ли о чём[2] он мо́жет
тепе́рь поговори́ть? Слу́шатель до́лжен о́хать, взды-
ха́ть . . . А с ба́бами[3] говори́ть ещё лу́чше. Те хоть и
ду́ры,[4] но пла́чут от двух слов.

— Пойду́ ло́шадь погляжу́, — ду́мает Ио́на. —
Спать ещё успе́ю.

Он одева́ется и идёт в коню́шню, где стои́т его́ ло́-
шадь. Ду́мает он об овсе́, о се́не, о пого́де . . . Про
сы́на, когда́ оди́н, ду́мать он не мо́жет . . . Поговори́ть
с кем-нибу́дь[5] о нём мо́жно, но самому́ ду́мать и ри-
сова́ть себе́ его́ о́браз невыноси́мо жу́тко . . .

— Жуёшь? — спра́шивает Ио́на свою́ ло́шадь, ви́дя
её блестя́щие глаза́. — Ну, жуй, жуй . . . Е́сли на
овёс не зарабо́тали, се́но есть бу́дем . . . Да . . . Стар
уж стал я е́здить . . . Сы́ну бы[6] е́здить, а не мне . . .
То настоя́щий изво́зчик был . . . Жил бы то́лько[7] . . .

Ио́на молчи́т не́которое вре́мя и продолжа́ет:

— Так-то[8] брат, кобы́лочка[9] . . . Нет Кузьмы́
Ио́ныча . . . Приказа́л до́лго жить[10] . . . Тепе́рь,
ска́жем, у тебя́ жеребёночек,[11] и ты э́тому жеребёночку
родна́я мать . . . И вдруг, ска́жем, э́тот са́мый жеребёночек приказа́л до́лго жить . . . Ведь жа́лко?[12]

Лошадёнка жуёт, слу́шает и ды́шит на ру́ки своего́
хозя́ина. Ио́на увлека́ется и расска́зывает ей всё . . .

А. Че́хов

<hr>

[1]*About her.* [2]*There is no lack of things.* [3]*Women.* The term was used by
people of the upper classes and by peasants when speaking of married
women of the peasant class. [4]*Stupid.* A ба́ба was not supposed to have
any brains. [5]*With somebody.* [6]*The son should.* [7]*If he only were alive.* [8]*That's
how it is.* [9]Dim. of кобы́ла (mare). [10]Literally, *he bade us live long.* A
formula commonly used, in conversation, for announcing a death. [11]Dim.
of жеребёнок (colt). [12]*It would be sad, wouldn't it?*

ОГОНЬКИ́

Как-то давно́,[1] тёмным осе́нним ве́чером, случи́лось мне плыть по угрю́мой сиби́рской реке́. Вдруг на поворо́те реки́, впереди́, под тёмными гора́ми мелькну́л огонёк.

Мелькну́л я́рко, си́льно, совсе́м бли́зко . . .

— Ну, сла́ва Бо́гу! — сказа́л я с ра́достью. — Бли́зко ночле́г!

Гребе́ц поверну́лся, посмотре́л че́рез плечо́ на ого́нь и опя́ть апати́чно налёг на вёсла.

— Далеко́!

Я не пове́рил: огонёк так и стоя́л, выступа́я вперёд из тьмы.

Но гребе́ц был прав: оказа́лось, действи́тельно, далеко́.

Сво́йство э́тих ночны́х огне́й — приближа́ться, побежда́я тьму, и сверка́ть, и обеща́ть, и мани́ть свое́ю бли́зостью. Ка́жется, ещё два-три уда́ра весло́м, — и путь ко́нчен . . . Но нет, далеко́! . . .

И до́лго мы ещё плыли́ по тёмной, как черни́ла,[2] реке́. Уще́лья и ска́лы выплыва́ли, надвига́лись и уплыва́ли, а огонёк всё стоя́л впереди́, перелива́ясь и маня́, — всё так же бли́зко и всё так же далеко́[3] . . .

Мне ча́сто вспомина́ется тепе́рь и э́та тёмная река́, и э́тот живо́й огонёк. Мно́го огне́й и ра́ньше и по́сле мани́ли не одного́ меня́ свое́ю бли́зостью. Но жизнь течёт всё в тех же[4] угрю́мых берега́х, а огни́ ещё далеко́. И опя́ть прихо́дится налега́ть на вёсла . . .

Но всё-таки . . . всё-таки впереди́ — огни́! . . .

Короле́нко[5]

---

[1]*Once, a number of years ago.* [2]*Ink.* Used only in the plural. [3]*Just as near and just as far.* [4]*Between the same.* [5]Russian novelist and short-story writer (1853-1921).

ДЕНЬ РОЖДЕ́НИЯ

I

Учрежде́ние, в кото́ром рабо́тал Ива́н Дми́триевич, бы́ло шу́мное. Це́лый день толка́лись посети́тели. Ча́сто сканда́лили. Больно́му се́рдцу Ива́на Дми́триевича приходи́лось иногда́ тру́дно. Его́ стол стоя́л у окна́, за кото́рым открыва́лась широ́кая зи́мняя панора́ма.

Сего́дня на́до зако́нчить сро́чную рабо́ту. Вчера́ бы́ло до́лгое заседа́ние, а тре́тьего дня Ива́н Дми́триевич получи́л извеще́ние, что его́ еди́нственный сын Ми́тя[1] уби́т.

Вот как сложи́лся э́тот роково́й день: Ива́н Дми́триевич в числе́ други́х паке́тов машина́льно распеча́тал и э́тот. Но когда́ он стал чита́ть вы́нутую из него́ бума́гу, её бу́квы сде́лались вдруг кра́сными. В ко́мнате в э́то вре́мя бы́ло шу́мно, сканда́лил с сотру́дницей како́й-то челове́к в пёстрой ша́пке, но вдруг ста́ло совсе́м ти́хо и пёстрая ша́пка куда́-то уплыла́.

Ива́н Дми́триевич сде́лал уси́лие, и всё ста́ло на своё ме́сто. Шум в ко́мнате постепе́нно восстанови́лся.

На Ива́на Дми́триевича никто́ внима́ния не обрати́л, все бы́ли за́няты свои́ми дела́ми. Пото́м кто-то подошёл к нему́ за спра́вкой. Он загляну́л в кни́ги, дал спра́вку, и э́то бы́ло так стра́нно: ничто́ не измени́лось ни в лю́дях, ни в обстано́вке. Та же многоле́тняя темнозелёная стена́ в пя́тнах пе́ред глаза́ми, то же замёрзшее окно́ спра́ва.

И вдруг хлы́нула невыноси́мая скорбь. Ти́хо простона́в от бо́ли, Ива́н Дми́триевич по́днял го́лову от стола́ и уста́вился глаза́ми в потоло́к. Ежо́в, за-

---

[1]Dim. of Дми́трий.

ведующий кадрами, подошёл к нему и что-то сказал. Иван Дмитриевич не слыхал. Ежов, человек невыносимо весёлый, хитро прищурил маленький чёрный глаз и громко сказал:

— Замечтался, дядя[1] Ваня?[2] О ком? О Шмариной, небось? Вот расскажу Марье Николаевне!

Ежов захохотал и пихнул Ивана Дмитриевича в бок. Иван Дмитриевич перевёл на него глаза. Марья Николаевна . . . О, да как же ей сказать?

Она перед этим несколько дней была больна. Заболела как раз[3] под Новый год[4] и только вчера встала и вышла на работу. До этого[5] оба они были всё время в тайной друг от друга[6] тревоге: давно от Мити письма не было. Нет его и сейчас.[7] А тут подходит такой знаменательный день: через неделю Мите исполняется двадцать лет.

Двадцать лет . . . День рождения Мити — самый заветный и радостный день в году. К нему всегда задолго готовились все трое.[8] Родители готовили пирог, угощенье, именинный подарок. А Митя в свою очередь — обоим[9] по какому-нибудь маленькому сюрпризу. А вот уж второй год этот день приходится праздновать без Мити. Однако, он так уж устраивал, что когда они и приглашённые гости садились за стол, рядом с именинным пирогом лежало как раз накануне полученное письмо Мити. Разумеется, письмо прочитывалось вслух и несколько раз за вечер: то[10] к слову приходилось,[11] то[10] новый гость подходил.

Старый любимый друг Ивана Дмитриевича, Кирилл Ильич, всегда молча выслушивал это письмо, оттопырив чуть тронутые сединой усы,[12] и смахивал пальцем слезу с сердито выпученных серых глаз. Потом растерянно оглядывал ими стол, чтоб разбить что-

---

[1]A courteous popular manner of addressing a middle-aged man. [2]Dim. of Иван. [3]Just. [4]On the eve of New Year's day. [5]Before that. [6]One from the other. [7]There is none yet. [8]The three of them. [9]To both of them. [10]Now . . . now. [11]It was called for by the conversation. [12]Slightly graying mustache.

нибудь на счастье.¹ Он привык этим выражать свою искренюю радость с первых же именин Мити. Но теперь стеснялся это делать: посуда — товар дефицитный.

Вот и сейчас Марья Николаевна готовится к митиному дню. И тревожно ждёт письма . . .

Иван Дмитриевич взглянул на круглые стенные часы:² два часа. Через три часа он придёт домой. Марья Николаевна уже будет дома ждать его с обедом.³ Он войдёт и вонзит ей нож⁴ . . .

Иван Дмитриевич отдышался и принялся за работу. Потом поднял глаза на часы — четыре часа. Время бежит катастрофически.

Вот и занятия кончаются. Если бы чем-нибудь их задержать⁵ . . . Не будет-ли после них какого-нибудь собрания? . . . Но занятия кончились, собрания нет. Сотрудники расходятся и покидают его в страшную минуту одного. Иван Дмитриевич задержался в комнате как только мог.⁶

Вот он остался один. Поднялся из-за стола и, как подкошенный,⁷ упал головой на стол, дав волю рыданиям.⁸

Он вышел после всех и направился домой. Пришлось проходить мимо городского сада с заваленными снегом скамейками, с заколоченным зданием летнего театра.

Иван Дмитриевич свернул в сад, прошёл к площадке, где скамейки недавно были очищены и теперь только слегка присыпаны снегом. Он сел на одну из них, огляделся. Боже мой,⁹ как всё это давно знакомо и дорого! Ведь¹⁰ вот на той почерневшей скамейке он когда-то объяснялся Марье Николаевне в чувствах.

<hr/>

¹*For good luck.* An old superstitious belief: breaking inadvertently of a table-ware is a portent of something happy about to happen. ²*Clock.* With this meaning the word is used only in the plural. ³Normally the time of обед (dinner) is about noon, but in some places it is much later. ⁴Literally, *thrust a knife through* (her heart). Metaphor for " tell her the horrible news." ⁵*If only it were possible somehow to retard them.* ⁶*As long as he could.* ⁷*As if mowed down.* ⁸*Sobbed freely.* ⁹*Heavens!* ¹⁰The ведь is used for emphasis.

Цвели́ кашта́ны[1] больши́ми све́тлыми кистя́ми, сло́вно зажжённые в честь их канделя́бры. Сла́дко ве́яло арома́том трав и прохла́дой от реки́. А пото́м на э́той же скаме́йке под ли́пой они́ ча́сто сиде́ли вме́сте, и ря́дом стоя́ла коля́сочка[2] с Ми́тей. А пото́м мелька́ли го́ды — Ми́тя бе́гал здесь ма́льчиком и ходи́л взро́слый . . . Высо́кий, стро́йный, с рассе́янным, чуть гру́стным взгля́дом.

Жизнь текла́, как ей и ну́жно бы́ло течь — год за го́дом, и ка́ждый год меня́ли дере́вья свою́ листву́. Меня́лись скро́мные жела́ния и мечты́. И неда́вно ещё[3] ле́том, проходя́ па́рком, Ива́н Дми́триевич вспо́мнил всё, что бы́ло с ним свя́зано, и вдруг опя́ть стал мечта́ть: ко́нчится война́, и его́ Ми́тя, так же, как и он когда́-то, пройдёт по э́той алле́е с люби́мой де́вушкой. Пото́м под э́той са́мой тени́стой ли́пой бу́дет стоя́ть коля́сочка, опя́ть они́ с Ма́рьей Никола́евной бу́дут сиде́ть у коля́сочки и ра́доваться болта́ющимся, перевя́занным ни́точками[4] ручо́нкам и ножо́нкам.[5] И жизнь их, пересели́вшись в другу́ю, безме́рно дорогу́ю жизнь, потечёт уже́ не бу́рным и сверка́ющим пото́ком, а ти́хим, но глубо́ким и ра́достным. Тепе́рь всё сра́зу оборва́лось . . . Исся́к пото́к, вы́сохло русло́, и умерло́ всё круго́м. А сейча́с он придёт домо́й и принесёт смерть в се́рдце жены́. За что?

Ива́н Дми́триевич зна́ет, как уме́ет она́ встреча́ть го́ре, глубоко́ пря́ча его́ в се́рдце и находя́ там слова́ успокое́ния и ободре́ния. Так бы́ло всегда́, так и тепе́рь: трево́жась вме́сте до́лгим молча́нием Ми́ти, она́ сказа́ла на-дня́х:

— Что ж, лю́ди по года́м не получа́ют пи́сем, а ины́е и совсе́м.[6] Не в на́шей во́ле[7] . . . Чему́ случи́ться — рук не подло́жишь.[8]

---

[1]Кашта́н (chestnut) is both the tree and the fruit. [2]Affec. for коля́ска (baby carriage). [3]Only recently. [4]Bound tight by thin threads. This is a metaphor. It is used to describe the deep and narrow furrows on the plump arms and legs of a baby. [5]Darling little hands and feet. Affec. for the diminutives ру́чки и но́жки. [6]Not at all. [7]We can do nothing about it. [8]An old provincial fatalistic proverb meaning " that which is to happen cannot be warded off."

Призна́ться, тако́е успокое́ние не понра́вилось тогда́ Ива́ну Дми́триевичу, хотя́ отча́сти и извини́тельно: Мари́я Никола́евна не совсе́м опра́вилась от новогодней болезни.

II

Сего́дня у́тром они́, расходя́сь на рабо́ту, обменя́лись не́сколькими слова́ми насчёт приготовле́ния к ми́тиному дню, да, про́тив обыкнове́ния, не сошли́сь в одно́м вопро́се. Обы́чно в э́тот день зва́ли госте́й. Тепе́рь Мари́я Никола́евна никого́ не хоте́ла звать: не тако́е сейча́с вре́мя.[1] Ива́н Дми́триевич был друго́го мне́ния: вре́мя и́менно тако́е, что на́до хоть в среде́ бли́зких люде́й отдохну́ть душо́й.[2] Но Мари́я Никола́евна ещё не опра́вилась от боле́зни, ей не под си́лу хло́поты.[3] Пришло́сь уступи́ть. То́лько Кири́лла Ильича́ реши́ли позва́ть.

Ива́н Дми́триевич не до́лго сиде́л на скаме́йке, но когда́ он вы́шел в воро́та са́да и поверну́л по у́лице к своему́ до́му, почу́вствовал, что ме́жду у́тром, когда́ он, идя́ на слу́жбу, проходи́л ми́мо э́тих воро́т, и э́той мину́той легло́ до́лгое роково́е вре́мя. Си́дя на скаме́йке, он постаре́л на мно́го-мно́го лет.

Итти́ до кварти́ры ну́жно бы́ло не́сколько кварта́лов. Обы́чно он проходи́л их незаме́тно. Сейча́с э́то оказа́лось неожи́данно тру́дно и сло́жно. Он шёл како́й-то чужо́й, заплета́ющейся похо́дкой, не́сколько раз остана́вливался, тяжело́ дыша́, как бу́дто[4] нёс непоси́льный груз. Встре́чные огля́дывались на него́. А когда́ из-за угла́ показа́лся кори́чневый трехоко́нный до́мик[5] с ни́зеньким досча́тым забо́ром, из-за кото́рого выгля́дывали бе́лые ша́пки[6] давно́ поса́женных им я́блонь, он реши́л: нельзя́ ей сказа́ть сего́дня . . .

---

[1] *These are not proper times for guests.* [2] *To ease our anxiety.* [3] *Is not strong enough to bother.* [4] *As if.* [5] Dim. of дом (house). [6] *Hats.* A metaphor for верху́шки (tops).

Мо́жет быть, за́втра, а ещё лу́чше — пусть пройдёт ми́тин день. Не на́до его отнима́ть. А там — доживём, ви́дно бу́дет.[1] Пусть же оста́нется ей в жи́зни хоть оди́н све́тлый день. Хоть при́зрак счастли́вого дня. А сказа́ть — ещё успе́ется.[2] Не́куда спеши́ть. Пожа́луй, да́же Кири́ллу Ильичу́ не сле́дует говори́ть; челове́к впечатли́тельный, вы́даст себя́.

Непоси́льная но́ша сра́зу ста́ла ле́гче, и он вошёл в дом, да́же не́сколько бодря́сь,[3] и смог взгляну́ть в бле́дное, вы́тянувшееся лицо́ Ма́рьи Никола́евны. Тут то́лько[4] порази́ло его́ и бо́льно кольну́ло, как исхуда́ла и постаре́ла она́! Да́же всегда́ сия́ющие си́ние глаза́ поме́ркли. Как не заме́тил он э́того ра́ньше? До боле́зни, впро́чем, э́то не так броса́лось в глаза́.[5] А тут ещё[6] она́ взяла́ вече́рнюю рабо́ту. Бы́стро пообе́дав, ушла́. Так и пошли́ тяжёлые дни.[7] И чем бли́же[8] подходи́л ми́тин день, тем ясне́е[8] чу́вствовал Ива́н Дми́триевич, что э́то бу́дет са́мый тяжёлый в жи́зни день. Пожа́луй, тако́й тяжёлый, что он не знал, как его́ пережи́ть. Как он подни́мет бока́л за здоро́вье[9] Ми́ти? . . . Где взять сил? . . .

Ду́малось — к тому́ вре́мени боль хоть немно́го приути́хнет, а она́ не утиха́ет, стано́вится ещё остре́й. Мо́жет быть, оттого́, что он но́сит её оди́н? Невыноси́мо молча́ние, когда́ от бо́ли кри́кнул бы на весь мир . . . Пошёл ве́чером к Кири́ллу Ильичу́. До́лго и мо́лча пла́кали они́ в одино́кой ко́мнате. Кири́лл Ильи́ч согласи́лся, что до ми́тиного пра́здника не на́до обру́шивать го́ре на мать.

Не к спе́ху!

На столе́ у Кири́лла Ильича́ стоя́л портре́т Ми́ти.

— Вы́литая Мару́ся![10] — сказа́л Ива́н Дми́триевич и

---

[1]*Later, well, we shall see when we come to it.* The literal meaning of дожи́ть is " to live till . . ." [2]*There always will be time.* Успе́ться, the reflexive form of успе́ть, is very uncommon. [3]*Endeavoring to look cheerful.* [4]*Only then.* [5]*Was not so noticeable.* [6]*To make things worse.* [7]*Thus painful days followed each other.* [8]*The closer . . . the clearer.* [9]*How will he drink the health of . . .* [10]*The living image of* Мару́ся (affec. for Мари́я).

горько усмехнулся. — Говорят, если сын похож на мать — будет счастлив.

— Не слыхал, — сердито тараща[1] глаза, сказал Кирилл Ильич, — не знаю, а вот если сын похож на такую, как Мария Николаевна, мать, то большое счастье для родителей. Это я видал.

Сердито высморкался и продолжал:

— А на тебя он разве не был похож? Никогда ни одного слова неправды.

— Это уж[2] у него с детства, — тихо ответил Иван Дмитриевич.

— Правильно воспитали — сказал Кирилл Ильич.

— Уж[2] и не знаем, кто кого воспитывал: иной раз, бывало, не сдержишься и прилгнёшь.[3] А он молча поднимет от книги вот эти строгие глаза, — и покраснеешь, как школьник, право. А уж он над своим задумался.[4] Часто спросить хотелось: «Над чем, Митя, всё задумываешься?» А уж такой нежный был. К матери особенно. К ней он и ближе,[5] а тоже мало раскрывался.[5] О любимой науке, о народной душе всегда много говорил, а о своей душе — мало.

Иван Дмитриевич долго молча смотрел на портрет: глаза широко открыты, а губы плотно сжаты. И никогда уже не раскроются. И никогда он не узнает, о чём думал и мечтал его сын.

А день рождения приближался. Предстояло пронести сквозь него ужасную тайну. Никогда не было у него тайн от жены ... О, как хотелось, чтоб этот страшный день не скоро ещё[6] пришёл! Но он пришёл очень скоро.

III

Утром Иван Дмитриевич и Мария Николаевна нежно поздравили друг друга с рождением сына. Торопясь,

[1]Colloq. for широко открывая. [2]The уж is emphatic. [3]*I would tell a little lie.* From лгать. [4]*Absorbed in his own thoughts.* [5]*Although he was closer to her, he was not more communicative* (with her). [6]The ещё is emphatic.

108

быстро ушли на работу: первое тяжкое испытание прошло благополучно. Не было, правда, обычной радости в запавших глазах Марьи Николаевны, — письма к именинам[1] всё нет,[2] — всё же[3] в них затеплилась торжественная, хоть и грустная ласка.

А когда погас короткий зимний день и пришло самое тяжёлое — вечер, Иван Дмитриевич зашёл за Кириллом Ильичём: чувствовал, одному не под силу войти в дом, сесть за праздничный стол.

И вот они пришли домой. Иван Дмитриевич ещё раз поздравил жену, прикоснувшись к её бледным губам.

Кирилл Ильич поздравил, вручил букетик[4] цветов, торопливо похвалил хорошую, мягкую зиму.

Выпили за именинника, за родину и фронт. И это сошло благополучно. Всё как будто было по-старому.[5] Над столом горела лампа, затенённая старым голубым абажуром, через комнату разостлана была праздничная ковровая дорожка. Перед портретом Мити стоял букетик цветов. На дворе была светлая ночь, и лунный свет сквозь кисейные занавески ложился на пол.

Сидели за столом, мирно беседовали, и как-то так выходило,[6] что о Мите почти не говорили. Иван Дмитриевич часто вставал из-за стола, чтобы в чём-нибудь помочь жене.

Раз он ступил ногой на пересекавшую дорожку лунную полосу и вдруг застонал от боли и, согнувшись, как будто получил удар[7] под грудь, опустился на ближайший стул. Жена и гость бросились к нему, а он, закрыв лицо руками и качая головой, плакал, как ребёнок, и жалобно лепетал:

— Нету, нету больше Митеньки[8] . . . Не пройдёт по дорожке . . .

---

[1]*Birthday.* The word has no singular. [2]*Still has not come.* [3]*Nevertheless.* [4]Dim. of букет. [5]*Everything seemed to be as of old.* [6]*Somehow it so happened.* [7]*As if he had been hit.* [8]Митенька *is no longer.* Митенька is an affectionate form of Митя, which is the familiar name for Дмитрий.

Опо́мнился и, переси́ливая боль в груди́, бро́сился успока́ивать Ма́рью Никола́евну. Но она́ уже́ стоя́ла пе́ред ним с лека́рством в рю́мке, не вытира́я слёз, стека́вших по впа́лым щека́м, и шепта́ла ла́сково:

— Бу́дет, бу́дет, Ва́ня.[1]

Кири́лл Ильи́ч стоя́л у окна́, вытира́л усы́, а они́ всё бы́ли мо́крые.[2]

Ива́н Дми́триевич сказа́л ти́хо:

— Уже́ неде́ля,[3] как получи́л . . . всё не мог[4] . . .

А Мари́я Никола́евна молча́ла. Пото́м доста́ла из глубины́ комо́да распеча́танное письмо́.

— Вот — сказа́ла она́, — письмо́ от Ми́ти . . . после́днее. Под Но́вый год[5] получи́ла. Веле́л проче́сть тебе́ по́сле . . . Тут всё напи́сано.

Ива́н Дми́триевич взял письмо́ и хоте́л чита́ть. Но оно́ так затрепета́ло у него́ в рука́х, что он пе́редал его́ Кири́ллу Ильичу́, и тот, наде́в очки́, на́чал чита́ть вслух. Чита́л он о́чень неро́вно: места́ми твёрдо, разде́льно, а места́ми слова́ у него́ вдруг ко́мкались всхли́пываньем. Тогда́ он встря́хивал сере́бряной голово́й, протира́л очки́ и сно́ва чита́л гро́мко, чётко, да́же серди́то:

«Дорога́я моя́ ма́ма!

Прочита́й э́то письмо́ снача́ла одна́. Почему́ — да́льше скажу́.

Я тебе́ пишу́ в све́тлые дни на́ших побе́д.

Сейча́с в пала́ту, где я лежу́, ра́достно смо́трит со́лнце. Круго́м всё бе́ло — сте́ны, потоло́к, посте́ли, хала́ты. За о́кнами[6] — то́же: над бе́лой кры́шей вьётся и ухо́дит к не́бу бе́лый дым. И почему́-то[7] сего́дня с утра́[8] вспомина́ются бе́лые я́блони у нас в са́дике.[9] Ка́ждая жи́лка[10] в них налита́ была́ жи́знью,

---

[1]*Enough crying*, Ва́ня. Ва́ня is the familiar name for Ива́н. [2]*But it was wet just the same.* [3]*It has been a week.* [4]*I could not . . .* [5]*On the eve of New Year's day.* [6]*Outside.* [7]*For some reason.* [8]*Since early in the morning.* [9]Dim. of сад (garden). [10]Dim. of жи́ла (nerve, vein).

и ка́ждая за́вязь несла́ но́вую жизнь. А они́ стоя́ли, нагну́в тяжёлые ве́тви к земле́, сло́вно грустя́ о чём-то.

А вот[1] лёгкий дым, весёлыми клуба́ми улета́ет сейча́с к не́бу . . . Да к чему́ же э́то я?[2] Э́то я — о жи́зни и сме́рти.

Второ́й год я рабо́таю на по́ле сме́рти. Мно́го раз выходи́л ей навстре́чу . . . И вот встре́тились — и не разойти́сь. Я бу́ду писа́ть кра́тко: она́ торо́пит. И несвя́зно: она́ меша́ет. Но о сме́рти пото́м. Поговори́м, ма́мочка,[3] о живо́м. О жи́зни. О све́тлых мечта́х.

У меня́ мно́го бы́ло заве́тных мечта́ний. Но зна́ю: е́сли бы я прошёл са́мый дли́нный путь, кото́рый отме́рен челове́ку, не осуществи́лась бы и ма́лая до́ля их. Неуда́чи и го́рькие разочарова́ния в себе́ и в лю́дях ожида́ли меня́ на моём пути́. Ты и па́па зна́ете, как тре́бователен был я к себе́ и к лю́дям.

Но вы едва́ ли зна́ли, кака́я у меня́ была́ заве́тная мечта́: непреме́нно соверши́ть тако́е де́ло, что́бы и́мя моё произноси́лось в стране́ с благода́рностью. Чтоб непреме́нно го́рдая ра́дость осени́ла оста́вшийся вам путь.

Но мне два́дцать лет,[4] и я уже́ ви́дел, что мечта́ моя́ неосуществи́ма. Я сре́дний челове́к, каки́х[5] миллио́ны. Де́ло, кото́рое я избра́л и не мог не избра́ть, потому́ что люби́л его́ бо́льше всего́, — исто́рия, филосо́фия не сули́ли[6] ни по́двигов, ни сла́вы, по кра́йней ме́ре бли́зкой. Э́то тем бо́лее[7] гру́стно, что непоправи́мо.

И вот сча́стье само́ пришло́ ко мне. Я соверши́л по́двиг, за кото́рый ро́дина бу́дет люби́ть и благословля́ть меня́ по́сле мое́й сме́рти; кото́рым вы, мои́ родны́е, бу́дете горди́ться до ва́шей сме́рти.

Родны́е мои́, я пишу́ э́то не ра́ди утеше́ния.[8] Э́то письмо́ — и́споведь моего́ лю́бящего се́рдца. Оно́ полно́ сейча́с ра́дости. Оно́ ско́ро переста́нет би́ться.

---

[1]*Now.* [2]*But where does all this come in?* [3]Affec. for ма́ма. [4]*I am twenty years old.* [5]*Such as there are.* [6]Obsol. and colloq. for обеща́ли (promised). [7]*The more.* [8]*Not in order to alleviate your grief.*

Но и после́дние уда́ры его́ бу́дут полны́ большо́го, как со́лнце, сча́стья за вас, за ро́дину. Пусть же и ва́ше се́рдце бу́дет полно́ им всю жизнь . . .

Зна́ю, родны́е мои́, снача́ла пронзи́т его́ о́строе го́ре и не пу́стит в него́ ра́дость. Я бою́сь за се́рдце па́пы и потому́ пишу́ тебе́ пе́рвой, бо́лее си́льной: ты подгото́вь его́. До́лго и го́рько вы бу́дете пла́кать и тоскова́ть по мне.[1] Не на́до,[2] мои́ сла́бые, безме́рно люби́мые. Печа́ль ва́ша озарена́ бу́дет мое́й сла́вой.

Вам напи́шут подро́бно о моём по́двиге, вам ука́жут то́чно мою́ моги́лу. Ско́ро вы придёте на неё. Пла́кать на моги́ле сы́на — го́рькое пра́во всех роди́телей, а ра́доваться и горди́ться е́ю — высо́кое пра́во и́збранных.

Горячо́ люби́л я родну́ю свою́ зе́млю[3] и чуде́сные во́ды на́шей большо́й реки́, ка́ждую ма́ленькую тра́вку на земле́. Я запечатле́л э́ту любо́вь кро́вью, кото́рую вы мне да́ли.

Как мно́го хоте́лось бы ещё сказа́ть! Но мне уже́ тру́дно. Отдохну́ . . .

Вот и отдохну́л. Сестра́[4] хоте́ла отобра́ть у меня́ черни́ла,[5] но смути́лась и верну́ла. Си́лы мои́ ухо́дят; но ра́дость моя́ не ухо́дит.

Я ещё немно́жко[6] побесе́дую с ва́ми. Ско́ро стемне́ет. В су́мерках[7] я бу́ду ду́мать то́лько о вас. Я жи́во представля́ю себе́ всё, что вас окружа́ет. И изразцо́вую печь, и люби́мые твои́ цветы́, и ста́рый дива́н с гну́той спи́нкой. Как я люби́л на нём су́мерничать с тобо́й на рассве́те жи́зни![8] . . . Да, ещё:[9] приближа́ется день моего́ рожде́ния. Я зна́ю, задо́лго ра́ньше его́ придёт день мое́й сме́рти. Но ты, ма́ма, скажи́ о ней па́пе по́сле мои́х имени́н. Пусть ему́ оста́нется ещё оди́н день пре́жней ра́дости. Пусть проведёт его́ со мной, ещё живы́м . . .

---

[1]*You will miss me.* [2]*Don't.* [3]*My native land.* [4]*The nurse.* [5]Used only in the plural. [6]Colloq. for немно́го (*a little while*). [7]*In the* (evening) *twilight.* Used only in the plural. [8]*At the dawn of* (*my*) *life.* [9]*Yes, something else.*

Прощайте, мои дорогие. Передайте прощальный привет[1] друзьям нашим и первому нашему верному ...»

Дальше Кирилл Ильич не мог читать. Дочитала Марья Николаевна.

— Вот и пришёл к нам Митенька наш, — сказала она, пряча письмо. — Теперь уже навеки ... не расстанемся.[2]

Луна зашла. Кончился митин день. А зимняя ночь ещё долга, и долго сидели они трое, тихо разговаривая, словно боясь разбудить кого-то, да так,[3] не ложась,[4] встретили утро.

К. Тренёв

---

[1]*Convey my farewell greetings.* [2]*We shall never separate.* [3]*Thus.* [4]*Without going to bed.*

113

ПЕ́СНЯ О СО́КОЛЕ

(This symbolic story by Maxim Gorki is one of the best known in Russian literature. In beautiful rhythm, it expresses the admiration of the great writer for the free spirit and valiance of the hero for whom unrestricted freedom is an imperative need and who finds happiness in fighting for it, and his contempt for the philistine whose only ambition in life is undisturbed bodily comfort.)

I

Высоко́ в го́ры вполз уж и лёг там в сыро́м уще́лье, сверну́вшись в у́зел и гля́дя в мо́ре.

Высоко́ в не́бе сия́ло со́лнце, а го́ры зно́ем дыша́ли в не́бо, и би́лись во́лны внизу́ о ка́мень . . .

А по уще́лью, во тьме и бры́згах, пото́к стреми́лся навстре́чу мо́рю, гремя́ камня́ми . . .

Весь в бе́лой пе́не, седо́й и си́льный, он ре́зал го́ру и па́дал в мо́ре, серди́то во́я.

Вдруг в то уще́лье, где уж сверну́лся, пал с не́ба со́кол с разби́той гру́дью, в крови́ на пе́рьях . . .

С коро́тким кри́ком он пал на зе́млю и би́лся гру́дью в бесси́льном гне́ве о твёрдый ка́мень . . .

Уж испуга́лся, отпо́лз прово́рно, но ско́ро по́нял, что жи́зни пти́цы две-три мину́ты[1] . . .

Подпо́лз он бли́же к разби́той пти́це и прошипе́л он ей пря́мо в о́чи:[2]

— Что, умира́ешь?

— Да, умира́ю! — отве́тил со́кол, вздохну́в глубо́ко. — Я сла́вно пожи́л! . . . Я зна́ю сча́стье! . . . Я хра́бро би́лся! . . . Я ви́дел не́бо . . . Ты не уви́дишь его́ так бли́зко! . . . Эх, ты, бедня́га! . . .

— Ну, что же — не́бо?[3] — пусто́е ме́сто . . . Как мне[4] там по́лзать? Мне здесь прекра́сно[5] . . . тепло́ и сы́ро!

---

[1]*Has only two or three minutes to live.* [2]*Eyes* (pl. of о́ко). In everyday language глаз, глаза́ alone are used. [3]*Well, what is there about the sky?* [4]*How could I?* [5]*I feel fine here.*

Так уж ответил свободной птице и усмехнулся в душе над нею за эти бредни.[1]

И так подумал: „Летай иль ползай,[2] конец известен: все в землю лягут, всё прахом будет . . .“

Но сокол смелый вдруг встрепенулся, привстал немного и по ущелью повёл очами.

Сквозь серый камень вода сочилась, и было душно в ущелье тёмном и пахло гнилью.

И крикнул сокол с тоской и болью, собрав все силы: „О, если б[3] в небо хоть раз подняться! . . . Врага прижал бы я . . . к ранам груди и . . . захлебнулся б моей он кровью! . . . О, счастье битвы! . . .“

А уж подумал: „Должно быть, в небе и в самом деле пожить приятно, коль[4] он так стонет! . . .“

И предложил он свободной птице: „А ты подвинься на край ущелья и вниз бросайся. Быть может, крылья тебя поднимут, и поживёшь ещё немного в своей стихии“.

И дрогнул сокол и, гордо крикнув, пошёл к обрыву, скользя когтями по слизи камня.

И подошёл он, расправил крылья, вздохнул всей грудью, сверкнул очами и — вниз скатился.

И сам, как камень, скользя по скалам, он быстро падал, ломая крылья, теряя перья . . .

Волна потока его схватила и, кровь омывши,[5] одела в пену, умчала в море.

А волны моря с печальным рёвом о камень бились . . . И трупа птицы не видно было[6] в морском пространстве . . .

II

В ущелье лёжа, уж долго думал о смерти птицы, о страсти к небу.

---

[1]*Foolish thoughts.* The word has no singular. [2]*Whether you fly or crawl.* Иль is a popular and also a poetic term for или. [3]*If only I could.* [4]Коль or коли are popular terms for если (if). [5]Poet. for обмывши. Here, however, the ordinary word is смыла (washed off). [6]*Could not be seen.*

И вот взгляну́л он в ту даль, что ве́чно ласка́ет о́чи мечто́й о сча́стье.

„А что он ви́дел, уме́рший со́кол, в пусты́не э́той, без дна и кра́я?[1] Заче́м таки́е, как он, уме́рши, смуща́ют ду́шу свое́й любо́вью к полётам в не́бо? Что им там я́сно?[2] А я ведь[3] мог бы узна́ть всё э́то, взлете́вши в не́бо хоть ненадо́лго“.

Сказа́л и сде́лал.[4] В кольцо́ сверну́вшись, он пря́нул[5] в во́здух и у́зкой ле́нтой блесну́л на со́лнце.

Рождённый по́лзать — лета́ть не мо́жет![6] . . . Забы́в об э́том, он пал на ка́мни, но не уби́лся, а рассмея́лся . . .

„Так вот в чём[7] пре́лесть полётов в не́бо! Она́ — в паде́ньи! . . . Смешны́е пти́цы! Земли́ не зна́я, на ней тоску́я, они́ стремя́тся высоко́ в не́бо и и́щут жи́зни в пусты́не зно́йной. Там то́лько пу́сто. Там мно́го све́та, но нет там пи́щи и нет опо́ры живо́му те́лу. Заче́м же го́рдость? Заче́м уко́ры?

Зате́м, чтоб е́ю прикры́ть безу́мство свои́х жела́ний и скрыть за ни́ми свою́ него́дность для де́ла жи́зни? Смешны́е пти́цы! . . . Но не обма́нут тепе́рь уж бо́льше меня́ их ре́чи! Я сам всё зна́ю! Я ви́дел не́бо . . . Взлете́л в него́ я, его́ изме́рил, позна́л паде́нье, но не разби́лся, а то́лько кре́пче в себя́ я ве́рю. Пусть те,[8] что зе́млю люби́ть не мо́гут, живу́т обма́ном. Я зна́ю пра́вду. И их призы́вам я не пове́рю. Земли́ творе́нье — землёй живу́ я“.[9]

И он сверну́лся в клубо́к на ка́мне, гордя́сь собо́ю.

Блесте́ло мо́ре всё в я́рком све́те, и гро́зно во́лны о бе́рег би́лись.

В их льви́ном ре́ве греме́ла пе́сня о го́рдой пти́це, дрожа́ли ска́лы от их уда́ров, дрожа́ло не́бо от гро́зной пе́сни:

Безу́мству хра́брых поём мы сла́ву![10]

---

[1]*Bottomless and endless.* [2]*What do they see there?* [3]*But then, I* . . . [4]*Said and done.* [5]*Obsol. for* взметну́ться (to fling up). [6]*He who was created to crawl cannot fly.* [7]*So that's wherein.* [8]*Let those.* [9]*Being a creature of the earth, I live by it.* [10]*We sing the glory of the madness of the brave.*

Безу́мство хра́брых — вот му́дрость жи́зни! О, сме́лый со́кол! В бою́ с врага́ми истёк ты кро́вью ... Но бу́дет вре́мя — и[1] ка́пли кро́ви твое́й горя́чей, как и́скры, вспы́хнут во мра́ке жи́зни и мно́го сме́лых серде́ц зажгу́т безу́мной жа́ждой свобо́ды, све́та!

Пуска́й ты у́мер![2] ... Но в пе́сне сме́лых и си́льных ду́хом всегда́ ты бу́дешь живы́м приме́ром, призы́вом го́рдым к свобо́де, к све́ту!

Безу́мству хра́брых поём мы пе́сню! ...

М. Го́рький

---

[1] *When.* [2] *It is true, you died.*

МАФУСАЙЛ

Пьеса в одном акте П. Яльцева

Действующие лица:

Громов, Михаил Васильевич, служащий.
Зина,[1] его жена.
Матвей, их приятель.
Катя,[2] домашняя работница.

Комната Громовых. Везде большой беспорядок: на стульях разбросано платье, бельё. На столе стоят бутылки; на тарелках яблоки и виноград. Матвей пьёт вино. Громов посреди комнаты разбирает чемодан. На нём[3] очень пёстрая рубашка; рукава её высоко засучены: это сделано для того, чтобы обратить внимание других на великолепный загар.

Громов. Ну, а как у нас в отделе?[4] Рассказывай.
Матвей. Весь отдел теперь . . .
Громов. Нет, ты не представляешь, что это за роскошь, Матвей! Горы! Море! А растительность! Какая растительность, Матвей! Где мы тут видим пальмы? В ресторане? А там они просто на улицах растут, ей Богу! Ну, нет слов, чтоб передать всю эту красоту.
Матвей. Слов, действительно, нет. Одни восклицания.
Громов. А ты всё такой же[5] скептик! На юг тебя надо послать![6] Поближе к солнцу! . . . Так что ж у нас в отделе?
Матвей. Теперь наш отдел . . .
Громов. А как тебе нравится вино?
Матвей. Приятное.

[1]Fam. for Зинаида. [2]Fam. for Екатерина. [3]*He wears.* [4]*How are things in our department?* [5]*You still are the same.* [6]*They should send you south.*

118

Громов. «Прия́тное!» Ты неве́жа, Матве́й! Нату-
ра́льный барза́к! Чу́вствуешь буке́т? А кре́пость!
По́сле пе́рвой рю́мки кру́жится голова́,[1] по́сле второ́й
забыва́ешь со́бственное и́мя, а тре́тья рю́мка ва́лит
с ног.[2] Вот, брат, како́е вино́! Ты пей!
Матве́й. Да мы уж буты́лку вы́пили.
Громов. Что ж?[3] Втору́ю возьмём. Ма́ло второ́й[4]
— тре́тью откро́ем . . . Так каки́е же но́вости в отде́ле?
Матве́й. Но́вости у нас . . .
Громов. Да, провёл я там ме́сяц, а впечатле́ний
хва́тит на всю жизнь. Но гла́вное-то я тебе́ ещё не
расска́зывал. Ме́жду на́ми,[5] коне́чно . . .
Матве́й. Ну, ну?
Громов. Встре́тились мы на кроке́тной площа́дке.
Блонди́нка. Голубы́е глаза́. Фигу́ра бесподо́бная.
Сло́во за́ сло́во.[6] Пошли́ к мо́рю. Завя́зывается
интере́сный разгово́р. Ты зна́ешь, я э́то уме́ю.[7] Где
слу́жите? Како́й окла́д? . . . Ах, Матве́й! Е́сли бы ты
встре́тил э́ту же́нщину, ты бы мог счита́ть себя́ поги́б-
шим челове́ком.
Матве́й. Но с тобо́й, одна́ко, э́того не случи́лось.[8]
Громов. Ты слу́шай! Сиди́м мы на обры́ве. Там
где́-то далеко́-далеко́ сверка́ет мо́ре; са́дится со́лнце,
и меня́ охва́тывает лири́ческая грусть. Блонди́нки
э́то лю́бят. «Вот — говорю́ — умрём, а мо́ре бу́дет
шуме́ть всё так же.[9] И други́е бу́дут наслажда́ться
э́той красото́й». Здо́рово?[10]
Матве́й. Гм . . .
Громов. Ну, а да́льше — сам зна́ешь, как быва́ет
в таки́х слу́чаях. Днём пляж, ве́чером прогу́лки.
По́мню, одна́жды — великоле́пный ве́чер. Не́бо
усе́яно звёздами. Где́-то игра́ют на гита́ре, пою́т. А
мы идём, идём . . .
Матве́й. И далеко́ зашли́?[11]

---

[1]*You get giddy.* [2]*Knocks you down.* [3]*What about it?* [4]*If two are not enough.*
[5]*Between you and me.* [6]*We exchange a few words.* [7]*I am good at that.* [8]*This,
however, did not happen to you.* [9]*In the same way.* [10]*Great stuff, isn't it?* [11]*And
how far did you go?* (And did you get far?)

ГРÓМОВ. Увы́! Когда́ встреча́ются дво́е молоды́х люде́й, да ещё[1] в тако́й ска́зочной обстано́вке, кто посме́ет бро́сить в них ка́мень?

МАТВÉЙ. Камня́ми броса́ть в вас не бу́ду, но как отнесётся к э́тому Зи́на?[2]

ГРÓМОВ. Зи́на? Стра́нный вопро́с! Неуже́ли я[3] бу́ду расска́зывать об э́том жене́? За кого́ ты меня́ принима́ешь?

МАТВÉЙ. Но всё же[4] . . .

ГРÓМОВ. Смотрю́ я на тебя́, Матве́й, и удивля́юсь. В про́шлом — рабо́чий[5]; име́ешь вы́сшее образова́ние, но отку́да у тебя́ э́та у́зость![6] Не понима́ю! Ты поду́май, в како́е вре́мя мы живём! О нас пе́сни петь бу́дут!

МАТВÉЙ. Пе́сни вся́кие быва́ют[7].

ГРÓМОВ. Нет, на́до мы́слить ши́ре, Матве́й. Мы же но́вые лю́ди. Я, наприме́р, не похо́ж на своего́ отца́ . . .

МАТВÉЙ. Оте́ц у тебя́ был и краси́в, и умён.

ГРÓМОВ. Éсли я люблю́ жену́, так мо́жно-ли придава́ть значе́ние[8] каки́м-то случа́йным встре́чам? Вздор! Пустяки́!

МАТВÉЙ. А зна́ешь, про таки́х уж и сейча́с[9] пе́сни пою́т. Эстра́дники-куплети́сты.

ГРÓМОВ. Ты не шути́, брат. У меня́ на э́тот счёт твёрдые взгля́ды. Бо́льше всего́ ненави́жу ревни́вых же́нщин и соба́к.

МАТВÉЙ. Ла́дно. За твоё здоро́вье. (*Пьёт.*)

ГРÓМОВ. Но где же Зи́на? Ушла́ на де́сять мину́т . . .

МАТВÉЙ. Она́ вчера́ по́сле слу́жбы весь ве́чер прибира́ла, а ты — ишь, набро́сал тут.[10]

ГРÓМОВ. Да, действи́тельно . . . Ну, ничего́! Так расскажи́ мне, наконе́ц, каки́е же но́вости в отде́ле?

Вхо́дит КÁТЯ.

---

[1]*And in addition.* [2]*What will Zina think about it?* [3]*Would I.* [4]*But yet . . .*
[5]*You were a workman.* [6]*How does it happen that you are so narrow-minded?*
[7]*There are all sorts of songs.* (There are songs and songs.) [8]*How can one attach importance.* [9]*About such people, even now . . .* [10]*Look what a mess you made!*

КА́ТЯ. Селёдку, Михаи́л Васи́льевич, к обе́ду приго́товить?

ГРО́МОВ. Обяза́тельно! С карто́шечкой,[1] с лучко́м[1] и со́усом. Чтоб она́ в со́усе пла́вала. Понима́ешь?

МАТВЕ́Й. А что э́то, Катю́ша,[2] у вас не ви́дно[3] Мафуса́йла?

КА́ТЯ. Да уж тре́тий день не пока́зывается. И куда́ он пропа́л? Кто его́ зна́ет? *(Ушла́)*.

ГРО́МОВ. Мафуса́йл? Э́то ещё что тако́е?[4]

МАТВЕ́Й. А, ерунда́!

ГРО́МОВ. Гм . . . по-тво́ему[5] ерунда́? Так, так . . . Но всё-таки любопы́тно,[6] како́й же он из себя́?[7]

МАТВЕ́Й. Невзра́чный, но у́мница.

ГРО́МОВ. Так. О́чень любопы́тно!

МАТВЕ́Й. Зи́на оста́лась одна́, скуча́ла . . .

ГРО́МОВ. Понима́ю . . . Что э́то за и́мя — Мафуса́йл?

МАТВЕ́Й. Ей нра́вится, мне то́же.

ГРО́МОВ. И тебе́ то́же? Да, мельча́ют лю́ди, перево́дятся друзья́.

МАТВЕ́Й. Э, есть о чём говори́ть![8] Вы́пьем.

ГРО́МОВ. Пей оди́н. У меня́ от э́той ме́рзости желу́док не в поря́дке.

МАТВЕ́Й. Будь здоро́в![9]

ГРО́МОВ. Безобра́зие! Ушла́ на де́сять мину́т, и — вот изво́ль! Обе́дать пора́. Я с утра́ не ел.[10]

МАТВЕ́Й. Споко́йно, дорого́й мой. Зага́р у тебя́ хоро́ший, а не́рвы плохи́е.

ГРО́МОВ. Матве́й!

С то́ртом в рука́х вхо́дит ЗИ́НА.

ЗИ́НА. Зажда́лись?[11] А я торт иска́ла. На́до же поба́ловать муженька́.[12] Твой люби́мый, с кре́мом.

---

[1]Dim. of карто́фель (potatoes), and of лук (onion). The forms denote his strong predilection for these foods. [2]Fam. for Екатери́на. [3]*You do not see.* [4]*What's that?* [5]*You think.* [6]*I am curious . . . just the same.* [7]*How does he look?* [8]*What is there to talk about?* [9]*Your health!* [10]*I didn't have anything to eat since this morning.* [11]*You got tired waiting?* Colloq. for уста́ли ждать? [12]Affec. for му́жа (husband).

Грóмов. Благодарю́.

Зи́на. Ты что хму́ришься? Уста́л? Сейча́с покормлю́ тебя́, и ложи́сь спать . . . Ах ты, как загоре́л! Пра́вда, он хорошо́ вы́глядит, Матве́й?

Матве́й. О́чень.

Грóмов. Ита́к, Мафусаи́л исче́з.

Зи́на. Ми́ша . . .

Грóмов. Но почему́ же? Матве́й — свой челове́к.[1] Ты не поду́май, что э́то ре́вность. Бóже сохрани́! Но я удивлён.

Зи́на. Глу́по ревнова́ть . . .

Грóмов. Как э́то случи́лось? Ну, что же ты молчи́шь?[2] Я тебя́ по-това́рищески спра́шиваю . . . Отвеча́й?

Зи́на. Я сиде́ла на бульва́ре, он подошёл ко мне — познако́мились . . .

Грóмов. На бульва́ре? Фу, кака́я га́дость![3]

Зи́на. Зна́ю, что э́то нехорошо́, но он был тако́й одино́кий, пошёл со мной, и я его́ приюти́ла.

Грóмов. Она́ его́ приюти́ла! И ты мо́жешь об э́том так про́сто говори́ть? Изумля́юсь!'

Зи́на. Я, коне́чно, понима́ла, что тебе́ бу́дет неприя́тно,[4] когда́ ты узна́ешь . . .

Грóмов. Нет, нет! Ну, как мо́жно![5] Я но́вый челове́к[6] . . .

Матве́й. Разуме́ется! Не похо́ж на отца́. Да что там оте́ц![7] На самого́ себя́ не похо́ж!

Грóмов. Тебе́ смешно́? Ну, сме́йся, сме́йся! И э́того челове́ка я счита́л свои́м дру́гом! Де́ньги у него́ в долг брал!

Зи́на. Не ду́мала я, что ты устро́ишь сканда́л из-за како́й-то ерунды́.

Грóмов. Ах, по-ва́шему, э́то ерунда́? Ну, зна́ешь,

---

[1] *Is not an outsider.* [2] *Why don't you say anything?* [3] *Faugh, how disgusting!* [4] *You will not like it.* [5] *Never in the world.* [6] *I am a new man.* This implies " I belong to a new society which is above such bourgeois feelings as jealousy." [7] *Why speak of father?*

мо́жет быть, я мещани́н, но тако́го открове́нного цини́зма, прости́те, не понима́ю.

Зи́на. Глу́по, Михаи́л, из пустяка́ де́лать дра́му! Он был о́чень делика́тен, всегда́ знал своё ме́сто. Как же други́е . . .

Гро́мов. Плева́ть мне на други́х.[1] Мне нужна́ здоро́вая семья́, и таки́х шу́ток я не потерплю́![2]

Зи́на. Нет, э́то ужа́сно . . . А ведь я так ждала́ тебя́,[3] скуча́ла . . .

Гро́мов. Ты слы́шишь? Она́ ждала́ меня́! Ложь!

Зи́на. Матве́й, голу́бчик, успоко́й его́!

Гро́мов. Хорошо́. Е́сли так, то я могу́ быть с тобо́й открове́нным. Да-с. Я на ю́ге то́же развлека́лся, как уме́л. Э́та очарова́тельная блонди́нка сохрани́т обо мне́, я ду́маю, са́мые лу́чшие воспомина́ния . . .

Зи́на. Михаи́л![4]

Гро́мов. Кста́ти, вот её ка́рточка. *(Вынима́ет бума́жник)*. Снима́лись на пля́же. В действи́тельности она́ гора́здо интере́снее.

Зи́на. И неуже́ли ты . . .

Гро́мов. Всё, всё я́сно! . . . Матве́й, могу́ я на вре́мя перее́хать к тебе́?

Матве́й. Нет, не мо́жешь.

Гро́мов. Вот как![5] Почему́ же?

Матве́й. Не терплю́ в до́ме живо́тных.

Гро́мов. Что?!

Вхо́дит Ка́тя.

Ка́тя. Зинаи́да Серге́евна, там Мафусаи́л пришёл.

Гро́мов. А-а! А-а! Пришёл! Веди́ его́ сюда́!

Зи́на. Да, да, приведи́те его́.

Гро́мов. Почему́ я беспарти́йный? Был бы у меня́

револьвер, и . . . о, что бы я с ним сделал! Страшно подумать, что бы я с ним сделал!

МАТВЕЙ. Ну, возьми себя в руки.[1]

ГРОМОВ. Нет! Такие прохвосты не смеют жить.

Катя вводит лохматую собачку. Молчание.

КАТЯ. Вот он.

ГРОМОВ. Но это . . . Это же собака!

КАТЯ. Зинаида Сергеевна очень беспокоилась: «Михаил Васильевич — говорит — собак не любит». Он хороший, ласковый.

ГРОМОВ. Зина! . . .

ЗИНА. Не подходи.

ГРОМОВ. Матвей!

МАТВЕЙ. Отстань![2]

ГРОМОВ. Почему?! Не понимаю! . . .

ЗАНАВЕС

---

[1] *Take hold of yourself.* [2] *Leave me alone!*

НОВОСЕ́ЛЬЕ

Коме́дия-шу́тка в одно́м де́йствии

К. Кривоше́ин

Де́йствующие ли́ца :

СЕРАФИ́МА МИХА́ЙЛОВНА, домохозя́йка, лет 60.[1]
ВЕ́РА НИКОЛА́ЕВНА, 23 го́да.
АНДРЕ́Й ВАСИ́ЛЬЕВИЧ, 27 лет.

Ко́мната. Посреди́не дива́н. Сле́ва стол, сту́лья.

АНДРЕ́Й ВАСИ́ЛЬЕВИЧ (*Ку́рит, собира́ется уходи́ть*). Ну, ка́жется, всё[2] . . . Да, де́ньги![3] Чтóбы с собо́й не таска́ть, положу́-ка их, сюда́ . . . (*Пря́чет де́ньги в кни́гу, лежа́щую на столе́. Заме́тил на столе́ пу́дреницу.*) Что э́то тако́е?[4] Пу́дреница! Опя́ть э́та хозя́йка! Ве́чно она́ свои́ ве́щи здесь оставля́ет! . . . Что за мане́ра![5] (*Зовёт*) Серафи́ма Миха́йловна!

Вхо́дит СЕРАФИ́МА МИХА́ЙЛОВНА.

СЕРАФИ́МА МИХА́ЙЛОВНА. Андре́й Васи́льевич! Вы ещё не ушли́?

АНДРЕ́Й ВАСИ́ЛЬЕВИЧ. Нет, не ушёл.

СЕРАФИ́МА МИХА́ЙЛОВНА. Вы бы поторопи́лись . . . на рабо́ту опозда́ть мо́жно.

АНДРЕ́Й ВАСИ́ЛЬЕВИЧ. Ничего́, успе́ю. Вы мне скажи́те, что э́то тако́е опя́ть?

СЕРАФИ́МА МИХА́ЙЛОВНА. Пу́дреница! Это мое́й племя́нницы. Она́ занима́лась здесь у вас в ко́мнате и забы́ла . . . Така́я рассе́янная, пра́во . . . (*Пря́чет пу́дреницу в карма́н*).

---

[1]*About 60.* [2]*I think that's all.* [3]*Oh yes, the money!* [4]*What's this?* [5]*What a bad habit!*

АНДРЕ́Й ВАСИ́ЛЬЕВИЧ. Чем же она́ здесь занима́лась?

СЕРАФИ́МА МИХА́ЙЛОВНА. А э́ту . . . как её[1] . . . матема́тику учи́ла. Вы не серди́тесь, Андре́й Васи́льевич, са́ми зна́ете,[2] в тесноте́ живём . . . Ра́зве ра́ньше-то, при му́же, я так жила́? . . . Го́споди, Бо́же мой . . . и до́мик[3] свой был, и ку́рочки,[3] и огоро́дик[3] . . . Вы не опозда́йте, Андре́й Васи́льевич, вы бы шли . . .[4]

АНДРЕ́Й ВАСИ́ЛЬЕВИЧ. Что вы так беспоко́итесь? Успе́ю. Да . . . вот что[5] . . . я всё забыва́ю вас спроси́ть, не попа́ла-ли к вам ло́жечка сере́бряная.[6] Э́то ло́жечка мое́й сестры́, на́до ей отда́ть, мне уже́ не́сколько раз напомина́ли . . .

СЕРАФИ́МА МИХА́ЙЛОВНА. Ло́жечка? Ло́жечку я найду́, Андре́й Васи́льевич . . . Вы опозда́ете, че́стное сло́во, опозда́ете . . .

АНДРЕ́Й ВАСИ́ЛЬЕВИЧ. Не опозда́ю, я вам говорю́, — я на трамва́е пое́ду.

СЕРАФИ́МА МИХА́ЙЛОВНА. Э́ти трамва́и так ме́дленно хо́дят . . .

АНДРЕ́Й ВАСИ́ЛЬЕВИЧ. Ну так я на тролле́йбус ся́ду.

СЕРАФИ́МА МИХА́ЙЛОВНА. Тролле́йбусы лома́ются, Андре́й Васи́льевич. У них ша́рики пло́хо рабо́тают. И пото́м у вас часы́ отстаю́т, я давно́ заме́тила.

АНДРЕ́Й ВАСИ́ЛЬЕВИЧ. Часы́ я по ра́дио проверя́ю. Неда́вно сигна́л был.

СЕРАФИ́МА МИХА́ЙЛОВНА. Э́то что пища́ло неда́вно? Вы не ве́рьте, э́то не ра́дио, э́то сосе́дкин Пе́тька[7] пища́л — до того́, бесёнок,[8] похо́же пищи́т, всех сбива́ет. Э́то вы не по ра́дио, э́то вы по Пе́тьке часы́ ста́вили, че́стное сло́во!

АНДРЕ́Й ВАСИ́ЛЬЕВИЧ. В са́мом де́ле?[9] Тогда́ действи́тельно на́до[10] спеши́ть. До свида́ния, Серафи́ма Миха́йловна!

---

[1]*What is it called?* [2]*You know.* [3]Dim. of дом (house), ку́ры (chickens), огоро́д (vegetable garden). [4]*You had better go.* [5]*Here is something I want to tell you.* [6]*Perhaps a silver teaspoon has somehow found its way to you?* The regular construction is сере́бряная ло́жечка. [7]Dim. and fam. for Пётр. [8]Dim. of бес (devil). [9]*Really?* [10]*Then I really must.*

Серафи́ма Миха́йловна. До свида́ния, Андре́й Ва-
си́льевич, бу́дьте здоро́вы . . .[1]

Андре́й Васи́льевич *ухо́дит.*

Фу-у, сла́ва тебе́, Го́споди . . . вы́катился![2] Опя́ть
идёт! Да что же э́то тако́е?[3]

Андре́й Васи́льевич *вхо́дит.*

Что вы, Андре́й Васи́льевич?
Андре́й Васи́льевич. Портфе́ль забы́л.
Серафи́ма Миха́йловна. Вот он, ваш портфе́ль.
Иди́те скоре́е, Андре́й Васи́льевич!
Андре́й Васи́льевич. Иду́, иду́, Серафи́ма Миха́й-
ловна . . . Ло́жечку не забу́дьте . . . До свида́ния!
Серафи́ма Миха́йловна. Бу́дьте здоро́вы, иди́те с
Бо́гом![4]

Андре́й Васи́льевич *ухо́дит.*

Чтоб ты пропа́л! Все не́рвы мне издёргал! Вот
наказа́ние-то, Го́споди! Взяла́ грех на́ душу, и сама́
не ра́да. Тре́тьего дня[5] прихо́дит ко мне э́тот . . .
Андре́й Васи́льевич. „У вас — говори́т — сдаётся
ко́мната. Я, говори́т, одино́кий, на заво́де рабо́таю“.
Договори́лись мы с ним. То́лько он ушёл[6] — э́та[7]
прихо́дит . . . Ве́ра Никола́евна. „Я, говори́т, одино́-
кая, на заво́де рабо́таю, в ночно́й сме́не, под выходно́й
к ма́ме уезжа́ю за́ город[8] . . .“ Как она́ мне э́то
сказа́ла, меня́ ро́вно кто в бок толкну́л[9] — дай-ка,[10]
ду́маю, я ей ко́мнату сдам: он — в дневно́й, она́ — в
ночно́й сме́не, аво́сь, не встре́тятся. А дохо́д двойно́й!
Сдала́, а тепе́рь бою́сь. Не дай Бог, узна́ют, что
тогда́ де́лать?

Вхо́дит Ве́ра Никола́евна.

---

[1]*Good luck* (lit. " good health ") *to you!*   [2]Lit. *he rolled out.* Picturesque
but most uncommon. Should be ушёл.   [3]*What a misfortune!* [4]*Farewell.*
[5]*The day before yesterday.*   [6]*Just as he left.*   [7]*This one.* [8]*Out of town.* [9]*Just
as though someone shoved in my side* (flank).   [10]*Let me.*

А-а . . . Вéра Николáевна, добрó пожáловать!

ВÉРА НИКОЛÁЕВНА (*Кладёт шляпку на стол*). Дóброе ýтро, Серафи́ма Михáйловна! Зачéм вы сюдá стол перестáвили?

СЕРАФИ́МА МИХÁЙЛОВНА. Ах, прости́те, убирáла, пол подметáла. Ведь[1] он у вас на э́той сторонé стои́т. (*Передвигáет стол на другýю стóрону. Про себя́*).[2] Кто их разберёт?[3] онá тут стáвит, он там . . .

ВÉРА НИКОЛÁЕВНА (*Нахóдит на столé забы́тый Андрéем Васи́льевичем портсигáр*). А э́то что такóе?[4]

СЕРАФИ́МА МИХÁЙЛОВНА. А-а . . . Э́то мой племя́нник заходи́л, занимáлся, извини́те, здесь у вас в кóмнате . . . (*Пря́чет портсигáр в кармáн*.) Сáми знáете, Вéра Николáевна, в теснотé живём. Рáньше, бывáло, свой дóмик, огорóдик, огýрчики . . .[5]

ВÉРА НИКОЛÁЕВНА. Вы меня́ прости́те, Серафи́ма Михáйловна, я óчень устáла пóсле рабóты, мне нáдо отдохнýть. (*Ложи́тся на дивáн*.)

СЕРАФИ́МА МИХÁЙЛОВНА. Отдыхáйте, мáтушка[6] Вéра Николáевна, отдыхáйте, голýбчик, я пойдý. (*Ухóдит*.)

ВÉРА НИКОЛÁЕВНА. Как онá мне надоéла со свои́ми кýрочками . . . (*Зевáет*.) Кýрочки, огорóдик . . . кýрочки, племя́нники . . . огорóдики . . . (*Засыпáет*.)

АНДРÉЙ ВАСИ́ЛЬЕВИЧ (*Вхóдит, замечáет Вéру Николáевну*). Э́то что за явлéние? Смотри́-ка, спит . . . Ах, э́то племя́нница . . . та, что математи́кой занимáется . . . До чегó беспардóнная пýблика! Чýвствует себя́, как дóма. А стол опя́ть не на мéсте! (*С шýмом дви́гает стол*.)

ВÉРА НИКОЛÁЕВНА (*Просыпáется*). А . . . Что? . . . Кто? . . . (*АНДРÉЙ ВАСИ́ЛЬЕВИЧ оборáчивается*.) Андрéй Васи́льевич!

АНДРÉЙ ВАСИ́ЛЬЕВИЧ. Вéра Николáевна! (*Оба поражены́*.)

---

[1]*Didn't I know.* [2]*To herself.* [3]*How is one to know their tastes?* [4]*What is this?* [5]Dim. of огурцы́ (cucumbers). [6]*My dear* (when addressing a woman).

Ве́ра Никола́евна. Вот прия́тный сюрпри́з!

Андре́й Васи́льевич. Вот не ожида́л! А я снача́ла да́же не узна́л. Прости́те, пожа́луйста!

Ве́ра Никола́евна. Я немно́жко уста́ла, прилегла́.

Андре́й Васи́льевич. Ничего́, ничего́, не стесня́йтесь. Как вы нашли́?

Ве́ра Никола́евна. Что?

Андре́й Васи́льевич. Э́то скро́мное жили́ще.

Ве́ра Никола́евна. Мне на слу́жбе сказа́ли.

Андре́й Васи́льевич. Цыплёнкин, да? Я ему́ а́дрес дал.

Ве́ра Никола́евна. Зна́чит, э́то вы а́дрес да́ли? Большо́е спаси́бо.

Андре́й Васи́льевич. За что же?[1]

Ве́ра Никола́евна. Тепе́рь таки́е затрудне́ния с кварти́рами. Вы устро́ились?

Андре́й Васи́льевич. Да. Уже́ три дня . . .

Ве́ра Никола́евна. И я три дня.

Андре́й Васи́льевич. А как вам нра́вится ва́ша ко́мната?

Ве́ра Никола́евна (*Оглядывая ко́мнату*). Ничего́, жить мо́жно.[2]

Андре́й Васи́льевич (*Оглядывая ко́мнату*). Моя́ то́же неплоха́я. Тепе́рь мы бу́дем заходи́ть друг к дру́гу.[3]

Ве́ра Никола́евна. Обяза́тельно.

Андре́й Васи́льевич. Но вы по́сле ночно́й сме́ны . . . Спать хоти́те . . .

Ве́ра Никола́евна. У меня́ сон прошёл.

Андре́й Васи́льевич. Пра́во, спи́те[4] . . . чего́ тут стесня́ться . . . Я посижу́, почита́ю . . .[5]

Ве́ра Никола́евна. Что вы,[6] как мо́жно?[7] Мы бу́дем чай пить!

Андре́й Васи́льевич. Ча́ю хоти́те? Прости́те, я сейча́с . . .

Ве́ра Никола́евна. Куда́ же вы?[8] Э́то моё де́ло . . .

---

[1] *What for?* [2] *Livable.* [3] *We shall visit each other.* [4] *Do sleep.* [5] *I shall sit a while, read.* [6] *What do you mean?* [7] *Never in the world.* [8] *Where are you going?*

АНДРЕ́Й ВАСИ́ЛЬЕВИЧ. Хоти́те хозя́йничать? Ну-ну...[1]
ВЕ́РА НИКОЛА́ЕВНА. Сейча́с пригото́влю. (*Ухо́дит.*)
АНДРЕ́Й ВАСИ́ЛЬЕВИЧ. Кака́я самостоя́тельная!
То́лько пришла́,[2] и уже́ ориенти́ровалась — зна́ет, где
что[3] ... куда́ итти́ ... что де́лать. Хозя́йка, хозя́йка,[4]
ей Бо́гу. Вот э́то же́нщина! Гла́вное, сама́ пришла́,
зна́чит, интересу́ется ... Я давно́ заме́тил ... Вчера́,
когда́ мы бы́ли на конце́рте, я бо́льше на неё погля́ды-
вал, чем на сце́ну. Ну, коне́чно, она́ обрати́ла внима́ние.
СЕРАФИ́МА МИХА́ЙЛОВНА (*Вхо́дит, остолбене́ла от
испу́га*). А . . . а . . Андре́й Васи́льевич? !
АНДРЕ́Й ВАСИ́ЛЬЕВИЧ. Что с ва́ми?[5]
СЕРАФИ́МА МИХА́ЙЛОВНА. Вы уже́ верну́лись?
АНДРЕ́Й ВАСИ́ЛЬЕВИЧ. Как ви́дите.
СЕРАФИ́МА МИХА́ЙЛОВНА. А ... племя́нницу мою́ не
встреча́ли?
АНДРЕ́Й ВАСИ́ЛЬЕВИЧ. Племя́нницу? Нет.
СЕРАФИ́МА МИХА́ЙЛОВНА (*Про себя́*). Сла́ва тебе́,
Го́споди ... Ушла́, должно́ быть ... А-а-а ... а
почему́ вы так ра́но?
АНДРЕ́Й ВАСИ́ЛЬЕВИЧ. Перевёлся в ночну́ю сме́ну.
(*Серафи́ме Миха́йловне ду́рно.*) Да что с ва́ми тако́е?[5]
СЕРАФИ́МА МИХА́ЙЛОВНА. Го́споди ... како́е не-
сча́стье ... Но́чью рабо́тать бу́дете?
АНДРЕ́Й ВАСИ́ЛЬЕВИЧ. Я сам захоте́л. Давно́ доби-
ва́лся.
СЕРАФИ́МА МИХА́ЙЛОВНА. Шли бы вы погуля́ть,[6]
Андре́й Васи́льевич! Пого́да така́я хоро́шая ...
до́ждик[7] идёт[7] ... (*Уви́дев шля́пку, хвата́ет её и идёт
к две́ри*).
АНДРЕ́Й ВАСИ́ЛЬЕВИЧ. Что э́то вы взя́ли?
СЕРАФИ́МА МИХА́ЙЛОВНА. Ничего́, так ...
АНДРЕ́Й ВАСИ́ЛЬЕВИЧ. Посто́йте, посто́йте, э́кая[8] вы,
всё из ко́мнаты уно́сите. Заче́м шля́пку взя́ли?

---

[1]*Well.* [2]*Just arrived.* [3]*Where things are.* [4]*A good housewife.* [5]*What is wrong with you?* [6]*Why wouldn't you take a walk?* [7]Dim. of до́ждь (rain). *It is raining nicely.* [8]Pop. for "What a woman you are!"

Серафи́ма Миха́йловна. А шля́пка-то чья?

Андре́й Васи́льевич. Да не ва́ше де́ло-чья́.[1] Положи́те . . . У меня́ тут го́стья. Вы лу́чше ло́жечку мою́ найди́те, слы́шите?

Серафи́ма Миха́йловна. Слы́шу, слы́шу, Го́споди! Что же э́то бу́дет?[2] Цари́ца небе́сная . . . (*Ухо́дит.*)

Андре́й Васи́льевич. Совсе́м из ума́ вы́жила стару́ха![3] Ба-а! А мо́жет быть, Ве́ра Никола́евна и есть э́та са́мая племя́нница![4] Ну, коне́чно, как я не сообрази́л! . . . Вот почему́ она́, как у себя́ до́ма![5]

Вхо́дит Ве́ра Никола́евна.

Ве́ра Никола́евна. Ну вот, чай сейча́с бу́дет гото́в. То́лько извини́те,[6] кро́ме суха́риков, ничего́ нет.[7]

Андре́й Васи́льевич. Ба́тюшки, в са́мом де́ле . . . что же э́то я?[8] Я схожу́, доста́ну чего́-нибу́дь к ча́ю.

Ве́ра Никола́евна. Не на́до, заче́м?

Андре́й Васи́льевич. Как не на́до?[9] (*Берёт кни́гу, вынима́ет часть де́нег.*) Я че́рез пять мину́т верну́сь[10] . . . Магази́н ря́дом, на углу́. (*Ухо́дит.*)

Ве́ра Никола́евна. Интере́сно! Я ду́мала, он в са́мом де́ле[11] так любе́зен, а он, ока́зывается, на мои́ де́ньги хо́чет купи́ть . . . Расчётлив . . . Но он мне нра́вится. Про́шлый раз в конце́рте мы бо́льше болта́ли, чем слу́шали му́зыку . . . Я так и зна́ла,[12] что он придёт . . . На́до бу́дет на днях новосе́лье устро́ить . . . Ско́лько тут де́нег оста́лось? (*Счита́ет.*) Отку́да же сто́лько де́нег?[13] Э́то, пра́во, не мои́ . . . Что же э́то зна́чит? Неуже́ли э́то он де́ньги в кни́ге оста́вил? Но заче́м?

Вхо́дит Серафи́ма Миха́йловна, *несёт ло́жечку.*

---

[1]*It is none of your business whose it is.* [2]*What will come of this?* [3]*The old woman is completely senile.* [4]But perhaps* Вера Н. *is the very niece.* [5]*That's why she feels at home here.* [6]*I apologize; I am sorry.* [7]Dim. of* сухари́ (*dried slices of bread*). *Besides some* сухари́, *there is nothing in the house.* [8]*Dear me! That's true. What is the matter with me?* [9]*What do you mean, not necessary?* [10]*I shall be back in five minutes.* [11]*Really.* [12]*I was sure.* [13]*Where does all this money come from?*

Увидав Веру Николаевну, роняет ложечку на пол.

Серафима Михайловна. Вы тут?

Вера Николаевна. Конечно, где же мне быть?

Серафима Михайловна. Аминь-аминь, рассыпься[1] . . . А мне почудилось . . .

Вера Николаевна. Что вам почудилось?

Серафима Михайловна. Вы тут моего . . . п-п-племянника не видели?

Вера Николаевна. Нет, не видела. А вы мою пудреницу не видели?

Серафима Михайловна. Пудреницу? . . . У меня она,[2] Вера Николаевна, у меня . . . Убирала, нечаянно в карман сунула. (*Отдаёт.*)

Вера Николаевна. Почему опять стол не на месте? Сам он, что ли, по комнате бегает?[3]

Серафима Михайловна. Вот чудеса-то, Господи! (*Хватается за стол.*)

Вера Николаевна. Оставьте уж, ладно.

Серафима Михайловна. И всё-то вы дома сидите . . . А погода такая чудесная, дождик идёт . . . (*Вдруг вскрикивает, заметив портфель на стуле; садится на него*). Ой, дурно . . . голова закружилась[4] . . .

Вера Николаевна. Идите к себе,[5] прилягте.

Серафима Михайловна *идёт, тащит украдкой портфель.*

Что вы там уносите? Вы всегда всё из комнаты уносите.

Серафима Михайловна. Да нет, ничего . . . так . . . (*Уходит.*)

Вера Николаевна. Сумасшедшая старуха! (*Смотрит в зеркало.*) На кого я похожа! (*Пудрится.*)

Андрей Васильевич (*Входит со свёртками и бутылкой вина.*) Есть! Пожалуйста. Как из пушки!

[1]An exorcism. [2]*I have it.* [3]*Does it run around by itself?* [4]*I am dizzy.* [5]*Go into your room(s).*

ВЕ́РА НИКОЛА́ЕВНА. Да́же вино́!

АНДРЕ́Й ВАСИ́ЛЬЕВИЧ. Обяза́тельно. По слу́чаю новосе́лья.

ВЕ́РА НИКОЛА́ЕВНА. Вот то́лько рю́мок у меня́ нет.[1]

АНДРЕ́Й ВАСИ́ЛЬЕВИЧ. У меня́ есть. (*Идёт к две́ри, замеча́ет ло́жечку на полу́.*) А-а . . . вот она́, ло́жечка! Ока́зывается,[2] на полу́ валя́ется. (*Кладёт ло́жечку в карма́н и ухо́дит.*)

ВЕ́РА НИКОЛА́ЕВНА. Рю́мки у него́ здесь есть . . . Ло́жечку в карма́н положи́л. Что э́то зна́чит? Ах, да ведь он, мо́жет быть и есть тот са́мый[3] племя́нник! Коне́чно, он. Тепе́рь всё поня́тно![4]

АНДРЕ́Й ВАСИ́ЛЬЕВИЧ (*Вхо́дит с рю́мками*). Пе́рвый тост, Ве́ра Никола́евна, за новосе́лье! (*Разлива́ет вино́.*)

ВЕ́РА НИКОЛА́ЕВНА. Идёт! (*Пьют.*)

АНДРЕ́Й ВАСИ́ЛЬЕВИЧ. Позво́льте, за како́е новосе́лье мы пи́ли — за ва́ше и́ли за моё?

ВЕ́РА НИКОЛА́ЕВНА. За то и друго́е.[5]

АНДРЕ́Й ВАСИ́ЛЬЕВИЧ. Нет, за ва́ше. А тепе́рь вы́пьем за моё. Ла́дно? (*Разлива́ет вино́.*)

ВЕ́РА НИКОЛА́ЕВНА. Ла́дно. (*Пьют.*)

АНДРЕ́Й ВАСИ́ЛЬЕВИЧ. А тепе́рь . . .

ВЕ́РА НИКОЛА́ЕВНА. Тепе́рь возьми́те . . . (*Подаёт ему́ кни́гу.*) Вы забы́ли ва́ши де́ньги.

АНДРЕ́Й ВАСИ́ЛЬЕВИЧ. Я не забы́л. Я всегда́ в кни́гу кладу́.

ВЕ́РА НИКОЛА́ЕВНА. Да? Стра́нно . . . И с кни́гой хо́дите?

АНДРЕ́Й ВАСИ́ЛЬЕВИЧ. Заче́м же?[6] Кни́га до́ма.

ВЕ́РА НИКОЛА́ЕВНА. Но э́ту принесли́ . . .

АНДРЕ́Й ВАСИ́ЛЬЕВИЧ (*Внима́тельно на неё смо́трит*). Вино́, ка́жется, не сли́шком кре́пкое.

ВЕ́РА НИКОЛА́ЕВНА. Нет, не о́чень.

АНДРЕ́Й ВАСИ́ЛЬЕВИЧ. Ве́ра Никола́евна! Раз уж

---

[1]*Only I have no wineglasses.* [2]*It turns out that* . . . [3]*But maybe he is the very* . . . [4]*Now everything is clear.* [5]*For both.* [6]*Why, no.*

вы ко мне пришли,[1] я буду с вами откровенен. Я уверен, что вы разделите мой чувства.

ВЕ́РА НИКОЛА́ЕВНА *смеётся.*

Чему вы смеётесь?

ВЕ́РА НИКОЛА́ЕВНА. А тому́, что вино́ на вас действует.[2]

АНДРЕ́Й ВАСИ́ЛЬЕВИЧ. Ниско́лько.

ВЕ́РА НИКОЛА́ЕВНА. Ну как же?[3] Вы говори́те: «Вы ко мне зашли́.» А не вспо́мните-ли, где вы нахо́дитесь?

АНДРЕ́Й ВАСИ́ЛЬЕВИЧ (*Внима́тельно смо́трит на неё, пото́м берёт буты́лку, чита́ет ярлы́к*). Ничего́ не понима́ю![4] Напи́сано «Шамхо́рское» . . . А мо́жет быть, э́то како́е-нибу́дь заграни́чное. В го́лову ударя́ет!

ВЕ́РА НИКОЛА́ЕВНА. В чью го́лову ударя́ет?

АНДРЕ́Й ВАСИ́ЛЬЕВИЧ: Вообще́ . . . Зна́ете что?[5] Дава́йте ещё вы́пьем![6]

ВЕ́РА НИКОЛА́ЕВНА. Дава́йте! (*Пьют.*)

АНДРЕ́Й ВАСИ́ЛЬЕВИЧ. Ве́ра Никола́евна! А я вот возьму́[7] и воспо́льзуюсь[7] тем, что вино́ тако́е восхити́тельное . . .

ВЕ́РА НИКОЛА́ЕВНА. Как же вы воспо́льзуетесь?

АНДРЕ́Й ВАСИ́ЛЬЕВИЧ. А я сейча́с . . . возьму́ и . . . вас по-по-по . . .

ВЕ́РА НИКОЛА́ЕВНА. Что вы по-по-по-по?

АНДРЕ́Й ВАСИ́ЛЬЕВИЧ. Вас по-по-по . . . поцелу́ю.

ВЕ́РА НИКОЛА́ЕВНА. А ну́-ка по-по-по . . . попро́буйте!

АНДРЕ́Й ВАСИ́ЛЬЕВИЧ (*Целу́ет её*). Ве́ра Никола́евна! Выходи́те за меня́ за́муж!

ВЕ́РА НИКОЛА́ЕВНА. Вы э́то говори́те потому́, что вино́ восхити́тельное, и́ли потому́, что стро́го обду́мали?

АНДРЕ́Й ВАСИ́ЛЬЕВИЧ. Ей-Бо́гу, обду́мал! И о́чень серьёзно.

---

[1]*Since you came to me.* [2]*Is affecting you.* [3]*How else?* [4]*I do not begin to understand.* [5]*You know.* [6]*Let us have another drink.* [7]Возьму́ и before a verb suggests sudden and unexpected action. *I shall take advantage of . . .*

Вѐра Николаевна. В таком случае, я согласна.

Андрей Васильевич. Дорогая! Я так и знал![1] Раз вы сами ко мне пришли . . .

Вѐра Николаевна. Опять! Кто к кому пришёл[2]: я к вам, или вы ко мне?

Андрей Васильевич. (*Внимательно на неё смотрит*) Вы — племянница?

Вѐра Николаевна. Что? Чья племянница?

Андрей Васильевич. Впрочем, это не важно.[3] Я сам знаю, чья вы племянница. Вѐрочка,[4] давай на „ты"![5]

Вѐра Николаевна. Хорошо.

Андрей Васильевич. Теперь мы можем поменять две комнаты в разных районах на две вместе.

Вѐра Николаевна. Правильно. Ты где живёшь?

Андрей Васильевич. Что?

Вѐра Николаевна. Я спрашиваю, где ты живёшь?

Андрей Васильевич (*Опять берёт бутылку, встряхивает её, смотрит на свет*). Чего они сюда подмешали? Просто удивительно. Я, Вѐрочка, живу здесь, в этой самой комнате. Полчаса назад . . . Но ты очень устала, ночь не спала, а вино восхитит . . .

Вѐра Николаевна. Милый! В этой комнате именно живу я. Уже три дня.[6] А полчаса назад ты пришёл ко мне в гости. Я не знаю, от вина или от любви,[7] но у тебя кружится голова и . . .

Андрей Васильевич (*Вскакивает, кричит*). Серафима Михайловна!

Входит Серафима Михайловна.

Серафима Михайловна (*Увидев своих жильцов вместе, вскрикивает*). Батюшки! Попалась! (*Пытается скрыться за дверь.*)

---

[1]*I was sure of it.* [2]*Who came to whom.* [3]*But this is unimportant.* [4]Affec. for Вѐра. [5]*Let us say thou to each other.* This is a mark of intimacy. [6]*It has been three days now.* [7]*From the wine or from love.*

Андре́й Васи́льевич. (*Заде́рживая её*). Нет уж, подожди́те![1] Скажи́те, Серафи́ма Миха́йловна, где вы живёте?

Серафи́ма Миха́йловна. То есть как?[2]

Андре́й Васи́льевич. А так.[3] Где живёте?

Серафи́ма Миха́йловна. Хм . . . Изве́стно, на Красноарме́йской.

Андре́й Васи́льевич. Но́мер како́й?

Серафи́ма Миха́йловна. Шестьдеся́т два.

Андре́й Васи́льевич. То́чно. А я где живу́?

Серафи́ма Миха́йловна. Тьфу!

Андре́й Васи́льевич. Бу́дьте до́бры, отвеча́йте.

Серафи́ма Миха́йловна. Да тут же.[4]

Андре́й Васи́льевич. То́чно. А э́та преле́стная де́вушка где живёт?

Серафи́ма Миха́йловна (*Всхли́пывает*). Де́тки мои́ родны́е,[5] прости́те меня́, стару́ху . . . польсти́лась на ли́шние де́ньги . . . Оди́н в дневно́й, друга́я в ночно́й . . . всё наде́ялась — не встре́титесь . . .

Ве́ра Никола́евна. А мы встре́тились!

Андре́й Васи́льевич. И как встре́тились!

Ве́ра Никола́евна. На всю жизнь![6]

Серафи́ма Миха́йловна. Так вы что же[7] . . . мо́жет быть . . .

Аднре́й Васи́льевич. Во-во-во . . . догова́ривайте!

Серафи́ма Миха́йловна. Ба́тюшки! Жени́х и неве́ста?

Андре́й Васи́льевич. То́чно! Вы́пейте рю́мочку![8]

Серафи́ма Миха́йловна. Ай да я![9] Ай да стару́ха! Ведь так угада́ла! Неда́ром посло́вица говори́т: „за двумя́ за́йцами погони́шься . . . ха, ха . . . обо́их пойма́ешь!“[10] (*Пьёт*.)

---

[1]*No, wait a minute.* [2]*What do you mean?* [3]*Just so.* [4]*But . . . right here.* [5]*My dear children.* [6]*For life.* [7]*You are . . .* [8]Dim. of рю́мку. *Drink a glass of wine.* [9]*What a clever woman I am!* [10]The proverb says: „За двумя́ за́йцами погони́шься, ни одного́ не пойма́ешь“ = “ He that hunts two hares at once, will catch neither,” rather than обо́их пойма́ешь which means “ will catch both.”

Андре́й Васи́льевич. Нет уж,[1] Серафи́ма Миха́йловна, обо́их не пойма́ете. Ведь тепе́рь[2] мы вме́сте бу́дем жить, а цену́ вам бу́дем плати́ть одну́.

Серафи́ма Миха́йловна. Сми́луйтесь, голу́бчики! Дво́е ведь ... Трудне́е за ва́ми ходи́ть ... Вы хоть полторы́-то цены́ да́йте!

Ве́ра Никола́евна. Ла́дно, дади́м ей полторы́ цены́!

Серафи́ма Миха́йловна. Поко́рно благодарю́![3]

Андре́й Васи́льевич. Вот и выхо́дит „за двумя́ за́йцами погони́шься, полтора́ за́йца пойма́ешь!"

За́навес

---

[1]*No.* [2]*Since now.* [3]Obsol. for большо́е спаси́бо. *Thank you very much.*

УПРАЖНЕ́НИЯ

СОСЕ́ДКА

I

I. ВОПРО́СЫ

1. О како́м собы́тии говори́т ма́льчик?
2. Почему́ па́па и ма́ма крича́т на прислу́гу?
3. О чём они́ спо́рят?
4. Куда́ ма́льчик ушёл?
5. Почему́ оте́ц говори́т, чтоб он взял кни́гу и чита́л?
6. Когда́ ма́льчик ста́нет занима́ться?
7. Что де́лали два бра́та, когда́ оте́ц ушёл из са́да?
8. Кака́я пти́ца пла́вала на о́зере?
9. Где бы́ло э́то о́зеро?
10. Кто показа́лся на доро́жке са́да?
11. А за ней?
12. Что де́вочка де́лала у о́зера?
13. Что она́ де́лала на ла́вочке?
14. Как она́ игра́ла с соба́чкой?
15. Что она́ ду́мала о себе́?
16. Как ма́льчик называ́ет её?

II. КРА́ТКОЕ ИЗЛОЖЕ́НИЕ ТЕ́КСТА

Ма́льчик, с ма́мой, па́пой и бра́тьями перее́хали на но́вую кварти́ру. Ма́ма и па́па спо́рили, крича́ли на прислу́гу, и ма́льчик побежа́л в свою́ ко́мнату. Он откры́л окно́ и зале́з на подоко́нник, но ма́ма и па́па сказа́ли, чтоб он закры́л окно́. Ма́льчик ушёл в сад. Пото́м пришёл его́ бра́тик. Ма́льчики отыска́ли в забо́ре ще́ли и ста́ли смотре́ть в сосе́дний сад. Там бы́ло о́чень краси́во: цветы́, о́зеро, и на о́зере пла́вал ле́бедь. На доро́жке са́да показа́лась соба́чка, а за не́ю де́вочка. Де́вочка се́ла на ла́вочку, плела́ вено́к из цвето́в и пе́ла. Пото́м она́ ста́ла говори́ть с соба́чкой: она́ говори́ла ей, что она́ краса́вица. Ма́льчики засмея́лись и сказа́ли, что де́вочка коке́тка.

141

I. ВОПРÓСЫ

1. Что мáльчик учѝл однáжды?

2. Где он был в э́то врéмя?

3. Что он вдруг услыхáл?

4. Что упáло к егó ногáм?

5. Кто брóсил э́тот мя́чик?

6. Кто сказáл дéвочке, где её мя́чик?

7. Почемý дéвочка не хотéла сказáть мáльчику, как её зовýт?

8. Как мáльчик узнáл, что её зовýт Нѝной?

9. Как дéвочка назвалá[1] мáльчика?

10. А как он назвáл её?

II. КРÁТКОЕ ИЗЛОЖÉНИЕ ТÉКСТА

Однáжды мáльчик сидéл в садý и учѝл граммáтику. Вдруг к егó ногáм упáл мя́чик. Э́то был мя́чик дéвочки. Мáльчик посмотрéл в щéлку забóра и увѝдел, что дéвочка ѝщет мя́чик. Он сказáл ей, что мя́чик у негó. Когдá дéвочка попросѝла егó брóсить ей мя́чик, он спросѝл, как её зовýт. Но дéвочка не хотéла сказáть, как её зовýт, потомý что онѝ бы́ли незнакóмы. Мать дéвочки услы́шала, что дéвочка с кем-то разговáривает, и спросѝла: „Нѝна, с кем ты разговáриваешь?" Нѝна отвéтила, что какóй-то мальчѝшка взял её мя́чик и не отдаёт. Мáльчик сказáл дéвочке, что онá кокéтка, и онѝ поссóрились.

I. ВОПРÓСЫ

1. Когдá гимназѝст встрéтил дéвочку?

2. Как он узнáл, что онá княжнá?

3. Скóлько лет бы́ло мáльчику?

4. Зачéм он уронѝл сирéнь у дóма дéвочки?

5. Что дéвочка сдéлала с цветáми?

---

[1] *Called.*

6. Что тогда сделал мальчик?

7. Когда девочка подняла цветы?

8. Почему в этот день в саду Нины было шумно и весело?

9. Как девочки узнали, что мальчик в саду?

10. Что вдруг упало на дорожку сада?

11. Где мальчик был вечером?

II. КРАТКОЕ ИЗЛОЖЕНИЕ ТЕКСТА

Мальчик шёл в гимназию и увидел Нину. Возвращаясь из гимназии, он увидел медную дощечку на двери дома Нины, и узнал, что она княжна. Он бросил около её дома две ветки сирени, но Нина не взяла цветов; она даже наступила на них ногами. Мальчик сделал из сирени букет, перевязал его ленточкой и привязал записку: „Княжне Нине Николаевне Кекуановой от графа С.В." Вечером Нина подняла букет и прочитала записку.

Был праздничный день, и у Нины в саду было шумно и весело: девочки играли в крокет. Мальчик хотел, чтобы девочки знали, что он в саду, и запел. К его ногам упал мячик, и Нина попросила его бросить ей мячик. Они познакомились, и вечером гимназист играл с девочками в крокет в саду Нины.

IV

I. ВОПРОСЫ

1. Что сказала княгиня, когда она узнала, что гимназисту четырнадцать лет?

2. Что мать обещала купить гимназисту, если он выдержит экзамен?

3. Какую фуражку хотел мальчик?

4. Какие брюки хотела мать купить для гимназиста?

5. А какие хотел он?

6. Чего добился мальчик?

7. Как осмотрел гимназиста брат, когда он пришёл домой в новом костюме?

8. Куда звали гимназиста, когда его не было дома?

9. Почему́ мать не хоте́ла, чтоб ма́льчик наде́л но́вый костю́м?

10. Почему́ бра́ту гимнази́ста нельзя́ пойти́ игра́ть в сад Ни́ны?

II. КРА́ТКОЕ ИЗЛОЖЕ́НИЕ ТЕ́КСТА

Ни́на предста́вила ма́льчика свое́й ма́тери, и та то́же называ́ла его́ гра́фом.

Гимнази́ст сдал экза́мен по латы́ни и перешёл в четвёртый класс. Мать обеща́ла купи́ть ему́ но́вый костю́м, и он хоте́л яви́ться к Ни́не во всём но́вом. Он пошёл с ма́терью покупа́ть костю́м и фура́жку. Они́ до́лго иска́ли, но ма́льчик доби́лся того́, что всё бы́ло по его́ вку́су.

Когда́ он пришёл домо́й, брат сказа́л ему́, что его́ зва́ли в сад Ни́ны. Брат то́же хоте́л пойти́ туда́, но мать сказа́ла, что он ещё мал и что ему́ там не́чего де́лать. Она́ э́тим разозли́ла его́.

V

I. ВОПРО́СЫ

1. Кто сказа́л де́вочкам, что гимнази́ст не граф?

2. Что сде́лал гимнази́ст, когда́ он верну́лся в свой сад?

3. Что сде́лал тогда́ его́ брат?

4. Почему́ ма́льчик не мог отпере́ть две́ри, когда́ оте́ц хоте́л войти́?

5. Как роди́тели наказа́ли гимнази́ста?

6. Чего́ тепе́рь о́чень боя́лся гимнази́ст?

7. Что он де́лал, чтоб не встре́титься с Ни́ной?

8. Опиши́те после́днюю встре́чу гимнази́ста с Ни́ной.

9. Почему́ ему́ не отве́тили, когда́ он снял фура́жку?

10. Почему́ гимнази́ст рад, что не жени́лся на Ни́не?

II. КРА́ТКОЕ ИЗЛОЖЕ́НИЕ ТЕ́КСТА

Гимнази́ст, в но́вом костю́ме, пошёл к Ни́не игра́ть в кроке́т. Во вре́мя игры́, когда́ де́вочки называ́ли его́ гра́фом, бра́тик гимнази́ста рассказа́л де́вочкам, что гимнази́ст не граф. Гимнази́ст бы́стро вы́шел из са́да Ни́ны, стащи́л бра́та с забо́ра и поби́л его́. Брат пожа́ловался роди́телям. Тепе́рь ма́льчик чу́вствовал себя скверно среди родных, потому что они дразнили его.

Он очень боялся встретиться с Ниной, и обходил её дом. Но однажды он её встретил. Она ехала в коляске с матерью. Он снял фуражку, но ему не ответили. Нина ужасная кокетка, и гимназист говорит, что он рад, что не женился на ней.

МИ́ША

I. ВОПРО́СЫ

1. Что ду́мал Ми́ша о свое́й ма́ме?

2. Что он ду́мал о па́пе?

3. Почему́ Ми́ше не позволя́ли в тот день игра́ть на у́лице?

4. Что па́па дал Ми́ше?

5. Что Ми́ша бу́дет де́лать?

6. Почему́ па́па не хоте́л до́лго говори́ть с Ми́шей?

7. Почему́ Ми́ша оби́делся на па́пу?

8. Почему́ Ми́ша не идёт к ма́ме?

9. Почему́ он не идёт в ку́хню?

10. Как Ми́ша почу́вствовал себя́,[1] когда́ он написа́л стихи́?

11. Почему́ он не мог зайти́ в кабине́т па́пы?

12. Почему́ Ми́ша ду́мает, что ма́ма и па́па несправедли́вы с ним?

II. КРА́ТКОЕ ИЗЛОЖЕ́НИЕ ТЕ́КСТА

Была́ плоха́я пого́да, шёл дождь, и ма́ленькому Ми́ше не позволя́ли игра́ть на у́лице. Ма́ма и па́па Ми́ши бы́ли за́няты. Ми́ше бы́ло ску́чно, и он надоеда́л па́пе. Па́па дал ему́ тетра́дь и сказа́л, чтоб он запи́сывал в ней всё, что с ним случи́тся интере́сного. Ми́ша бу́дет вести́ дневни́к.

Ми́ша на́чал вести́ дневни́к, но ему́ бы́ло ску́чно, и он опя́ть пошёл к па́пе. Па́па сказа́л, чтоб он писа́л стихи́. Ми́ша написа́л стихи́ и побежа́л к ма́ме. Но ма́ма была́ за́нята: она́ счита́ла бельё. Она́ сказа́ла Ми́ше, чтоб он не меша́л ей. Ми́ша верну́лся к себе́ в ко́мнату и написа́л ещё стихи́. Он побежа́л к па́пе, чтоб прочита́ть ему́ стихи́, но па́па заперся́ на ключ. Ми́ша оби́делся. Он опя́ть верну́лся в свою́ ко́мнату, сел за стол и написа́л, что па́па и ма́ма несправедли́вы с ним; что они́ о́ба ми́лые, но не зна́ют, как с ним обраща́ться.

---

[1] *Felt.*

I. ВОПРОСЫ

1. Почему́ Ми́ша написа́л стихи́ про пти́чку?

2. Почему́ па́па говори́т, что учи́тельнице на́до игра́ть в ку́клы?

3. Что сказа́ла учи́тельница, когда́ она́ прочита́ла стихи́ Ми́ши?

4. Почему́ Ми́ша оби́делся?

5. Что сде́лала учи́тельница, когда́ Ми́ша отказа́лся[1] занима́ться?

6. Каки́м го́лосом па́па говори́л с Ми́шей?

7. При како́м вопро́се Ми́ши ма́ма вы́бежала из ко́мнаты?

8. Что па́па сказа́л Ми́ше о кри́тике?

9. Почему́ Ми́ша хоте́л пропусти́ть уро́к?

10. Почему́ па́па и Ми́ша должны́ извини́ться пе́ред учи́тельницей?

11. Почему́ не на́до говори́ть учи́тельнице, что она́ курно́сая?

12. Почему́ Ми́шу мо́жно звать весну́щатым?

II. КРА́ТКОЕ ИЗЛОЖЕ́НИЕ ТЕ́КСТА

Ми́ша подошёл к окну́ и уви́дел на карни́зе пти́чку. Он до́лго смотре́л на неё. Пото́м он написа́л стихи́ про пти́чку и был о́чень дово́лен собо́й. Он стал писа́ть про па́пу. Он писа́л, что па́па заставля́ет его́ писа́ть стихи́, но он не хо́чет писа́ть; что ему́ не интере́сно. Ми́ше ста́ло о́чень гру́стно. Когда́ пришла́ его́ молода́я учи́тельница, Ми́ша капри́зничал с ней и не хоте́л занима́ться. Он написа́л в дневнике́, что па́па зовёт учи́тельницу „курно́сая" и говори́т, что ей ещё на́до игра́ть в ку́клы. Учи́тельница э́то прочита́ла и оби́делась. Она́ сказа́ла ма́ме, что Ми́ша не хо́чет занима́ться. Ма́ма взяла́ дневни́к Ми́ши и показа́ла па́пе. Па́па позва́л Ми́шу. Ми́ша сказа́л па́пе, что он капри́зничает, потому́ что никто́ не обраща́ет на него́ внима́ния, и что учи́тельница надоеда́ет ему́. Пото́м па́па и Ми́ша извини́лись пе́ред учи́тельницей в том, что они́ говори́ли и писа́ли о ней не о́чень хоро́шие ве́щи.

---

[1] *Refused.*

ЛЮБОПЫТНЫЙ СЛУЧАЙ

I

I. ВОПРОСЫ

1. Где рабо́тал Фёдор Кирю́шин?

2. От чего́ его́ здоро́вье пострада́ло?

3. Что дире́ктор заво́да реши́л сде́лать?

4. Что одна́жды получи́лось для Кирю́шина?

5. Отку́да э́то получи́лось?

6. Почему́ Кирю́шин не посла́л ничего́ ма́тери?

7. Кому́ он посла́л посы́лку?

8. Где жила́ его́ сестра́?

9. Что она́ де́лала?

10. Где был её муж?

11. Что Кирю́шин посла́л сестре́ в посы́лке?

12. Почему́ А́нна Па́вловна не зна́ла, от кого́ была́ посы́лка?

II. КРА́ТКОЕ ИЗЛОЖЕ́НИЕ ТЕ́КСТА

Инжене́р Фёдор Кирю́шин рабо́тал на заво́де в Ленингра́де. Одна́жды он получи́л из Москвы́ хоро́шую посы́лку. Он хоте́л подели́ться посы́лкой с ма́терью, но не знал, где его́ мать. Он посла́л посы́лку сестре́ в Каза́нь. Он написа́л сестре́ дли́нное и подро́бное письмо́ и отнёс его́, вме́сте с посы́лкой, в штаб а́рмии. Его́ прия́тель обеща́л ему́ отпра́вить посы́лку и письмо́ сестре́ Кирю́шина в Каза́нь. Когда́ лётчик принёс А́нне Па́вловне посы́лку, она́ не зна́ла, от кого́ посы́лка, потому́ что там не́ было письма́.

II

I. ВОПРОСЫ

1. Кому́ А́нна Па́вловна посла́ла шокола́д?

2. Где жила́ её мать?

3. Ско́лько пли́ток шокола́ду она́ отпра́вила ма́тери?

4. Где лётчик Руднёв застал мать Анны Павловны?
5. Что старушка делала?
6. Кому она отправила шоколад?
7. Сколько плиток она ему отправила?
8. Что она послала сыну вместе с шоколадом?
9. Что сделал Кирюшин, когда он вскрыл посылку?
10. Почему он смеялся?

II. КРАТКОЕ ИЗЛОЖЕНИЕ ТЕКСТА

Анна Павловна долго ломала голову над вопросом, от кого посылка. Потом она решила,[1] что шоколад ей прислала знакомая киноактриса, которая брала у неё уроки английского языка. Анна Павловна послала шоколад матери. Старичок из Ленинграда сказал матери Кирюшина, что её сын живёт в нужде, и старушка-мать послала шоколад сыну.

Кирюшин получил посылку матери. Когда он вскрыл её, он громко рассмеялся, потому что увидел плитки знакомого шоколада.

---

[1] *Decided.*

АПТЕКАРША

I. ВОПРОСЫ

1. Почему аптекарша не спит?

2. Что она делает?

3. Что делает её муж?

4. Где находится аптека?

5. Что аптекарша вдруг слышит?

6. Что говорит доктор про аптекаршу?

7. Почему офицер хочет зайти в аптеку?

8. Что делает аптекарша, когда она слышит звонок?

9. Что офицеры покупают сначала?

10. Что они покупают потом?

11. О чём аптекарша просит офицеров?

12. Что она делает, когда покупатели уходят?

13. Что делает доктор?

14. А Обтёсов?

15. Кто слышит звонок Обтёсова?

16. Почему аптекарша плачет?

II. КРАТКОЕ ИЗЛОЖЕНИЕ ТЕКСТА

Ночь. В маленьком городке все спят. Но молодая жена аптекаря не спит. Она сидит у окна и смотрит в поле. Ей очень скучно.

Вдруг она видит две фигуры и слышит разговор двух мужчин. Это доктор и офицер. Они заходят в аптеку: они думают, что, может быть, увидят хорошенькую аптекаршу. Они покупают мятных лепёшек, потом зельтерской воды, потом вина. Они не хотят уходить из аптеки: им весело. Аптекарше тоже уже не скучно; ей очень весело.

Через некоторое время покупатели уходят, а аптекарша бежит в спальню. Скоро она опять слышит звонок. Но муж её тоже слышит звонок и идёт в аптеку. Офицер покупает у него на пятнадцать копеек мятных лепёшек. Аптекарша горько плачет: она очень несчастна.

ПО́СЛЕ БА́ЛА

I

I. ВОПРО́СЫ

1. От чего́ перемени́лась вся жизнь Ива́на Васи́льевича?

2. Кака́я была́ Ва́ренька в мо́лодости?

3. Что ча́сто де́лал Ива́н Васи́льевич, когда́ он был студе́нтом?

4. Где он был в после́дний день ма́сляницы?

5. Почему́ он не пил на балу́?

6. А что он там де́лал?

7. Почему́ все любова́лись Ва́ренькой?

8. Что сде́лали все, когда́ полко́вник и Ва́ренька ко́нчили танцова́ть мазу́рку?

9. Почему́ полко́вник отказа́лся от у́жина?

10. Почему́ Ива́н Васи́льевич не мог спать в ту ночь?

11. С кем он тогда́ жил?

12. Почему́ брат не пошёл с ним на бал?

13. Что де́лал брат, когда́ Ива́н Васи́льевич верну́лся с ба́ла?

14. Что сде́лал Ива́н Васи́льевич?

II. КРА́ТКОЕ ИЗЛОЖЕ́НИЕ ТЕ́КСТА

Ива́н Васи́льевич сказа́л, что его́ жизнь перемени́лась от одно́й но́чи. Когда́ все спроси́ли, что случи́лось, он рассказа́л сле́дующее:[1]

Одна́жды, когда́ он был студе́нтом, он был на балу́ у одного́ о́чень бога́того челове́ка. Он тогда́ был си́льно влюблён в Ва́реньку Б., и на балу́ мно́го танцова́л с ней.

Хозя́йка до́ма попроси́ла отца́ Ва́реньки, краси́вого, высо́кого полко́вника, танцова́ть мазу́рку с Ва́ренькой. Полко́вник отказа́лся, но пото́м взял ру́ку до́чери и стал танцова́ть с ней. Они́ танцова́ли о́чень краси́во, и все смотре́ли на них. Когда́ они́ ко́нчили, все гро́мко зааплоди́ровали.

---

[1] *The following.*

Когда́ го́сти пошли́ у́жинать, полко́вник от у́жина отказа́лся. Он сказа́л, что ему́ на́до за́втра ра́но встава́ть, и уе́хал.

По́сле ба́ла Ива́н Васи́льевич прие́хал домо́й. Ва́ренька, уезжа́я, дала́ ему́ пё́рышко от ве́ера и перча́тку, и он всё вре́мя смотре́л на них и ду́мал о ней. Он был так сча́стлив, что не мог спать. Он наде́л шине́ль и вы́шел на у́лицу.

II

I. ВОПРО́СЫ

1. Что уви́дел Ива́н Васи́льевич, когда́ он вы́шел в по́ле?

2. Что он услыха́л?

3. Как стоя́ли солда́ты?

4. Как был оде́т[1] челове́к, кото́рый приближа́лся к нему́?

5. К чему́ он был привя́зан?

6. Кто шёл ря́дом с ним?

7. Что де́лали у́нтер-офице́ры, когда́ тата́рин опроки́дывался наза́д?

8. Что они́ де́лали, когда́ он па́дал наперё́д?

9. Кто был высо́кий вое́нный, кото́рый шёл о́коло него́?

10. Почему́ полко́вник бил солда́та?

11. Что сде́лал полко́вник, когда́ он уви́дел Ива́на Васи́льевича?

12. Что сде́лал Ива́н Васи́льевич?

13. Что вспомина́л по́сле э́того Ива́н Васи́льевич, когда́ он смотре́л на Ва́реньку?

14. Что случи́лось с его́ любо́вью?

II. КРА́ТКОЕ ИЗЛОЖЕ́НИЕ ТЕ́КСТА

Ива́н Васи́льевич пошёл к до́му, где жила́ Ва́ренька. Э́тот дом был о́коло большо́го по́ля. Когда́ он вы́шел в по́ле, он увида́л в конце́ его́ что-то большо́е, чё́рное и услыха́л зву́ки фле́йты и бараба́на. Пото́м он уви́дел мно́го чё́рных люде́й. Э́то бы́ли солда́ты в чё́рных мунди́рах. Они́ стоя́ли двумя́ ряда́ми и не двига-

---

[1] *Dressed.*

152

лись. Позади́ их стоя́ли бараба́нщики и флейти́ст. Э́то тата́рина гоня́ли за побе́г. Тата́рин шёл ме́жду двумя́ ряда́ми солда́т, и с обе́их сторо́н на него́ сы́пались уда́ры. Не отстава́я от него́, шёл высо́кий вое́нный. Э́то был полко́вник Б., оте́ц Ва́реньки. Когда́ полко́вник уви́дел, что оди́н солда́т не доста́точно си́льно уда́рил тата́рина, он стал бить его́ по лицу́. Полко́вник уви́дел Ива́на Васи́льевича; он нахму́рился и отверну́лся. Ива́н Васи́льевич поторопи́лся уйти́ домо́й. Его́ любо́вь к Ва́реньки с э́того дня пошла́ на у́быль. Когда́ он смотре́л на неё, он вспомина́л её отца́ на пло́щади, и ему́ станови́лось нело́вко и неприя́тно. Он стал ре́же вида́ться с не́ю, и любо́вь его́ сошла́ на нет.

ЧА́РЫ

I. ВОПРО́СЫ

1. Кто расска́зывает э́ту исто́рию?

2. Где начала́сь исто́рия пе́рвой любви́?

3. Как был освещён[1] зал?

4. Кто появи́лся на эстра́де?

5. Как называ́ли скрипача́?

6. О чём ча́сто ду́мала де́вушка, гля́дя на его́ го́рдый про́филь?

7. Что она́ зна́ла из книг?

8. Что де́вушка сде́лала одна́жды?

9. Получила́-ли она́ отве́т на своё письмо́?

10. Почему́ перепи́ска де́вушки с арти́стом прекрати́лась?

11. Кто стал ча́сто приезжа́ть к де́вушке на да́че?

12. Что генера́л привози́л ей?

13. Что она́ реши́ла?

II. КРА́ТКОЕ ИЗЛОЖЕ́НИЕ ТЕ́КСТА

Наи́вная де́вушка, то́лько что око́нчившая институ́т, прие́хала с ма́терью на бал. На э́том балу́ игра́л краси́вый скрипа́ч. Он о́чень понра́вился де́вушке, и она́ написа́ла ему́ письмо́. Она́ чита́ла в кни́гах, что все вели́кие лю́ди о́чень одино́ки, и реши́ла, что он то́же одино́к. Скрипа́ч отве́тил на её письмо́, и ме́жду ни́ми завяза́лась перепи́ска. Но ско́ро де́вушка уе́хала на да́чу, и перепи́ска прекрати́лась.

II

I. ВОПРО́СЫ

1. Отку́да де́вушка возвраща́лась одна́жды?

2. Что она́ услы́шала, когда́ она́ проходи́ла ми́мо одно́й да́чи?

3. Кого́ она́ пото́м уви́дела?

---

[1] *Lighted.*

4. Где он сидéл?

5. Кто был у негó на колéнях?

6. Кто стоя́л прóтив негó?

7. Что дéлала жéнщина?

8. Как онá былá одéта?[1]

9. Что дéлали дéти?

10. Скóлько детéй там бы́ло?

11. Кто ещё сидéл óколо крýглого столá?

12. Что дéлала старýшка?

13. Что дéлал артúст, гля́дя на мáленького ребёнка?

14. Как изменúлось[2] лицó артúста, когдá он увúдел дéвушку?

15. Что сдéлала дéвушка?

16. Что онá сдéлала чéрез полгóда?

II. КРÁТКОЕ ИЗЛОЖÉНИЕ ТÉКСТА

Однáжды дéвушка, с мáтерью и генерáлом, возвращáлась с прогýлки. Онá отстáла от них. Вдруг онá услы́шала знакóмый гóлос, котóрый её взволновáл. Онá стáла прислýшиваться и наблюдáть. Онá увúдела артúста. Он сидéл óколо столá; на колéнях у негó был мáленький ребёнок. Женá артúста варúла варéнье, а чéтверо детéй толпúлись óколо тáза и облúзывали лóжки с варéньем. Ребёнок, котóрый сидéл на колéнях отцá, вскрúкивал и пускáл ртом пузырú. Артúст улыбáлся и вытирáл мóкрые гýбы и рот ребёнка гря́зной тря́пкой. Артúст увúдел дéвушку, и лицó егó покры́лось густóй крáской. Дéвушка брóсилась бежáть. Чéрез полгóда онá стáла женóй кавалерúйского генерáла.

---

[1] *Dressed.*   [2] *Changed.*

ОТРЫ́ВОК ИЗ „ОДНОЭТА́ЖНАЯ АМЕ́РИКА"

I. ВОПРО́СЫ

1. Куда́ вошли́ Ильф и Петро́в?

2. Что лежа́ло под стекло́м прила́вка?

3. Во что была́ завёрнута ка́ждая сига́ра?

4. Что бы́ло наде́то пове́рх бума́ги?

5. Ско́лько сто́или сига́ры?

6. Что бы́ло напро́тив вхо́да в вестибю́ль?

7. Как раскрыва́лись две́рцы ли́фтов?

8. Кто высо́вывался из ли́фта?

9. Что сде́лали мужчи́ны, когда́ в лифт вошла́ же́нщина?

10. В каки́х ли́фтах на́до снима́ть шля́пы?

11. Что Ильф и Петро́в иска́ли, войдя́ в но́мер?

12. Заче́м они́ иска́ли кно́пку звонка́?

13. Как на́до вызыва́ть слу́жащих в америка́нских оте́лях?

14. А в ру́сских?

15. Кто приготовля́ет посте́ли в америка́нских оте́лях?

16. А в ру́сских?

II. КРА́ТКОЕ ИЗЛОЖЕ́НИЕ ТЕ́КСТА

Ильф и Петро́в вошли́ в о́чень просто́рный мра́морный вестибю́ль гости́ницы. Пото́м они́ вошли́ в лифт, и он помча́лся кве́рху. На два́дцать седьмо́м этаже́ они́ вы́шли из ли́фта и напра́вились к своему́ но́меру. Войдя́ в но́мер, они́ приняли́сь отыски́вать включа́тель, но включа́телей нигде́ не́ было. Наконе́ц, они́ нашли́: они́ дёрнули за коро́ткую то́нкую цепо́чку, и электри́чество зажгло́сь. Посте́ли не́ были приготовле́ны на́ ночь, и они́ ста́ли иска́ть кно́пку звонка́, что́бы позвони́ть го́рничной. Пото́м они́ узна́ли, что в оте́лях посте́ли приготовля́ют са́ми постоя́льцы.

НЕВЕСТА

I. ВОПРÓСЫ

1. В какóе врéмя гóда э́то бы́ло?

2. Почему́ вы так ду́маете?

3. Что дéлала Лю́ба прéжде чем[1] подойти́ к кóйкам?

4. Когдá Лю́ба сади́лась óколо когó-нибýдь поигрáть в кáрты?

5. Где был муж Лю́бы?

6. Знáли-ли больны́е, что Лю́бе тяжелó?

7. Что онá дéлала по ночáм?

8. Что онá узнáла о своём мýже?

9. От когó онá э́то узнáла?

10. Что он обещáл ей сказáть?

11. Что прервáло[2] расскáз Лю́бы?

II. КРÁТКОЕ ИЗЛОЖÉНИЕ ТÉКСТА

Когдá Лю́ба дежу́рила в палáте, все бы́ли в отли́чном настроéнии. Онá былá лáсковая и живáя, и все люби́ли её. Муж Лю́бы, капитáн-танки́ст, пропáл бéз вести, и Лю́ба мéсяц не моглá отыскáть егó след. Вчерá бли́зкий друг мýжа, танки́ст, сказáл Лю́бе, что муж её остáлся в окружéнии. Он сказáл ей, что муж мóжет верну́ться и что нáдо ждать. Он обещáл сказáть ей, когдá ждать бóльше не ну́жно бýдет.

I. ВОПРÓСЫ

1. Кудá перевели́ на врéмя расскáзчика?[3]

2. Когó он уви́дел ря́дом с собóй, когдá он верну́лся?

3. Почему́ танки́ст был похóж на ку́клу из бинтóв?

4. Что расскáзчик услыхáл, когдá он просну́лся у́тром?

5. Как он знал, что в то у́тро дежу́рила не Лю́ба?

---

[1] *Before.* [2] *Interrupted.* [3] *Narrator.*

6. Почему́ он хоте́л разбуди́ть сестру́, когда́ ра́неный попроси́л пить?

7. Как ра́неный называ́л же́нщину, о кото́рой он расска́зывал?

8. Почему́ он её никогда́ не вида́л?

9. Каки́е во́лосы бы́ли у неё?

10. Как он э́то знал?

11. Почему́ сле́дующий день был реша́ющий?

12. Где был муж „ду́шеньки"?

II. КРА́ТКОЕ ИЗЛОЖЕ́НИЕ ТЕ́КСТА

Расска́зчика перевели́ в друго́й го́спиталь, но он ско́ро верну́лся в знако́мую пала́ту. Ря́дом с собо́й он уви́дел челове́ческую фигу́ру, похо́жую на огро́мную ку́клу из бинто́в. Э́то был ра́неный танки́ст. Под у́тро расска́зчик просну́лся, и танки́ст попроси́л пить. Танки́ст рассказа́л ему́, что у него́ есть неве́ста; он называ́л её „ду́шенька". Он сказа́л, что за́втра реша́ющий день: он, мо́жет быть, начнёт ви́деть по́сле опера́ции. Он та́кже рассказа́л, что муж „ду́шеньки" поги́б на фро́нте.

III

I. ВОПРО́СЫ

1. Почему́ расска́зчик ду́мал, что неве́ста танки́ста была́ Лю́ба?

2. Что Фе́ня сказа́ла танки́сту, когда́ она́ вошла́?

3. Почему́ она́ пла́кала?

4. Как Фе́ня провожа́ла танки́ста в перевя́зочную?

5. Почему́ она́ не вошла́ с ним?

6. Что профе́ссор сказа́л танки́сту по́сле перевя́зки?

7. Почему́ Фе́ня побледне́ла, когда́ она́ э́то услыха́ла?

8. Что она́ сде́лала?

II. КРА́ТКОЕ ИЗЛОЖЕ́НИЕ ТЕ́КСТА

У́тром расска́зчик подошёл опя́ть к танки́сту. Танки́ст опя́ть говори́л ему́ о свое́й неве́сте, и о том, что она́ краса́вица. Ско́ро пришла Феня и сказала, что сейчас будет перевязка. Она села около танкиста и стала гладить его руку. В глазах её были слёзы, и лицо было полно нежности и грусти.

Когда танкиста положили на коляску, Феня пошла с ним рядом, держа его за руку. Она не вошла в перевязочную, а остановилась у дверей. Она услыхала, как профессор сказал танкисту, что через неделю он будет видеть. Феня страшно побледнела, и быстро ушла. Больше её в госпитале не видели.

В СЕМЬЕ

I

I. ВОПРÓСЫ

1. Кудá шёл Алексéй Скворцóв?

2. Откýда он шёл?

3. В какóе врéмя гóда э́то бы́ло?

4. Что Алексéй увúдел, когдá он подня́лся нá гору?

5. Почемý колхóзники не узнáли Алексéя?

6. Когó Алексéй встрéтил во дворé своегó дóма?

7. Узнáла-ли старýха сы́на?

8. Где былá в э́то врéмя женá Алексéя?

9. Что сдéлала дочь Алексéя, когдá он хотéл подойтú к ней?

10. Взялá-ли дéвочка подáрки?

11. Где Алексéй увúдел свой портрéт?

12. Был-ли Алексéй похóж на свой портрéт?

II. КРÁТКОЕ ИЗЛОЖÉНИЕ ТÉКСТА

Былá рáнняя веснá. Танкúст Алексéй Скворцóв шёл из гóспиталя домóй. Егó лицó бы́ло изурóдовано на войнé, и тепéрь он не мог узнáть себя́ в зéркале. Дáже гóлос егó стал чужи́м.

Когдá Алексéй подошёл к грýппе колхóзников, онú егó не узнáли. Когдá он вошёл в ворóта своегó дóма, он встрéтил мать; онá тóже не узнáла егó. Он сказáл ей, что он был с её сы́ном Алексéем в гóспитале; что сын её легкó рáнен, и скóро вы́йдет из гóспиталя. Он сказáл тáкже, что он привёз ей поклóн от Алексéя. Потóм он спросúл, где Нáстя. Мать сказáла, что Нáстя в колхóзе, и попросúла егó войтú в дом. Он увúдел дéвочку, свою́ дочь, и хотéл подойтú к ней. Но дéвочка боя́лась егó.

Он вы́шел из дóма и пошёл к Нáсте, в колхóз.

II

I. ВОПРÓСЫ

1. Где Алексéй нашёл[1] свою́ женý?

---
[1] *Found.*

2. Что она́ де́лала?

3. Почему́ На́стя побледне́ла?

4. Кто написа́л письмо́, кото́рое Алексе́й дал На́сте?

5. Когда́ и где он его́ написа́л?

6. Почему́ Алексе́й не мог мно́го говори́ть с На́стей по доро́ге в колхо́з?

7. Что Алексе́й сказа́л На́сте про Алексе́я?

8. Что сде́лали колхо́зники, когда́ они́ услыха́ли, что Алексе́й — друг Алексе́я?

9. Что вспо́мнил Алексе́й, когда́ он говори́л с Па́влом?

II. КРА́ТКОЕ ИЗЛОЖЕ́НИЕ ТЕ́КСТА

Когда́ Алексе́й проходи́л ми́мо двора́ своего́ това́рища Па́вла, он услыха́л весёлый смех На́сти. Он бы́стро вошёл в воро́та. На́стя и Па́вел стоя́ли во дворе́; Па́вел говори́л что-то весёлое, а На́стя смея́лась. Когда́ Алексе́й подошёл к ним, На́стя не узна́ла его́, и смотре́ла на него́ с жа́лостью. Алексе́й сказа́л ей, что он привёз ей покло́н и письмо́ от Алексе́я.

На́стя и Алексе́й пошли́ в колхо́з. В конто́ре колхо́за На́стя сказа́ла, что Алексе́й сража́лся вме́сте с Алексе́ем. Колхо́зники окружи́ли его́ и ста́ли расспра́шивать. Бо́льше всех расспра́шивал его́ Па́вел. Алексе́й вспо́мнил, что он и Па́вел когда́-то вме́сте уха́живали за На́стей. Алексе́й жени́лся на На́сте, но дру́жба молоды́х люде́й продолжа́лась.

III
I. ВОПРО́СЫ

1. Когда́ Алексе́й уви́дел своего́ сы́на?

2. Ско́лько лет бы́ло ма́льчику?

3. Что Стёпа спроси́л у него́?

4. Почему́ Стёпа узна́л, что Алексе́й был „от па́пы"?

5. Что Стёпа по́мнил о па́пе?

6. Куда́ Алексе́й пошёл пото́м со Стёпой?

7. Что он там де́лал?

8. Почему́ Алексе́й сказа́л ма́тери, что он „домо́й“ не пое́дет?

9. Что на э́то отве́тила стару́ха?

II. КРА́ТКОЕ ИЗЛОЖЕ́НИЕ ТЕ́КСТА

Алексе́й шёл по у́лице и ду́мал о встре́че с жено́й и ма́терью. Он встре́тился с семьёй, а тепе́рь на́до уйти́. Тяжело́ бу́дет ма́тери и жене́, но лу́чше, чем жить с уро́дом. На у́лице к нему́ подбежа́л ма́льчик. Э́то был его́ сын Стёпа. Стёпа не узна́л отца́. Они́ вме́сте пошли́ домо́й.

Алексе́й вы́шел в сад и стал копа́ть я́мки для я́блонь. Пришла́ мать Алексе́я и позвала́ его́ у́жинать.

IV

I. ВОПРО́СЫ

1. Почему́ Алексе́й оста́лся переночева́ть до́ма?

2. Хорошо́-ли он спал ту ночь?

3. Что он слы́шал но́чью?

4. О чём он ду́мал?

5. Весёлые-ли то бы́ли ду́мы?

6. Что сказа́л Стёпа, когда́ Алексе́й стал проща́ться с ним?

7. Как На́стя узна́ла Алексе́я?

8. За что На́стя лю́бит Алексе́я?

9. Что сде́лала мать, когда́ она́ узна́ла сы́на?

10. Что спроси́л Стёпа у отца́?

II. КРА́ТКОЕ ИЗЛОЖЕ́НИЕ ТЕ́КСТА

Пе́ред ве́чером верну́лась На́стя, и Стёпа прибежа́л звать Алексе́я обе́дать. По́сле обе́да Алексе́й хоте́л уйти́, но Стёпа стал проси́ть его́ оста́ться и рассказа́ть ещё что-нибу́дь про па́пу. На́стя то́же проси́ла его́ оста́ться переночева́ть, и Алексе́й оста́лся.

Ско́ро все пошли́ спать. Алексе́й не мог спать. Он ду́мал о де́тях и о жене́. Э́то бы́ли печа́льные, го́рькие ду́мы.

У́тром На́стя сказа́ла Алексе́ю, что она́ с Па́влом подвезу́т его́ до ста́нции. Они́ бы́стро поза́втракали, и Алексе́й стал проща́ться с женóй и детьмѝ. Он пóднял Стёпу и стал раскáчивать егó, как два гóда томý назáд. И тогдá Нáстя узнáла Алексéя, потомý что никтó другóй не мог так приласкáть своѝх детéй.

В ЛЮДЯХ (I)

I. ВОПРОСЫ

1. Что спросила дама у Горького?
2. Что Горький попросил у неё?
3. Какие книги назвал Горький, когда дама спросила, что он читал?
4. О чём забывал Горький, когда он читал?
5. Какую книгу дама дала Горькому?
6. Понравились-ли Горькому „Тайны Петербурга“?
7. Почему?
8. Какую книгу дала ему дама потом?
9. Понравился-ли Горькому Пушкин?
10. Что напоминал ему пролог к „Руслану“?
11. Трудно-ли было Горькому запоминать стихи Пушкина?
12. Почему старуха хозяйка ругалась?
13. Почему Горький сказал даме, что он не слыхал о Пушкине?
14. Что сказала дама, когда Горький прочитал на память стихи Пушкина?

II. КРАТКОЕ ИЗЛОЖЕНИЕ ТЕКСТА

Дама спросила Горького, что ему подарить. Он ответил, что дарить ничего не надо, но попросил дать ему какую-нибудь книгу. Дама дала ему „Тайны Петербурга“, но ему эта книга не понравилась. Она была скучная. Потом дама дала ему томик поэм Пушкина. Стихи Пушкина очень понравились Горькому. Они очень легко запоминались.

Когда Горький принёс даме книгу Пушкина, она спросила, какие стихи ему понравились. Он читал на память стихи, и дама сказала, что ему нужно было бы учиться.

В ЛЮДЯХ (II)

I. ВОПРОСЫ

1. О чём Горький рассказывал людям по вечерам?

2. Как они слушали чтение Горького?

3. Как Горький доставал книги?

4. Как всем понравился „Демон“?

5. Кто написал эту поэму?

6. Почему у Горького срывался голос, когда он читал?

7. Где стояли все, когда он кончил читать первую часть?

8. Как они стояли?

9. Что сделал Жихарёв, когда Горький кончил читать?

10. Что все сделали, когда пробило девять часов?

11. Как все ужинали?

12. Что Горький делал после ужина?

13. Почему Павел плакал?

II. КРАТКОЕ ИЗЛОЖЕНИЕ ТЕКСТА

Утром Горький должен был приготовить мастерам самовар. Он с Павлом прибирали мастерскую, затем он отправлялся в лавку. По вечерам он рассказывал мастерам о жизни на пароходе и разные истории из книг. Потом он стал им читать. Все любили слушать его чтение и слушали очень внимательно. Но было трудно доставать книги. Однажды он достал поэму Лермонтова „Демон“. Когда он начал читать эту поэму, он почувствовал силу поэзии и её влияние на людей.

ПЕЛАГЕЯ

I. ВОПРОСЫ

1. Сколько лет муж Пелагеи жил в городе?

2. Где он жил раньше?

3. Приятно-ли ему было, что его жена неграмотная?

4. Что муж принёс однажды Пелагее?

5. Что Пелагея сделала с книгой?

6. За какую работу присела однажды Пелагея?

7. Что она нашла в кармане пиджака?

8. Чем пахла бумага?

9. Почему Пелагея не прочитала письма?

10. Легко-ли было Пелагее научиться читать?

11. Сколько месяцев она училась?

12. Сколько раз Пелагея прочитала письмо?

13. Что она сделала, когда кончила читать его?

II. КРАТКОЕ ИЗЛОЖЕНИЕ ТЕКСТА

Пелагея никогда нигде не училась. Она была неграмотная. Муж Пелагеи очень стеснялся, что его жена была неграмотная. Он много раз просил её научиться хоть фамилию свою подписывать, но Пелагея отказывалась. Однажды Иван Николаевич принёс букварь и сказал, что он сам будет показывать ей, как читать. Но Пелагея опять отказалась, и спрятала букварь в комод. Однажды Пелагея села починять пиджак Ивана Николаевича, и нашла в кармане пиджака письмо, но прочесть его не могла. Она очень пожалела, что не умеет читать, и сказала мужу, что она непрочь поучиться; что ей надоело быть неграмотной. Муж обрадовался, и стал показывать жене, как читать. Пелагея два месяца училась читать, и на третий месяц, наконец, научилась. Она вынула письмо и стала читать его. Письмо было от Марии Блохиной. Она просила Николая Ивановича заставить Пелагею учиться; внушить ей, как стыдно быть неграмотной бабой.

Пелагея дважды прочитала письмо и заплакала.

МАТЬ

I

I. ВОПРО́СЫ

1. В како́е вре́мя дня же́нщина пришла́ на ста́нцию?

2. В како́е вре́мя го́да э́то бы́ло?

3. Почему́ проводни́к ду́мал, что её ме́сто в о́бщем ваго́не?

4. Как она́ была́ оде́та?

5. Почему́ она́ уста́ла?

6. Почему́ она́ отказа́лась пое́хать на ста́нцию?

7. Куда́ она́ е́хала? Заче́м?

8. Что же́нщина сказа́ла киноактри́се про её гу́бы?

9. Почему́ киноактри́са не отве́тила?

10. Что она́ предложи́ла други́м пассажи́рам?

II. КРА́ТКОЕ ИЗЛОЖЕ́НИЕ ТЕ́КСТА

По́езд останови́лся на глухо́й ста́нции. К одному́ мя́гкому ваго́ну подбежа́ла же́нщина и хоте́ла войти́, но проводни́к сказа́л ей, чтоб она́ пошла́ в о́бщий. Же́нщина ушла́, но ско́ро верну́лась, потому́ что у неё был биле́т в мя́гкий ваго́н. Она́ показа́ла проводнику́ биле́т, и он впусти́л её в мя́гкий. Же́нщина вошла́ и се́ла, и пассажи́ры смотре́ли на неё с любопы́тством: на ней была́ наго́льная шу́ба, и че́рез плечо́ висе́л большо́й коше́ль. Она́ сказа́ла, что она́ о́чень уста́ла, потому́ что пришла́ из дере́вни, а от дере́вни до ста́нции о́коло тридцати́ вёрст. Оди́н из пассажи́ров, инжене́р, спроси́л, куда́ она́ е́дет, и она́ отве́тила, что е́дет в Москву́ к сы́ну. Она́ не вида́ла сы́на три го́да, и хо́чет погляде́ть на его́ жену́ и дете́й.

II

I. ВОПРО́СЫ

1. Почему́ же́нщина купи́ла дорого́й биле́т?

2. Что её сын де́лал в Москве́?

3. Чем был её муж?

4. Како́й пода́рок же́нщина везла́ сы́ну?

5. Почему́ мужчи́ны вы́шли в коридо́р?

6. О ком они́ ду́мали?

7. Хорошо́-ли спа́ли пассажи́ры в ту ночь?

8. Почему́?

9. Кто вошёл у́тром в их купе́?

10. Как же́нщина встре́тила сы́на?

11. Что сде́лал молодо́й до́ктор?

II. КРА́ТКОЕ ИЗЛОЖЕ́НИЕ ТЕ́КСТА

Муж же́нщины был пастухо́м, и сын был у отца́ в подпа́сках. Пото́м сын учи́лся, и стал до́ктором.

Киноактри́са захоте́ла спать, и мужчи́ны вы́шли в коридо́р. Они́ стоя́ли у окна́ и мо́лча е́ли клю́кву, кото́рую им дала́ же́нщина. Ка́ждый ду́мал о свое́й ма́тери, и ему́ бы́ло о́чень гру́стно, что его́ мать умерла́.

Мужчи́ны верну́лись в купе́ и легли́ спать, но никто́ спать не мог. У́тром, когда́ они́ прие́хали в Москву́, в ваго́н вошёл сын же́нщины. Он был взволно́ван встре́чей с ма́терью. Он переки́нул за плечо́ коше́ль с клю́квой, взял мать по́д руку, и они́ вы́шли из ваго́на.

ОБЛОМОВ (I)

I. ВОПРОСЫ

1. Какой вечер наступает?
2. Где сидит мать?
3. Что она делает?
4. Что делают другие дамы?
5. Что делает отец?
6. Как освещена[1] комната?
7. Кто сидит в креслах в гостиной?
8. Почему все молчат?
9. Что нарушает тишину?
10. Что говорит Илья Иванович, когда он смотрит в окно?
11. Что говорят обломовцы, когда кто-нибудь гасит свечу?
12. Как обломовцы вели счёт времени?
13. Почему?

II. КРАТКОЕ ИЗЛОЖЕНИЕ ТЕКСТА

Вечер. Мать сидит на диване и вяжет детский чулок. Другие дамы шьют что-нибудь, а отец ходит взад и вперёд по комнате. В комнате горит одна свеча. Обломовцы не любили тратить денег, поэтому диван в гостиной был в пятнах, а кожаное кресло очень старое.

На креслах в гостиной сидят обломовцы и их обычные посетители. Все молчат, потому что видятся каждый день, и обо всём уже много раз говорили.

Когда кто-нибудь нечаянно погасит свечу, кто-нибудь скажет: „Неожиданный гость!" После этого все начинают гадать,[2] кто этот гость.

---

[1] *Lighted.*   [2] *To conjecture.*

ОБЛО́МОВ (II)

I. ВОПРО́СЫ

1. Нару́шало-ли что-нибудь однообра́зие жи́зни Обло́мовых?

2. Жа́ловались-ли обло́мовцы на э́то однообра́зие?

3. Кто вдруг пришёл, когда́ все собра́лись к ча́ю?

4. Отку́да он пришёл?

5. Что он привёз из го́рода?

6. Где мужи́к взял письмо́?

7. Что Илья́ Ива́нович веле́л найти́?

8. Как до́лго их иска́ли?

9. Когда́ распеча́тали письмо́?

10. Что проси́л Фили́пп Матве́евич в письме́?

11. Ско́лько сто́ило посла́ть письмо́ по по́чте?

12. Как Обло́мов знал, ско́лько э́то сто́ит?

13. Получи́л-ли Фили́пп Матве́евич реце́пт?

II. КРА́ТКОЕ ИЗЛОЖЕ́НИЕ ТЕ́КСТА

Жизнь Обло́мовых была́ о́чень однообра́зна, но они́ на э́то не жа́ловались. Одна́жды э́то однообра́зие нару́шилось. Оди́н обло́мовский мужи́к привёз из го́рода письмо́ Обло́мову. Обло́мов до́лго не чита́л э́того письма́: он боя́лся, что в нём что-нибу́дь стра́шное. Но на четвёртый день письмо́ распеча́тали и узна́ли, что оно́ от Ради́щева. Ради́щев проси́л присла́ть ему́ реце́пт пи́ва. Обло́мова иска́ла реце́пт, но не могла́ найти́ его́. Когда́ она́ узна́ла, что посла́ть реце́пт по по́чте бу́дет сто́ить со́рок копе́ек, она́ сказа́ла, что лу́чше подожда́ть пока́ кто-нибу́дь пое́дет в го́род. Неизве́стно, получи́л-ли Фили́пп Матве́евич реце́пт.

170

ТОСКА́

I. ВОПРО́СЫ

1. Кого́ ждёт Ио́на Пота́пов?

2. Как давно́ он ждёт?

3. Како́е го́ре у Ио́ны?

4. Давно́-ли э́то случи́лось?

5. Кому́ он расска́зывает о своём го́ре?

6. Внима́тельно-ли вое́нный слу́шает его́?

7. Кто прихо́дит по́сле вое́нного?

8. Прия́тные-ли э́то седоки́?

9. Почему́ они́ руга́ются?

10. Что Ио́на хо́чет им рассказа́ть?

11. Слу́шают-ли молоды́е лю́ди расска́з Ио́ны с интере́сом?

II. КРА́ТКОЕ ИЗЛОЖЕ́НИЕ ТЕ́КСТА

Зима́. Ве́чер. Па́дает кру́пный снег. Извозчик Ио́на Пота́пов сиди́т на ко́злах и ждёт седоко́в. Он уже́ давно́ ждёт, но седоко́в всё нет. Прихо́дит вое́нный, сади́тся в са́ни и говори́т Ио́не, куда́ е́хать.

У Ио́ны большо́е го́ре: неда́вно у́мер его́ сын. Он хо́чет рассказа́ть о своём го́ре седоку́, но вое́нный закры́л глаза́ и не слу́шает.

Вы́садив вое́нного, Ио́на до́лго ждёт други́х седоко́в. Прихо́дят три молоды́х челове́ка и садя́тся в са́ни. Они́ се́рдятся за то, что Ио́на ме́дленно е́дет и руга́ют его́. Ио́на хо́чет рассказа́ть им о своём го́ре, но они́ пло́хо слу́шают его́.

Вы́садив молоды́х люде́й, Ио́на до́лго и́щет глаза́ми кого́-нибудь, кто вы́слушал бы его́. Но никто́ в толпе́ его́ не замеча́ет. Ио́на о́чень одино́к, и ужа́сная тоска́ да́вит ему́ грудь.

I. ВОПРО́СЫ

1. Что Ио́на спра́шивает у дво́рника?

2. Почему он его спрашивает об этом?

3. Долго-ли он говорит с дворником?

4. Почему?

5. Куда Иона едет потом?

6. Почему он жалеет, что так рано вернулся домой?

7. С кем он хочет заговорить?

8. Почему молодой извозчик не слушает его?

9. Куда Иона тогда идёт?

10. Кому он рассказывает о своём горе?

II. КРАТКОЕ ИЗЛОЖЕНИЕ ТЕКСТА

Иона хочет заговорить с дворником, и спрашивает у него, который час. Дворник отвечает, и говорит Ионе, чтоб он проезжал. Иона едет домой. Там уже все спят, и ему некому рассказать о своём горе.

Один молодой извозчик захотел пить. Он поднимается, и идёт к ведру с водой. Иона начинает говорить с ним, но извозчик напился, лёг, и Иона видит, что он уже спит. Иона не хочет спать. Он идёт в конюшню, где стоит его лошадь. Она жуёт сено и дышит на руки своего хозяина. И Иона рассказывает лошади о своём горе.

ОГОНЬКИ́

I. ВОПРО́СЫ

1. Где плыл одна́жды Короле́нко?

2. Что он вдруг уви́дел?

3. Что он сказа́л?

4. Что сказа́л гребе́ц?

5. Кто был прав?

6. Что он ча́сто вспомина́л пото́м?

II. КРА́ТКОЕ ИЗЛОЖЕ́НИЕ ТЕ́КСТА

Одна́жды Короле́нко плыл по тёмной сиби́рской реке́. Э́то бы́ло ве́чером. Вдруг впереди́, о́чень бли́зко, мелькну́л огонёк. Короле́нко сказа́л с ра́достью, что бли́зко ночле́г, но гребе́ц сказа́л, что ого́нь далеко́. Гребе́ц был прав. Они́ ещё до́лго плыли́ по реке́, но огонёк всё стоя́л впереди́, — всё так же бли́зко и всё так же далеко́.

Короле́нко ча́сто вспомина́л э́ту тёмную реку́ и э́тот огонёк. Он говори́т, что огни́ ещё далеко́, но всё-таки впереди́ — огни́.

ДЕНЬ РОЖДЕ́НИЯ

I

I. ВОПРО́СЫ

1. Как Ива́н Дми́триевич узна́л о сме́рти сы́на?

2. Почему́ он не хоте́л сказа́ть об э́том жене́?

3. Ско́лько лет бы́ло Ми́те?

4. Как семья́ всегда́ пра́здновала день рожде́ния Ми́ти?

5. Почему́ роди́тели пра́зднуют тепе́рь э́тот день без Ми́ти?

6. Чего́ тепе́рь ждёт мать?

7. Как она́ его́ ждёт? Почему́?

8. Что сде́лал Ива́н Дми́триевич, когда́ он оста́лся оди́н?

9. Что Ива́н Дми́триевич вспомина́л в саду́?

10. О чём он ещё неда́вно мечта́л там?

II. КРА́ТКОЕ ИЗЛОЖЕ́НИЕ ТЕ́КСТА

Ива́н Дми́триевич получи́л извеще́ние о том, что его́ еди́нственный сын Ми́тя уби́т. Он ду́мал о том, как сказа́ть жене́ о сме́рти Ми́ти. Жена́ его́ была́ больна́, и то́лько накану́не вста́ла и вы́шла на рабо́ту. Че́рез неде́лю день рожде́ния Ми́ти: ему́ исполня́ется два́дцать лет. Мари́я Никола́евна гото́вится к ми́тиному дню и трево́жно ждёт от него́ письма́.

Заня́тия в учрежде́нии ко́нчились, и Ива́н Дми́триевич пошёл домо́й. Проходя́ ми́мо городско́го са́да, он вошёл туда́ и сел на скаме́йку. Он сиде́л и вспомина́л, как ещё неда́вно он гуля́л в э́том саду́ с жено́й и Ми́тей. Ещё так неда́вно он мечта́л о том, как ко́нчится война́, и Ми́тя вернётся домо́й.

II

I. ВОПРО́СЫ

1. В како́м вопро́се не сошли́сь у́тром Ива́н Дми́триевич и его́ жена́?

2. Когда́ Ива́н Дми́триевич ска́жет жене́ о сме́рти сы́на?

3. Почему́ не ра́ньше?

4. Что сделала Мария Николаевна после обеда?

5. Куда пошёл вечером Иван Дмитриевич?

6. Почему он туда пошёл?

7. Как друзья провели вечер?

II. КРА́ТКОЕ ИЗЛОЖЕ́НИЕ ТЕ́КСТА

Иван Дмитриевич долго сидел на скамейке в саду. Потом поднялся и медленно пошёл домой. Он решил сказать жене о смерти Мити после митиного дня. После обеда Мария Николаевна ушла на работу. Вечером Иван Дмитриевич пошёл к своему старому другу Кириллу Ильичу, потому что ему было очень тяжело оставаться одному. Кирилл Ильич согласился, что до митиного дня не надо говорить матери о его смерти. Друзья долго плакали вместе, смотрели на портрет Мити и говорили о нём.

III

I. ВОПРО́СЫ

1. Почему Иван Дмитриевич зашёл за другом?

2. Как Кирилл Ильич поздравил Марью Николаевну с днём рождения сына?

3. Что делали друзья в этот вечер?

4. Как Мария Николаевна узнала о смерти Мити?

5. Почему Митя написал матери, а не отцу?

6. Что он просит её сделать?

7. Почему она не сказала Ивану Дмитриевичу раньше о смерти сына?

8. Почему Митя пишет, что его отец и мать будут гордиться им?

9. Как три друга встретили утро?

II. КРА́ТКОЕ ИЗЛОЖЕ́НИЕ ТЕ́КСТА

Пришёл митин день. Иван Дмитриевич и Мария Николаевна работали в этот день, а вечером пришли домой. По дороге Иван Дмитриевич зашёл за Кириллом Ильичём. Друзья сидели за столом и беседовали. На полу лежала ковровая дорожка. Иван

Дми́триевич ступи́л на э́ту доро́жку, и вдруг застона́л от бо́ли. Пото́м он запла́кал. Жена́ стоя́ла пе́ред ним с лека́рством и пла́кала. Ива́н Дми́триевич рассказа́л ей о сме́рти Ми́ти, но она́ уже́ зна́ла об э́том. Она́ получи́ла письмо́ от Ми́ти. Ми́тя писа́л из го́спиталя. Он писа́л, что день его́ сме́рти придёт ра́ньше, чем день рожде́ния; что у него́ была́ заве́тная мечта́: он хоте́л соверши́ть по́двиг. И вот он соверши́л э́тот по́двиг, и он сча́стлив.

ПЕСНЯ О СОКОЛЕ

I

I. ВОПРОСЫ

1. Где был уж?

2. Что он делал?

3. Почему сокол упал в ущелье?

4. Почему сокол называет ужа „бедняга“?

5. Почему уж не думает, что он бедняга?

6. Что хотел больной[1] сокол?

7. В чём сокол находит[2] счастье?

8. Что сделал сокол?

9. Как закончилась[3] жизнь сокола?

II. КРАТКОЕ ИЗЛОЖЕНИЕ ТЕКСТА

Уж лежал в сыром ущелье. Вдруг в ущелье упал сокол; грудь его была разбита и перья были в крови. Сокол сказал ужу, что он умирает, но что он знает счастье, потому что он храбро бился и видел небо. Ему жалко ужа, потому что уж не увидит неба так близко, как он его видел. Но уж ответил, что ему хорошо в ущелье: небо — пустое место, а в ущелье тепло и сыро.

Но соколу было душно в тёмном ущелье; он хотел бы хоть раз ещё подняться в небо и прижать врага к раненой груди. Уж предложил соколу подвинуться на край ущелья и броситься вниз: может быть, крылья поднимут его ещё раз. Сокол подошёл к обрыву, расправил крылья, вздохнул всей грудью и скатился вниз. Волна схватила его и умчала в море.

II

I. ВОПРОСЫ

1. Что уж захотел узнать?

2. Что он сделал, чтобы это узнать?

3. О чём он забыл?

---

[1] *Sick.* [2] *Finds.* [3] *Ended.*

4. Что с ним случи́лось?[1]

5. Почему́ ужу́ не нра́вится[2] не́бо?

6. Ви́дел-ли он не́бо?

7. Для кого́ со́кол бу́дет всегда́ живы́м приме́ром?

II. КРА́ТКОЕ ИЗЛОЖЕ́НИЕ ТЕ́КСТА

Уж до́лго ду́мал о сме́рти со́кола. Он захоте́л узна́ть, почему́ со́кол так люби́л не́бо, и реши́л взлете́ть туда́ ненадо́лго. Он сверну́лся кольцо́м и бы́стро подня́лся в во́здух. Но он не высоко́ подня́лся, а упа́л на ка́мни. Он ду́мал, что он ви́дел не́бо. Не́бо ему́ не нра́вилось, потому́ что там нет пи́щи и опо́ры. И он опя́ть лёг на ка́мни в уще́лье, где бы́ло тепло́ и сы́ро.

---

[1] *What happened to him?* [2] *Does not like.*

СЛОВА́РЬ

Русско-Английский словарь

A

a? what's that?
абажу́р, lamp-shade
аво́сь, perhaps
а́втор, author
аза́рт, excitement
ака́ция, acacia
акко́рд, chord
аккура́тн/о, accurately; **-ый,** neat
алле́я, path
анана́с, pineapple
англи́йский, English (*adj.*)
А́нглия, England
апати́чно, indifferently
апте́ка, drug store; **-и есть,** and so it is; **-рша,** druggist's wife; **-рь,** druggist
арифме́тика, arithmetic
а́рмия, army
арома́т, aroma
атла́сный, satin (*adj.*)
афи́ша, poster
ах, oh, oh yes

Б

ба́ба, woman, country woman
ба́бушка, grandmother
багрове́ть, to become purple, red
бал, ball, dancing party
ба́нка, jar
бараба́н, drum; **-щик,** drummer
барза́к, barzak (wine)
ба́рхатный, velvet
ба́ры/ня, lady; **-шня,** girl
барье́р, railing
бас: -ом, in a bass voice
ба́сня, fable
ба́тюшк/а, father; **-и,** oh my! dear me!
бе́г/ать, to run; **-у́т (бежа́ть),** run, hurry by

беда́, misfortune
бе́дность, misery
бедня́га, poor thing!
бежа́ть, to run, flee
без, without
безде́лье, inactivity
безлю́дье, unpeopled land
безме́рно, immensely
безобра́зие, shame
безобра́зный, ugly; **не-,** not bad looking
безу́м/ный, mad; **-ство,** madness
безусло́вно, absolutely
безу́сый, without a mustache
беле́ть, to grow pale, white
бело́к, white (*of an egg*)
бе́лый, white
бельё, linen (*table*); underclothes
бе́рег, shore, bank
берегла́сь (бере́чься), was guarded
бе́режно, carefully
берёза, birch (tree)
берестяно́й, birch-bark (*adj.*)
бер/ёт (брать), takes; **-и,** take; **-я,** taking
бесе́дка, bower
бесе́довать, to talk, converse
бесконе́чный, endless
беспардо́нный, bold
беспарти́йный, non-party man
беспод́обныn, matchless
беспоко́йный, restless
беспоко́ить, to bother, disturb, worry; **-ся,** to worry; **что вы так беспоко́итесь?** why are you so concerned
бесполе́зно, useless
беспоря́д/ок, disorder; **что за -ки!** what lack of order!

181

бесси́льный, powerless
библиоте́ка, library
биле́т, ticket
бинт, bandage; из -ов, made of bandages
би́тва, fight
бить, to pound, beat, strike; -ся, to fight, beat against
благода́р/ен, grateful; -и́ть, to thank; -ность (*f.*), gratitude; -я́, thanks to
благополу́чно, without trouble
благословля́ть, to bless
блаже́нн/о, blissfully; -ый, fortunate
бланк, blank, form
бле́дный, pale
блесну́ть, to gleam, flash
блесте́ть, to shine, glitter, glisten
блестя́щий, bright, shiny; shining
ближа́йший, the nearest
бли́зк/ий, close, in the near future; -о, near; совсе́м -о, quite near, very close; тут -о, it's not far; бли́зость (*f.*) nearness; бли́же, closer; бы́ли —, touched more closely
блонди́нка, blond
блоха́, flea
Бог, God; даст —, God willing; не дай —, God forbid; ей -у, upon my word, honestly, I swear
бога́/тый, rich, wealthy; -че, richer
Бо́же : — мой! my goodness! gracious! — сохрани́, God forbid
бо́йк/о, briskly, lively; -ий ма́лый, sprightly fellow
бои́тся (боя́ться), is afraid
бок, side; -ово́й, side (*adj.*)
бо́лее, more

боле́знь (*f.*), illness
боло́то, marsh
болта́ть, to chat, chatter
болта́ться, to dangle, sway
болтовня́, chatter
боль (*f.*), pain, anguish; как от бо́ли, as if from pain; -но, painfully; сде́лать —, to hurt; -но́й, sick, ill, sickly, ailing; patient
больни́ца, hospital; лежа́ть в -е, to be in the hospital
больш/о́й, big, great, large, tall; -и́й, greater; -е, (any) more, longer; -е всего́, more than anything, above all; -е всех, most of all; -е нет, no longer
бормо/та́ть to mumble, mutter; -чет, murmurs, mutters, mumbles
борода́тый, bearded
боро́дка, small beard
боро́ться, to struggle, fight for
босо́й, bare
бой, battle, struggle
бою́сь (боя́ться), I am afraid, I fear
боя́знь (*f.*), fear; с -ю, anxiously
боя́ться, to fear, be afraid; не бо́йся, don't be afraid
бра́во, hurrah
брани́ться, to abuse, inveigh
брат, brother
брать, to take; а ты бы не брал, you shouldn't have taken it
бре́дни, silly fantasy
бровь (*f.*), eyebrow
брос/а́ть, to throw, toss; -ся, to throw oneself; -ить, to throw, drop; — рабо́ту, to stop working; -иться, to hasten, rush, scurry, plunge, fling oneself; -ьте, throw.
бро́ш/енный (бро́сить), thrown; -у, will throw

брызги, spray
брюки, trousers
будто: как —, as if
будущее, future (n.)
букв/а, letter; -арь, primer
букет, bouquet; aroma
булав/ка: закалывать -ками, to
  pin; -очка (dim. of булавка),
  pin
бумага, paper; почтовая —,
  letter paper
бумажка, piece of paper
бумажник, pocketbook
бумажный, paper (adj.)
буркнуть, to mumble
бурный, stormy
бутылка, bottle
буфет, buffet
бы: если — не, if not for
быва/ть: -ет, it happens; -ли,
  had been; -ло, used to; it
  happened
быстро, swiftly, quickly, hastily
быть, to be; что было дальше,
  what further happened; —
  может, maybe

В

в, between, through
вагон (railroad), car; общий —,
  coach
важн/ый, important; вот какой —, how puffed up; только уж очень -ая, but how
  puffed up she is!
валет: бубновый —, jack of
  diamonds
вальс, waltz
валяться, to lie
варенье, jam
вари/ть, to boil, brew; -ся, to be
  cooked
вбежать, to run into
вбивать, to drive (in)
вводить, to bring (in)
вглядываться, to look intently

вдвоём, together; мы — с . . .,
  X and I
вдоль, along
вдруг, suddenly, unexpectedly;
  а —, what if
веди (вести), bring; ведший,
  leading
ведро, bucket, pail
ведь, but, why; а —, yes, but;
  а — ты тоже, but you too
веер, fan
вежливо, politely
везде, everywhere
везу (везти), am taking
вёл (вести): вели, led, were
  leading
велеть, to order, tell, require
великий, great
великолепный, magnificent,
  wonderful, glorious, splendid,
  sumptuous
величие, importance
венок, wreathe
вера, faith
верблюд, camel
верёвочный, made of cord (rope,
  string)
верить, to believe, have faith;
  плохо верили, were skeptical;
  верьте, believe
вернуть, to return, give back;
  -ся, to return; вернётся, would
  (will) return
верн/ый, faithful, loyal; -о,
  true, right
вероятно, probably, most likely,
  apparently
верт/еть/ся, to turn, whirl;
  -ящееся, tossing, moving
  about
верхлевский, from Verkhlevo
верхний: верхнее место, upper
  berth
весело, merrily, gayly; ей уже
  так —, she now feels so gay!
веселый, cheerful, gay, jolly

весло́, oar; налёг на вёсла (vi-gorously), kept on rowing

весна́, spring; весе́нний, spring (*adj.*)

весну́/шки, freckles; -ща́тый, freckled

вестибю́ль (*m.*), lobby

весть (*f.*), news

весь, the entire, all, whole

весьма́, very

вет/вь (*f.*), -ка, branch

ве́чер, evening; party; -ом, in the evening; перед -ом, to-ward evening; -ний, evening (*adj.*)

ве́чн/о, always, constantly, for ever; -ый, perpetual

ве́шать, to weigh

вещь (*f.*), thing

ве́ять, to waft

взад и вперёд, to and fro, back and forth

взволно|ва́ть, to stir up; -ван-ный, excited

взгляд, gaze, look, glance; opinion

взгля́/дывать; -ну́ть, to look, glance, cast a look

вздёрнуть, to turn up

вздор, nonsense

вздох, sigh

вздра́гива/ть, to shiver; -ет, has a start; -ющий, shaky

вздыха́ть, to sigh; глубоко́ —, to sigh heavily; легко́ вздох-ну́ть, to utter a sigh of relief

взлез (взлезть), climbed up

взлете́ть, to flush

взма́хивать, to brandish

взобра́ться, to climb up

взор, glance

взро́слый, adult, grown up

взрыв, explosion

взъеро́шиться, to muss up

взял: где ты его́ —? where did you get it from? взять, to take; — под руку, to take by the arm; -ся под руки, to link arms

вид, air, appearance; де́лать —, to pretend

вид/а́ть, -еть, to see, perceive; -ся с ней, to see her; -ишь, you see; -имо, obviously; -имый, visible; ви́дно, appar-ent; не —, it does not show; ей —, she can see; ей далеко́ — в по́ле, she can see much of the countryside; ви́дный, visible

вида́ться, ви́деться: — друг с дру́гом, to get together, meet

ви́жу (ви́деть), I see

визгли́вый, shrill

вино́, wine

винова́т, is to blame; -ый, guilty

виногра́д, grapes

вис/е́ть, to hover, hang; -я́т, hang

виски́ (висо́к), temples

витри́на, show window

ви́шн/я, cherry; -ёвый, cherry (*adj.*)

вка́тывать, to wheel in

вкла́дывать, to wrap

вкус, taste; по -у, to one's liking

включа́/тель (*m.*), (*light*) switch; -ться, to be turned (switched) on

влета́ть, to rush into

влия́ние, influence

вложи́ть, to put in

влюб/и́ться, -ля́ться, to fall in love; -лён, in love

вме́сте, together, both

вме́сто, instead of; — того́, что́бы, instead

вниз, down; -у́, below

внима́/ние, attention, interest; **обрати́ть —,** to call attention, notice; **-тельный,** attentive
вновь, again, anew
вну́чка, granddaughter
внуша́ть, to inspire, impress
во́все, at all; **— не,** not at all
вода́, water
во́дка, vodka
вое́нн/ый, military man; war (*adj.*); **по -ому,** in a military fashion
во́жжи, reins
возвра/ти́ть, -ща́ться, to return, bring (come) back; **-ще́ние,** return
во́зглас, exclamation
во́зду/х, air; **-шный,** air (*adj.*)
вози́ть, to bring; **-ся,** to fuss about
во́зле, beside
возмо́жно: наско́лько —, as much as possible
возража́ть, to rejoin
возьм/ём (взять), we shall take; **-и,** take, take it; **-и наза́д,** take it back; **а как я -у́?** how could I take?
во́й (вы́ть), howling
войд/ёмте (войти́), let's go in; **-я́,** entering; **войти́,** to come in
во́ин, military man, soldier
война́, war
вокру́г, around
волна́, wave
волне́ние, emotion
волнова́ть, to upset, disturb, move; **-ся,** to be upset
во́лос, -ы, hair
во́л/я, will; **Бо́жья —,** such is the will of the Lord; **откры́ть о́кна на -ю,** to throw the windows open to the fresh air
вон, there

вон/за́ться, to stick; **-зи́ть,** to thrust
вообража́ть, to imagine
вообще́, generally, in general; anyway; on the whole
вопро́с, question
воробе́й, sparrow
воро́на, crow
воро́та, gate
воро́чать, to turn; **-ся,** to move (toss) about
ворча́ть, to growl, grumble
воскли́/кнуть, to exclaim; **-ца́ние,** exclamation
воспита́ть, to bring up
воспомина́ние, recollection, memory
воспрещён, forbidden
восстанови́ться, to be restored
восто́рженно, enthusiastically
восто́чный, eastern
восхити́тельный, ravishing, delicious
вот, here, here is, there; now; this one; that is, why, see!; **а —,** but; **— и,** now, and so; **— как?** so?; **— как,** so that's what it is; **— каки́е,** that's the kind; **но —,** now; **ну —,** well; **— так,** that's what happened; **— что,** listen
вошёл, вошла́, вошли́ (войти́), entered, came in
вошь (*f.*), louse
впа́лый, hollow
вперёд, forward, straight ahead; **впереди́,** ahead
впечатл/е́ние, impression; **-и́тельный,** impressionable
вполз (вползти́), crawled in
впро́чем, moreover, it is true, however, but then; just a second; but wait!
впусти́ть, to let in
враг, enemy

враждёбны/й, hostile; **во — -х пáртиях,** on opposing sides

врать, to lie

врач, doctor

вращáться, to move about

вред, harm

врéмя (pl. **временá**), time; **вó —,** in time, during; **на —,** temporarily, for some time; **всё —,** all the time, continually; **в то —,** at that time; **— гóда,** season; **по временáм,** now and then; **от врéмени до врéмени,** from time to time; **с нéкоторого врéмени,** for some time

врёшь (врать), you lie

врóде, like

вручúть, to hand, present

всегдá, always

всё, everything, anything; continually; more and more; constantly; entire; **— таки,** just the same, nevertheless; **обо -м,** about everything; **скорéе всегó,** most likely; **весь,** the entire; **все, -м (to),** everybody, all

вскáкивать, вскочúть, to jump up

вскúнуть, to cast

вскóре, soon (afterwards)

вскрúк/ивать, -нуть, to cry out, shriek

вскрóйте, open up

вскры/вáть, -ть, to open

вслед: — за, behind, after

вслух, aloud

вспоминá/ть, вспóмнить, to recall, remember; **-ся,** to come back to mind; **мне чáсто -ется,** I often recall

вспы́х/ивать, -нуть, to flush; burst into flame

вста/вáть, -ть, to rise, arise, stand up; get up; **— с постéли,** to get up; **-ёт,** gets up

встревóжиться, to be alarmed

встрепенýться, to (give a) start, stir

встрé/тить, -титься; -чáть, -чáться, to meet, greet; to be; to accept; **-ча,** meeting; **случáйная встрéча,** chance meeting; **-чные,** people encountered

встряx/ивать, -нуть, to shake; **— головóй,** to jerk one's head

вступáть, to enter; **— в разговóр,** to enter a conversation

всýнуть, to stick

всхлúпыва/ние, whimper; **-ть,** to sob

всю́ду, everywhere

вся́кий, anyone, anybody, every . . .

вся́чески, in every way

вторó/й, second; **— клáссный,** second-class

вход, entrance; **-úть,** to come in, enter

вчерá, yesterday, last night; **-шний,** yesterday's

вы́брать, to choose

вы́бритый, shaven

вы́бросить, to throw out

вы́вел (вы́вести), led out

вы́глаженный, ironed

вы́гля/дывать, -деть, to look, appear; **-нуть,** to peer out

вы́дать, to give away

вы́держать, to control (oneself); **— экзáмен,** to pass an examination

вы́дернуть, to pull out

вы́дума/ть, to invent, imagine; **-л!** what an idea!

вы́думка, fiction

вы́е/зжа́ть, -хать, to go out, leave
выжида́ть, to wait for
вы́|зы|ва́ть, to summon, call
выздора́вливать, improve (of health)
вы́йдет (вы́йти), will leave
вы́кинуть, to thrust out
вылета́ть, to fly out
вы́лить, -ся, to pour out
вы́мазать, to smear
вы́мер (вы́мереть), died out
вы́мыть, to wash
вы́нести, to bring out
вын/има́ть, -уть, to remove, take out, pull out
вы́нужденный, forced
вы́пи|ва|ть, to drink; вы́пейте, drink!; вы́пьем, let's have a drink; — за, will drink to
выплыва́ть, to flow forward
выполза́ть, to creep out
выпра́шивать, to ask for, beg
выпрямля́ться, to straighten oneself
вы́пуклый, convex
вы́пученный, bulging
выраж/а́ть, to express; -е́ние, expression
вы́разиться, to express oneself
выраст/а́ть, -и, to grow up, emerge; -ут, would (will) grow up
вы́рваться, to burst forth
вы́рос, -ла, has grown up; rose higher
вы́садить, to discharge
выслу́ш|ив|ать, to hear, listen
вы́сморкаться, to blow one's nose
высо́вываться, to lean out
высо́кий, high, lofty, tall; exalted; noble
высота́, height
вы́сохнуть, to dry out

вы́ставить, to take out
выступа́ть, to appear; — вперёд, to stand out
вы́сший, the highest; high
вы́тер, -ла (вы́тереть), wiped
вы́терпе/ть, to endure, hold out; не -ли, they could endure it no longer
вытира́ть, to wipe away, dry
вытя́/гивать, -нуться, to stretch (out)
выходи́ть, to leave, go out, come out; turn out
выходно́й: под —, the eve of the day off
вы́ш/ел, -ла, -ли (вы́йти), left, went out, came out
вьётся (ви́ться), waves, undulates
вя́жет (вяза́ть), knits
вя́ло, languidly

Г

газе́та, newspaper
гвоздь (m.), nail
где: а —ж е он? where is he?; — же мне быть? where should I be?; — -нибу́дь, somewhere; — -то, somewhere
генера́л, general
геро́й, hero
ги́бкий, lithe, willowy
гла́вный, main; са́мое гла́вное, the most important thing
гла́дить, to stroke
гла́дкий, smooth; polished
глаз, eye; мне в -а́, into my eyes; -ки (dim. of глаза́), eyes; -но́й, eye (adj.)
глото́к, mouthful
глуб/ина́, depth; the back part; -о́кий, deep, profound
глу́п/о, foolish; -ость (f.), nonsense; -ый, stupid, foolish

187

глу́х/о, dully; **-о́й,** deserted, noiseless

глуш/ь (*f.*): **в -и́,** in the wilderness

гля/де́ть, **-ну́ть,** to look at, gaze, stare; to follow with one's eyes; **гляжу́,** I look at

гнев, rage, anger; **-а́ться,** to be angry; **-ный,** angry

гниль (*f.*), rot; **па́хнуть -ю,** to have a foul smell

гну́тый, bent

го́вор, talk; **-и́ть,** to talk, speak, say, tell

год, year; **по -а́м,** for years

голов/а́, head; **ужа́сно боли́т—,** I have a terrible headache; **лома́ть -у,** to rack one's brains; **ударя́ть в -у,** to go to one's head

го́лод, hunger; **-а́ть,** to starve

го́лос: **-о́к** (*dim. of* го́лос), voice

голубо́й, blue

голу́бчик, dear one, my dear fellow

гоня́ть, to drive; to run the gauntlet

гора́, mountain

гора́здо, much

горба́тый, hunch-backed

горд/и́ться, to be proud of; **-ость** (*f.*), pride; **-ый,** proud; **-я́чка,** haughty girl (woman)

го́ре, grief

гор/е́ть, to burn; **-и́т,** burns

го́рло, throat

го́рничная, maid

го́род, city; **за -ом,** beyond the (out of) town

горсть (*f.*), handful

го́рьк/ий, bitter; **-о,** bitterly; sadly

горя́ч/ий, hot, warm; **-о́,** hot; deeply

господа́ (господи́н), gentlemen

Го́споди! Goodness! **О —,** oh Lord; **—, поми́луй,** God have mercy upon us! **—, Бо́же мой!** good heavens; **ах ты —!** good Lord! **дай-то —!** God grant

господи́н, Mr.

Госпо́дь (*m.*), Lord

госпожа́, Mrs.

гости́ная, living (drawing) room, parlour

гости́ни/ца, hotel; **-чный,** hotel (*adj.*)

гости́ть, to visit

гост/ь, **-я,** visitor, guest, friend; **итти́ (притти́) в -и,** to go (come) to visit

гото́/вить, to prepare; cook; **-во, -вый,** ready

гото́виться, to prepare (oneself)

грамма́тика, grammar

гра́мотны/й: **быть -м,** to be able to read

грана́та, shell

грани́ца, limit

граф, count

грацио́зный, graceful

гребе́ц, rower

греме́ть, to roar, resound

греть, to warm

грех, sin; **взяла́ — на́ ду́шу,** I committed this fault

гриб, mushroom

грима́с/а, grimace; **-ничать,** to make faces

грози́ть, to threaten, menace

гро́зн/о, sternly; **-ный,** threatening, stern, menacing, fierce

грома́дный, immense

гро́м/кий, loud; **-ко,** clamourously; **-че,** louder

гру́бый, rude

грудь (*f.*), breast, chest; **разби́тая —,** torn breast

груз, load

гру́ппа, group

груст/и́ть, to grieve; -но, sadly; мне ста́ло -но и доса́дно, I felt sad and vexed; -ный, melancholy, sad

грусть (f.), sadness, melancholy; с -ю, with regret

гря́зный, soiled, dirty; грязь (f.), slush, mire

губа́, lip; гу́бы опуска́лись в го́рькой скла́дке, lips curled grievously; — пло́тно сжаты́, lips tightened

гуверна́нтка, governess

гу́нны, Huns

густо́й, dense, thick; deep

Д

да, yes, oh yes, and, but; —? Is that so?

дава́/ть, to give; -йте, let's; -йте зайдём, let's go into . . .

дави́ть, to press; oppress

давно́, long ago; — уже́, for a long time

да́же, even

дай-то, Го́споди, God grant!

дал, дам, дан, даст (from дать), gave, shall give, is given, will give; не даст ли она́ мне, wouldn't she give me

далеко́, in the distance, far away; —! it's still far away!

даль (f.), distance; -ше, farther, further; in addition; next, after that; -ний, far off

да́ма, lady; — пик, queen of spades

дар/и́ть, to give (make) a present; -ю, I give it to you as a present

да́ч/а, summer cottage; на -е, in the country

два́жды, twice

двер/ь (f.), door; в -я́х, in the doorway; за -ью, behind the door; у -и, near the door

две́сти, two hundred

дви́/гаться, to move; не -га́ются с ме́ста, stand still; -жущийся, moving

движе́ние, movement

двойно́й, double

двор, yard, courtyard; на -е́, outside; по -у́, through the yard

дво́рник, yardman

дворяни́н, nobleman

двумя́, двух, from два, two

де́в/ушка, girl, young lady (unmarried); -очка, little girl; -и́ческий, for girls

девяно́сто, ninety

дежу́рить, to be on duty

де́йствие, act

действи́тельно, really, indeed, that's true; -сть (f.), reality, life

де́йств/овать: -ует, it works; -ующие ли́ца, cast

де́ка, sounding-board

де́лать, to make, do; — серьёзное лицо́, to look serious; что мне —, what am I to do?; что тогда́ —? what shall I do then? — шаг, to take a step; де́латься, to take place; де́лалось, was done

делика́тный, delicate, considerate

де́л/о, job, thing, task, affair, deed, feat, business, work; како́е вам —? what business is it of yours? не ва́ше —, it's none of your business; — про́шлое, it is long over; без -а, doing nothing; в са́мом -е, really, in fact

демони́ческий, demonic

день (*m.*), day; в э́тот —, on this (that) day; в пе́рвый же —, on the very first day; све́тлый —, a happy day; пра́здный —, holiday; — за днём, day after day; це́лый — all day long; днём, in the daytime; на дня́х, soon; с э́того дня, from that day on
де́ньги, money; на мои́ —, with my money
дёргать, to pull; -ся, to twitch; дёрнешь, you pull
дереве́нский, country (*adj.*)
дере́вня, village, country
де́рево, tree
деревя́нный, wooden
держа́ть, to hold; -ся, to hold oneself, cling; hang on to
десе́рт, dessert
деся́т/ка, ten; -ый, tenth
де́т/и (дитя́), children; -очка, my dear child; -ский, children's, a child's; childish, child-like; -ство, childhood
дефици́тный, scarce
деше́вле, cheaper; вдво́е —, twice as cheap
дива́н, divan, sofa, couch
дире́ктор, manager
дитя́, child, baby
дли́нный, long; lanky
для, for
дневн/и́к, diary; -о́й, day (*adj.*); вести́ —, to keep a diary
дней, *see* день
до, before; as far as; — чего́, what
доба́вить, to add
добива́/ться: давно́ -лся, have requested for a long time; доби́ться, to succeed
добра́ться, to reach
добро́душный, kind, benign

добр/ота́, kindness; -ый, kind; бу́дьте -ы, be so kind; добро́ пожа́ловать! welcome!
довезёт (довезти́), he will get ... there
до́верху, to the top
дово́лен (дово́льный), satisfied (with), contented
дово́льно, enough; rather; — скучна́, pretty dull
догад/а́ться, to think of, figure out; -ка, guess, conjecture
догова́ривать, to speak out
договори́ться, to make an agreement
дое́хать, to reach
дожда́ться, perf. of ждать, to wait
дожд/ь (*m.*), rain; шёл —, it rained; -ево́й, rain (*adj.*)
доживу́, will live
долг: брать в —, to borrow
до́лгий, protracted, long; до́лго: — ещё, (for) a long time
до́лж/ен, -на́, must, should, supposed to; — был, had to; -ны́: ско́лько мы вам —? how much do we owe you?
должно́ быть, must be; must have, probably
доли́на, plain
до́ля, part
дом, house; свой —, home; в -е, at one's house; как -а, as if they were at home; -а, at home; -а́шний, home (*adj.*); -о́й, home
домохозя́йка, landlady
донести́, to reach
доноси́ться, to be heard; to come, reach, reach one's ear
дополня́ть, to complete
допуска́ться, to be allowed

доро́г/а, road, way, trip; street; всю -у, all the way; на -у, for the trip; по -е, on the way, along the road

дорог/о́й, -а́я, darling, dear; expensive; са́мый -о́й, the most expensive; -о дал бы, would give a great deal

доро́жка, trail, path; коврóвая —, runner

доса́д/а, dissatisfaction; -но, annoying; ей-но, she is vexed

доска́, (black)board

дослы́шать, to hear; get

доста́|ва́|ть, to reach, get; search; find; produce; take from, pull out; доста́ну, shall get

доста́точно, sufficiently, enough

досту́пный, accessible

досча́тый, board (adj.)

дохо́д, income; rent

до́ч/ка, -ь, daughter; -ери, daughters

дочита́ть, to read to the end

дошла́ (дойти́), came; — до, reached

доще́чка: ме́дная —, (copper) name-plate

дразни́ть, to tease

дробь (f.), roll of a drum

дрова́ (pl.), wood

дро́гнуть, to stir

дрожа́/ть, to tremble, shake; -щий, trembling

друг, friend; —-а, one another; — о -е, about each other; — про́тив -а, opposite one another; друзья́, friends; дру́ж/ба, friendship; -но, о́чень —, all together; -ный, common

друг/о́й, other, different, another; — день, next day; -о́е, something (anything) else; -и́е, others

дублёный, tanned

ду́ма, thought

ду́ма/ть, to think, imagine, meditate; как вы -ете? what do you think? стал —, began to think; мне -лось, I thought

ду́ра, -к, fool, silly, idiot

ду́рно: ей —, she is faint

дуть, to blow

дух, spirit

духи́ (m. plur.), perfume(s)

душ, shower

душ/а́, soul, mind, heart, head, spirit, moral qualities; — ны́ла, the mind was oppressed; в -е́, in his heart; -енька, darling

души́ть, to choke

ду́шн/о, stuffy, hot; ей —, she feels hot; -ый, stuffy, stifling

дым, smoke; -ный, smoky

ды́р|оч|ка, hole, peep-hole

дыха́ние, breathing

дыша́ть, to breathe

дья́вол, devil, Old Nick

дьячо́к, sexton

дю́жина, dozen

дя́дя, uncle; gentleman; our (your) friend

Е

Е́ва, Eve

едва́ -ли, hardly

е́дете, е́ду, е́дут, from е́хать, to go, ride

еди́нственный, only

е́дкий, sharp

ежедне́в/но, -ный, daily

е́зди/ть, to go (ride, drive), -л, went, rode, drove

ёкнуло: у — се́рдце —, — ’s heart throbbed

ел (есть), ate

ерунда́, nonsense, rubbish, small matter

е́сли, if; — бы не, if not for

есть, is, are; у меня́ —, I have; there!; то —, that is; to eat
е́хать, to go, ride
ещё, still, even, else, yet, more, moreover, longer, another, in addition; — бы! I should say so!
е́ю (она́), with her, it

Ж

жа́дно, greedily, avidly
жа́жда, thirst; passion
жале́ть, to regret
жа́лко: мне —, I feel sorry
жа́лобно, mournfully
жа́ловаться, to complain
жа́лость (f.), pity
жаль, it's a pity! ему́ — апте́каря, he pities the druggist
жа́рко, hot, it's hot; мне —, I am hot; ему́ да́же — ста́ло he even felt hot
жгли (жечь), burned
ждать, to wait; ждёт, awaits; ждут, await
жела́ние, desire, wish
желто́к, yolk
жёлт/ый, yellow; -ова́тый, yellowish
желу́док, stomach; — не в поря́дке, upset stomach
жена́, wife
жени́ться, to marry; жена́т, married
жени́х, fiancé
же́нский, woman's, feminine
же́нщина, woman; вот э́то —! here is a woman for you!
жестикули́ровать, to gesticulate
жёсткий, harsh
жестя́нка, tin box
жив, alive; -о, vividly; -о́й, living, animated, lively, bright
живу́, живёшь, живёт, живём, живёте, from жить, to live

живо́тное, beast, brute
жи́дкость, fluid, liquid
жизнь (f.), life; lifetime; на всю —, for life
жиле́т, vest
жиле́ц, roomer, tenant
жили́ще, dwelling
жи́тель (m.), inhabitant
жить, to live
жму́риться, to half-close one's eyes
жуёт (жева́ть), munches; жуй, munch
журна́л, magazine, journal
жу́тко, awful; невыноси́мо —, horrible

З

за, after, at, behind, for, to; — ней, behind her
зааплоди́ровать, to burst out into applause
забавля́ться, to have fun
заби́ться, to begin to pound
заблесте́ть, to begin to flash
заболе́ть, to fall sick
забо́р, fence, garden wall; за -о́м, behind the fence; по -а́м, over fences; о́коло са́мого -а, very near the fence
забо́т/а, care (tender); -ливость (f.), care; -иться, to take care
забро́сить, to throw
забу́дем (забы́ть), we shall forget; забу́дьте, forget
забы|ва́|ть, to forget; да и -ли, and have forgotten; не -ли-ли, whether they had not forgotten
зава́ленный, covered
завари́ть, to brew
заведе́ние: пра́чечное —, laundry
заве́дующий, head

192

завернуть, заворачивать, to turn around; to wrap up; — за угол, to turn a corner

заветный, cherished

зависть (*f*.), envy

завод, factory, plant

заворачивать, to turn around

завтра, tomorrow

завтрак, lunch

завяз/ыв/аться, to start, begin; завяжется разговор, a conversation would (will) begin

завязь (*f*.), ovary

загадочный, mysterious

загар, tan, suntan

заглушить, to drown out

загля/дывать: мечтательно -дывали, let their thoughts wander into; -нуть, to look, have a look at

заговорить, to talk, begin to speak

загореть, to be sunburnt

заграни/ца: уехать -цу, to go abroad; -чный, foreign

задвигаться, to begin to move.

задерж/ивать, stop, clutch; -аться, to linger

задолго, long in advance; — раньше, long before

задремать, to doze off

задум|ыв|аться, to fall to thinking, be pensive; -чиво, pensively

задыхаться, to be breathless

задышать, to begin to breathe; to chug

зажат/ь, to stop; -ый, clutched

заж/ечь (зажигать), to light; -гут, shall kindle, light; -жённый, lighted; -жётся, will light up

зай/дём (зайти), we'll drop in; давайте —, let's drop in! -дите! come in . . .! -ти, to get in

заинтересованные, who became interested

закат солнца, sunset; на -e, at sunset

закачался (качаться), rocked to and fro

закивать, to nod

закинуть, to cast

заключить, to conclude

закован, sheathed

заколоченный, nailed up

заколют (заколоть), would (will) slaughter

закончить, to finish

закричать, to begin to shout

закр/ыть, to close, cover; -ою, will close

закружиться, to spin

закусить, to take a snack

закутаться, to wrap oneself up

зал, hall

залезть, to climb upon (on)

заливаться: — слезами, to burst into tears; залить, flow over

заложить: — руки назад, with his hands behind his back

заманчивый, fascinating

замёрзший (замёрзнуть), frozen

замерли (замереть), were dumbfounded, kept their breath

заме/чать, -тить, to remark, notice; -чательный, remarkable

замечтаться, to dream

замирать, to stop beating

замолчать, to become silent

замотать: — головой, to shake (wag) one's head

замуж: выходить — за кого-нибудь, to marry (*for a woman*); -ем, married

замшевый, chamois-leather (*adj.*)

за́навес, -ка, curtain

занима́ть, заня́ть, to occupy, interest; **за́нят, -о́й, -ый,** busy, occupied, preoccupied; engaged; **занима́ться,** to study

зано́за, splinter

заня́т/ие, occupation, work; **-о́й,** busy

запа́вший, sunken

запакова́ть, to pack, wrap

за́пах, odor

запере́ть, запира́ть, to close, lock

запе́ть, to begin to sing

запечатле́ть, to seal

запеча́тывать, to seal up

запи́ска, a note

запис|ыв|а́ть, to write down; **-ся,** to get a card; **— в ней,** to write down in it; **запиш/й,** write down; **-у́,** I will write down

запла́/кать, to burst into tears, begin to weep, cry; **-чу,** will cry

запла́та, patch

заплати́ть, to pay

заплета́ющийся (заплета́ться), weaving

запомина́/ть, to remember; **-лись удиви́тельно легко́,** were very easy to remember

запрещённый (запреща́ть), forbidden

запротестова́ть, to object

запу́танный, intricate

запята́я, comma

зарабо́тать, to earn

зарази́тельный, contagious

зарумя́ниться, to become flushed

зарыда́ть, to begin to sob

заседа́ние, conference, meeting

засия́ть, to begin to shine

заскрипе́л (скрипе́ть), creaked

засмея́ться, to (begin to) laugh

засну́ть, to fall asleep

заставля́/ть, to make, force; **меня́ -ли,** they made me . . .

заста́ть, to find

застона́ть, to begin to groan

застрели́ться, to shoot oneself

засты́л (засты́нуть), stood as if frozen

засучи́ть, to roll up

засыпа́ть, to fall asleep

зате́м, then, in order to

затенённый, shaded

затеплиться, to begin to glimmer

за то, что́бы, in order to

зато́, on the other hand, to make up for that

затону́вший, submerged

затрепета́ть, to begin to shake

затрудне́ние, difficulty

заты́лок, back of the head

зау́треня, early morning church service, matins

зау́чивать, to memorize

захлебну́ться, to choke oneself

заходи́ть, to come in; lead (at cards); call for

захо/те́ть, to want; **-ся; мне -те́лось,** I wished; **е́сли я -чу́,** if I want

захохота́ть, to laugh

зацепи́ться, to become caught

зачём, why, what for? **— им,** of what interest is it to them?

зачерпну́ть, to scoop up

зачини́ть, to mend

зашага́/ть, to march off; **-ет,** would take a few steps

зашёл за, called for

зашива́ть, to mend

зашто́пать, to darn

заявля́ть, to announce

зва́ние, title

звать, to invite, call; **зовёт,** calls; **её зову́т Ни́ной,** her name is Nina

звезда́, star
звене́ть, to ring out
зверь (*m.*), wild beast
звони́ть, to ring
зво́нкий, resounding, clear
звоно́к, bell
звук, sound
звя́кание, tinkling
зда́ние, building
здоро́в/ье, health; за ва́ше —,
за твоё —! to your health!;
-ый, healthy; бу́дьте здоро́вы,
good luck!
здра́вствуйте, good morning
(afternoon, evening), hello
зева́ть, to yawn; зевнёт (зев-
ну́ть), would (will) yawn
зелёный, green; зе́лень (*f.*),
verdure
зе́льтерская вода́, Seltzer water
земля́, ground, earth; сыра́я —,
mother earth
зе́ркало, mirror
зим/а́, winter; -о́ю, in the
winter; -ний, winter (*adj.*),
wintry
злоб/а, bitterness; -но, furiously,
angrily
злой, angry
знак, sign; в —, as a mark, sign
знако́м/иться, to get
acquainted; -ый, acquaint/ed,
-ance, familiar, known; -ство,
acquaintanceship; -o: давно́
—, long since familiar
знамена́тельный, important
знамени́тый, well-known
зна/ть, to know, be familiar
(acquainted) with; кто его́
-ет? who knows?; я так и
-л, that's what I thought
зна́тный, distinguished, of high
rank
зна́чит/ь, to mean; что э́то —?
what does this mean?

зной, heat; -ный, burning,
sultry
зо́ло/то, gold; -чёный, gilded
зу́бы, teeth

И

и, and, already, even; и . . .
и . . ., both
иго́лка, needle; сиде́ть как на
-х, to be upon pins and
needles
игра́, game; -ть, to play, drum,
tap; -ющий, the one who
plays
игру́шечный, toy-like
идём (итти́), we go, walk; -те,
come along . . .; идёт, walks,
goes, does come; как —
жизнь, how life is; идёт! all
right!
иде́я, idea
ид/и́, -и́те (итти́), go; -у́, I go,
am walking; -у́т, go, someone
is coming; -я, going
из, of, out of, from; — -за,
from beyond, through
изба́, house
избра́/ть, to choose; -нный, elite
изве́ст/но, everybody knows;
должно́ быть —, must know;
-ен, known
извеще́ние, notification
извин/и́ть, to forgive; -ся, to
apologize; -ю́сь, I shall
apologize; -и́тельно, excus-
able
извне́, from without
изво́зчик, cab, cabman
изво́ль! look at that!
изгиба́ться, to double up
и́здали, from a distance
изда́тель (*m.*), publisher
издёрга/ть: он все не́рвы мне
-л, he made me a nervous
wreck

изжо́га, heartburn

из-за, because of, on account of, through; from behind; **из-под,** from

изложе́ние: кра́ткое —, summary

измен/и́ться, to change, alter; **-я́ть,** to change

изме́рить, to measure

изму́читься, to tire oneself out

изобра/же́ние, picture, image; **-жён,** depicted

изразцо́вый (made of) tile(s)

и́зредка, from time to time

изумля́ть, to amaze; **-ся,** to be amazed

изуро́дова/ть, to mutilate; **-нный,** disfigured

иллюстра́ция, picture

имени́нн/ик, whose birthday it is (was); **-ый,** birthday (*adj.*)

и́менно, precisely, just, exactly, specifically

име́ть, to have, possess

и́мя, name; **на —,** addressed to

и́наче, otherwise

инде́ец, Indian

инжене́р, engineer; **-меха́ник,** mechanical engineer

иногда́, sometimes, now and then

ин/о́й, other; **— раз,** sometimes; **-у́ю,** another; **-ы́е,** some others

инстинкти́вно, instinctively

интере́сн/ый, interesting; **что -ого?** what was there of interest?

инти́мный, intimate

исказ́ить, to twist

иска́ть, to hunt (search, look) for

и́скоса: — погля́дывая, looking out of the corner of the eye

и́скра, spark, sparkle

и́скренний, sincere

и́споведь (*f.*), confession; frank effusion

исподло́бья, from under one's brows

исполня́ться, to attain (age)

испо́ртить, to spoil

испра́вить, to correct

испу́г, fright; **-а́ться,** to get frightened, be afraid; **-анный,** frightened

испыт/а́ние, ordeal; **-ывать,** to experience

иссяка́ть, to be exhausted

исто́рия, history, story; business

исхуда́ть, to grow thin

исчеза́ть, to disappear, vanish

ита́к, thus

итти́, to go, walk

ишь! see!

и́щет, и́щут (from **иска́ть,** to hunt for, seek)

К

каби́на, cabin (*airplane*)

кабине́т, office, study

кавалери́йский, cavalry (*adj.*)

кадри́ль (*f.*), quadrille

ка́дры, staff, personnel

ка́ждый, each, every

ка́жется (каза́ться), it seems, it would seem; **мне —,** I think

каза́/ться, to appear to be, to seem; **-лось,** it seemed

как, as, like, how, how much, that, when; **ну — же?** how, then; **— бу́дто,** as if, as though; **— то́лько,** just as soon as

как/о́й, -а́я, what, which; **— нибу́дь,** some sort (kind) of; **— то,** some, a certain (kind)

календа́рь, calendar

калу́жский, from Kaluga (*city*)

кандела́бр, candelabrum

196

ка́м/ень (*m.*), stone, rock; -енный, stone, brick (*adj.*); -ни, stones
капита́н-танки́ст, tank corps captain
ка́пл/я, drop; -и от ка́шля, cough drops
ка́пнуть, to drip
капри́зничать, to be cranky
каранда́ш, pencil
каре́та, carriage
ка́рий, brown (*eyes*)
карма́н, pocket, pouch
карни́з, cornice
ка́рт/а, card; -очный, card (*adj.*)
карти́н|к|а, picture
ка́рточка, photo, picture
ка́рточный, card (*adj.*)
каса́/ться: что -ется, as for
касси́рша, cashier
касто́рка, castor oil
ката́ться: — с гор, to toboggan
кача́ть, to shake; -ся, to swing
каче́ли: а вон —, and there is a swing
ка́ш/ель (*m.*), cough; -лять, to cough
кварта́л, city block
кварти́ра, apartment, lodging
кве́рху, upward
кивну́ть голово́й, to nod
кида́ть, to throw; to play (*a card*)
кило́, kilogram
кино́, movie; -актри́са, movie actress; знако́мая —, movie actress of her acquaintance
ки́нуть, to toss; -ся, to rush
кио́ск: таба́чный —, tobacco stand
ки́па, heap
кирги́з, Kirghiz
кирпи́чный, brick (*adj.*)
кисе́йный, muslin (*adj.*)
ки́сл/ый, sour; -ое лицо́, a long (gloomy) face

кисть (*f.*), brush; cluster
ки́тель (*m.*), summer uniform jacket
клад/ёт (класть), puts; -у, I put; -я, putting down
класс, grade; year
кле́тка, cage
кле́тчатый, checkered
клочо́к, piece
клуб, curling cloud(s)
клубо́к: сверну́ться в —, to curl up
клу́мба, flower bed
клюв, beak
клю́ква, cranberry
ключ, key; под -о́м, under lock and key
кно́пка (bell), button
кнут, whip
кня/зь, prince; -ги́ня, princess (married); -жна́, princess (unmarried)
ковро́вая доро́жка, runner
когда́, when; -то, at one time, once
ко́гти (ко́готь) (*m.*), talons
ко́е-что, some things
ко́жа, skin, hide, leather; сама́ —, the skin itself; -ный, leather (*adj.*)
ко́злы, coach-box
ко́зырь (*m.*), trump (*card*)
ко́йка, bed (*hospital*)
коке́т/ка, coquette; кака́я одна́ко вы —! what a flirt you are! ну и —! what a flirt! -ничать, to flirt; play
коле́н/о, knee; на -ях у него́, on his knees
коли́чество, quantity
коло́да: — карт, pack of cards
коло́дец, well
ко́локол, bell
коло́нна, column
колхо́з, kolkhoz (*collective farm*);

197

-ник, collective farmer
коль, if
кольну́ть, to sting, stab
коля́ска, stretcher (*on wheels*)
кома́нд/а: как бу́дто по -е, as if obeying a command
ко́мкаться, to jumble
ко́мнат/а, room; в э́той са́мой -е, in this very room
комо́д, chest of drawers, bureau
конве́рт, envelope
коне́ц, end, edge, limit
коне́чно, certainly, of course, no doubt, to be sure
консе́рвы, canned food
конто́р/а, office; -щик, clerk
конфе́та, candy
конце́рт, concert
конч/а́ть, -ся: -ить, -иться, to end, finish; -ен, came to an end
ко́нчик, corner
конь (*m.*), horse
конько́ (коне́к), skates
конья́к, cognac
коню́шня, stable
копа́ть, to dig
копе́йка, copeck; на . . . копе́ек, . . . copeck's worth of
коридо́р, corridor
кори́чневый, brown
коро́бка, box; — папиро́с, pack of cigarettes
коро́л/ь (*m.*), king; -е́вна, king's daughter
коро́ткий, short, brief
ко́рчиться, to writhe
костю́м, suit
кот, cat
кото́ры/й, who, which; — час? what time is it? за -ми, behind which
кочево́й, кочу́ющий (кочева́ть), nomadic, wandering
коше́ль (*m.*), bag

край, edge, rim
кра́йн/ий; по -ей ме́ре, anyway
кра́йност/ь (*f.*), extreme; до -и, extremely
крас/и́вый, handsome, pretty, lovely; -иво, beautiful; -а́вец, handsome fellow; -а́вица, beautiful girl (woman), beauty; -ота́, beauty, splendor, good looks
кра́ска, paint; color, blush
красн/е́ть, to blush; -ый, red, flushed
Красноарме́йская, Red Army Street (*adj.*)
кра́тк/ий, short; -о, briefly
крем, cream
кре́п/кий, strong; -ко, tightly; firmly, soundly; -че, stronger, more
крепостно́й, serf
кре́пость (*f.*), strength
кре́сло, armchair
криво́/й, uneven, crooked; -о, aslant, askew
крик, outcry, shout; на —, hearing the clamor; -нуть, to shout, shriek, utter a cry
критику́ешь (критикова́ть), criticise
крича́ть, to announce, cry out
крова́ть (*f.*), bed
кровь (*f.*), blood; истека́ть -ю, to bleed
крой (крыть), take . . . (*cards*)
кроке́т, croquet
кро́ме, besides, except for; — того́, in addition
кро́тк/ий, gentle, benign; -о, humbly
кро́шка, dear little one
круг, circle; -лый, round; -о́м, (all) round
кружи́ться, to whirl
крупа́, groats

кру́пный, large, thick
крыльцо́, perron, porch
кры́лья (крыло́): распра́вить
— , to spread one's wings
кры́ш/а, roof; -ка, cover
крючо́к: на —, by means of a
hook
кста́ти, by the way; ей —, just
right for her
кто́-то, someone
куда́-то, куда-нибу́дь, somewhere
ку́дри, curls
кузне́ц, blacksmith
ку́к/ла, doll; -ольный, doll-like
кула́к, fist
купе́, compartment
купи́ть, to buy
куплети́ст, reciter
ку́пол, dome
кури́ть, to smoke
ку́рица, hen, chicken
курно́сый, pug-nosed
ку́ртка, jacket
куса́ть, to bite, stab, suck
кусо́к, piece
куст, bush, shrub; -а́рник,
bushes
кути́ть, to carouse
ку́хня, kitchen
ку́чер, driver
ку́шанье, food; dish
ку́шать, to eat, drink

Л

ла́вка, store, shop
ла́герь (m.), camp
ла́дно, all right, fine, very well
ладо́нь (f.), palm (of the hand)
ла/й, barking; -ять, to bark
ла́йковая перча́тка, kid glove
ла́зить, to climb
лаке́й, servant
ла́мпочка, (small) lamp; bulb

ла́ск/а, kindness, tenderness;
-а́ть, to stroke, flatter, caress;
-а́тельный, affectionate; -ово,
affectionately, lovingly, gently;
-овость (f.), tenderness;
-овы, affectionate, caressing,
kind
латы́нь (f.), Latin
ла́ун-те́ннис, lawn tennis
ла́ять, to bark
лгун, liar
ле́бедь (m.), swan
ле́вый, left
лёг, легла́ (лечь), lay (laid)
down; — спать, went to bed
лёгкие, lungs
лёгк/ий, light, easy, slight; -о,
softly, easily, slightly; ле́гче,
easier
леж/а́ть, to lie; be; -а, lying;
-и́т, is lying; -у́, am lying
лез/ть, to climb; -ет, clambers;
-ут на сиде́ние, struggle to get
on the seat
лека́рство, medicine
лени́во, indolently, slowly
ле́нта, ribbon
лепета́ть, to murmur
лепёшка, tablet; мя́тная —,
peppermint
лет/а́ть, -е́ть, to fly
ле́т/о, summer; -ом, in the
summer; X —, . . . years;
-ний, summer (adj.)
лётчик, aviator, pilot
лечи́ть, to treat; -ся, to be
treated; люде́й ле́чит, he is a
physician
лечу́ (лете́ть), I fly
лечь, to lie down
лило́сь (ли́ться), flowed
лимо́нно-жёлтый, lemon yellow
ли́па, linden (tree)
лири́ческий, lyrical
листва́, foliage; ли́стья, leaves

лифт, elevator

лицо́, face; person; в — мне, at my face; -м к стене́, facing the wall; что бу́дет с твои́м -м, what happens to your face; де́йствующие ли́ца, cast of characters

лише́ние, deprivation

ли́шний, extra

лишь, only

лоб, forehead.

лови́ть, to catch, detect

ложи́ться, to lie down; to fall; — спать, to go to bed

ло́жка, spoon

ложь (*f.*), lie; —! you lie!

ло́кон, lock (*of hair*)

лома́ть, to break; -ся, to break down

ломово́й, drayman, carter

лопа́та, shovel

ло́паться, to burst

лохма́тый, shaggy

ло́шад/ь (*f.*), horse; -и́ный, horse (*adj.*)

лу́жа, pool

лужа́йка, plot of grass, lawn

лун/а́, moon; -ный, moon (*adj.*); -ный свет, moonlight

луч, ray, beam

лу́чш/ий, better; са́мый —, the very best; -е, better; rather; ещё -е, still better

лы́сый, bald

льви́ный (лев), lion's

льна (лён), flax; льняно́й, flaxen

любе́зн/ый, kind, nice; -о, kindly, affably

люб/и́ть, to love, like; -лю́, I love, like; -и́мый, beloved, dear, favorite; -я́щий, loving

любо́в/ь (*f.*), love; -но, lovingly; -ный, tender

любова́ться, to admire

любопы́т/ный, curious; -ство, curiosity

лю́ди, people; молоды́е —, young men; — окружа́вшие меня́, people about me; людьми́, with people

людско́й, human

ля́гу (лечь) спать, I go to bed; -т, shall rest

М

магази́н, store; -ный, shop (*adj.*)

магне́зия, magnesia

магни́т, magnet

мазу́рка, mazurka (*a Polish dance*)

мазь (*f.*), ointment, salve

мак, poppy

мал, small; -енький, small, little, tiny; тако́й -енький! so small! -о, little, not enough; мало-пома́лу, by degrees; -ый, small

ма́льчик, little boy

малю́сенький, tiny

ма́м/а, -а́ша, -енька, -очка, mother; -ина, mother's

мани́ть, to beckon, attract

ма́рля, gauze

ма́сленица, (Russian) carnival

ма́сло, butter; сли́вочное —, butter

ма́сса, heap

ма́стер, artist; -ска́я, shop; -ство́, craft, trade

ма́тушка (*dim. of* мать), sweetheart

мать (*f.*), mother; ма́тери (*gen. sing. of* мать); с ма́терью, with mother

Мафусаи́л, Methuselah

ма/ха́ть, to wave; -шет, brandishes; -хнёт, would wave

машина́льно, mechanically

ма́ятник, pendulum, balance

м-да, m'yes

ме́бель (*f.*), furniture

меда́ль (*f.*), medal

ме́дленн/ый, slow; **-о,** slowly; **-о -о,** very slowly; **ме́длить,** to tarry

ме́дный, copper (*adj.*)

ме́жду, between; — **те́м,** meanwhile

ме́лкий, small

мело́дия, tune

мельк/а́ть, -ну́ть, to flash, gleam, appear for a moment

мельча́ть, to grow small, petty

ме́нее, ме́ньше, less; shorter; **тем не ме́нее,** yet

меня́ть, to change

ме́рзость (*f.*), abomination

ме́ст/о, place, space, seat; **-а́ми,** in some places; **на -е,** on the spot; in the right place; where it was; **не на -е,** out of place; **всё ста́ло на своё —,** everything settled down

ме́сяц, month; moon

метафи́зика, metaphysics

мечта́, dream; **-ние,** dream; **-тельно загля́дывать,** to gaze; **-ть,** to dream

меша́ть, to bother, hinder, keep from, to be in the way

мешо́к, bag

мещани́н, narrow-minded person

мига́ть, to blink

ми́л/ая, -ый, dear, sweet, nice; darling; my friend; **-е́йший,** dear; **-е́йший зверь,** dear beast (fellow)

милосе́рди/е: без вся́кого -я, without mercy

Ми́лостивый Госуда́рь, Dear Sir

ми́лость: ва́ша —, your grace

ми́лостыня, charity

ми́лый, nice, lovely, sweet, dear; darling; my friend, dear fellow

ми́мо, by, past; **проходи́ть —,** to walk past

мину́т/а, minute, moment; **в -у,** per minute; **на -у,** for a minute; **— че́рез пять,** after, in about five minutes; **— за де́сять до,** about ten minutes before

мир, world; **крича́ть на весь —,** to cry aloud

ми́рно, quietly

ми́шин, Misha's

младе́нец, child

мла́дший, younger

мне́ние, opinion

мно́го, much, many; **так —,** so many; **— раз,** often; **-ле́тний,** many years old; **-чи́сленный,** numerous

мог (мочь), could; **-ла́, -ли́,** could; **ника́к не -ли́,** could not; **-у́,** I can; **-ут,** they can

моги́ла, grave

могу́чий, mighty

мо́же/м (мочь), -т, -те, -шь, can, may

мо́жет быть, maybe, perhaps, possibly

мо́жно, might, can, may, possible

мозг, brain

мо́крый, moist, wet

молоде́ц, lad, young man

моло/до́й, young; **-дость** (*f.*), youth

молоко́: сгущённое —, condensed milk

молото́к, mallet

молча́/ть, to be silent; **—,** silently, in silence; **-ли́во,** silently; **-ли́вый,** quiet; **-ние,** silence

момента́льно, immediately

морга́ть, to blink

мо́р/е, sea, ocean; **за -ем океа́ном,** beyond the seas; **-ско́й,** sea (*adj.*)

морóз, frost, cold

морщи́нка, wrinkle; в -ах, wrinkled; мóрщиться, to wrinkle, frown

Москвá, Moscow

мост, bridge

моти́в, tune

мох, moss

мохнáтый, hairy, shaggy

мочáльный, bast (adj.)

мра/к, gloom, darkness; -чно, -чный, gloomy

мрáморный, marble (adj.)

мýдр/ость (f.), wisdom; -ый, wise; incomprehensible

муж, husband; при -е, when my husband was alive; -ья́, husbands

мужи́/к, peasant, boor; -цкий, peasant (adj.)

мужчи́на, man

мýзыка, music, melody; -нт, musician

мýка, torment, trouble

мунди́р, coat (of uniform)

мýчи/ть, to torment, torture; worry; -ся, to suffer; -тельно и слáдко, with both pain and pleasure; -тельный, tormenting, excruciating

мысл/ь (f.), thought; при -и, at the thought; -енно, mentally, in one's mind; -ить, to think

мыть, to wash

мы́шку: под —, under one's arm

мя́гкий, soft, mild, gentle

мя́тн/ый, mint (adj.); -ая лепёшка, peppermint

мяч, -ик, ball

Н

набирáться, to gather

наби́ть, to cram full

наблюдáть, to watch, spy

набрáсывать, to throw on; -ся, to throw oneself

набрáть, to gather

наброс/áть, to put things in disorder; -ить, to throw on

навéки, for ever

навёл (навести́), aimed, directed

навéрно, probably; -е, surely, I suppose, most likely

навёртыва/ться: слёзы -лись, tears came

навéрх: подня́ться —, to go upstairs

наврáть, to lie

навсегдá, forever

навстрéчу, toward; to meet

нагáр, candle-snuff

нагнýть, to bend; -ся, to lean

нагóльная шýба, uncovered sheepskin coat

над, over, above

надвигáться, to come near

наде|вá|ть, to put on

надéжда, hope

надéя/ться: всё -лась, I was hoping

на-дня́х, a few days ago

нáдо, -же, one must, it is necessary; нам не —, we don't need it

надоé/дáть, to pester; -сть, to bore; -ла старýха, the old one made me (us) sick and tired

нáдпись (f.), inscription

надýшенный, scented, perfumed

наéлась (наéсться), had eaten

назáд, back, backwards; ... томý —, ... ago

наз|ы|вáть, to call, name; — по фами́лии, to tell the name; -ся, to be called; тóлько называ́ется, ... is only in name

назвáние, name

наи́вный, naïve

202

найдётся (найти́сь), will be found; **най/ди́те (найти́),** find; **-ти́,** to find; **-ду́,** I shall find

наизу́сть, from (by) memory

нака́зыва/ть, to punish; **-емый,** one being punished; **нака́жут,** they will punish

наказа́ние, punishment; **вот — то!** what an infliction!

накану́не, the day (evening) before

наклон/и́ться, to bend down; **-я́ть,** to lean

наконе́ц, finally, at last

налега́ть на вёсла, to work the oars

налете́ть, to bump into

нали́/ть, to pour; **-тый,** filled; **нальёт,** would (will) pour

намекну́ть, to hint

наоборо́т, on the contrary

наперёд, forward

написа́/ть, to write; **-нный,** written; **-но,** written; **напишу́,** I shall write

напи́ться пьян, to get drunk

напла́каться, to have a good cry

напо́лн/ить, -я́ть, to fill; **-енный,** filled

напомина́ть, to remind

напра́в/иться, -ля́ться, to go toward, set out for, be directed

направле́ни/е, direction; **по -ю,** toward

наприме́р, for instance.

напро́тив, opposite; on the contrary

напряга́ть, to strain

нарва́ть, to pick

наро́д, people; **-ный,** the people's

нару́жный, outer

наруш/а́ть, to disturb, break; **-ено,** disturbed

наря́дный, smart-looking, well fit up

на́скоро, quickly

наслажд/е́ние, pleasure; **-а́ться,** to enjoy

наста́ивать, to insist

насто́льный, table (adj.)

настоя́щ/ее, real; the present; **-ий,** real, first rate, true, genuine

настрое́ние, mood

наступ/а́ть, to come, let in; begin; step on; **-и́ть,** to reign

насчёт, as concerns, as regards, about

нато́пленный, intensely heated

нату́ра, character; **-льный,** genuine

натяну́ть, to draw on

нау́|ка, science; **-чи́ться,** to learn

наха́л, insolent fellow

нахму́риться, to frown

находи́ть, -ся, to find; to be

нача́ло, beginning

нача́льство, (chief) authorities

нач|ин|а́ть, -ся, to begin, start; **начнёт,** will (would) begin

наш/ёл, -ла́, ли́, found

не́б/о, sky; **-е́сный,** heavenly

небольшо́й, small

небо́сь, surely

небре́жно, indifferently

нева́жно, unimportant

неве́домый, unknown

неве́жа, rude fellow; **неве́жда,** ignoramus

невероя́тный, incredible

неве́ста, fiancée

невзра́чный, homely

неви́данный, unseen, unusual

невозмо́жно, impossible

невыноси́м/ый, unbearable; **-о,** unbearable

невысо́кий, low

него́дность, (f.) unfitness

негр, Negro; -итя́нка, Negress
негра́мотный, illiterate
негро́мко, quietly
неда́вно, a while ago, recently
недалеко́, nearby, not far; — от, close to
неда́ром, not in vain
неде́л/я, week; на э́той -e, this week; на про́шлой -e, last week; че́рез -ю, in a week
недово́льный, vexed
недоуме́ние, perplexity
неду́рно, not bad; not a bad idea
неесте́ственный, artificial, unnatural
не́жн/ость (f.), tenderness, affection; -ый, tender, gentle, affectionate; -о-де́тский, tender as a child's.
незамени́мый, irreplaceable
незаме́/тно, unnoticed, inconspicuously, without being conscious of it; -ченный, unnoticed
не́зачем, there is no sense (in)
незнако́мый, unacquainted
неизве́стно, unknown
не́когда: нам —, we have no time
не́котор/ое, some; -ые, some, a few
некраси́вый, homely
не́ктар, nectar
нельзя́, no; one can not, impossible
нем (немо́й), mute, silent
неме́дленно, immediately
немига́ющий, unblinking
немно́го, немно́жко, a little; a while; ещё —, a little more, longer
немолодо́й, middle-aged
ненави́деть, to hate
ненадо́лго, for a short while

необходи́м/ый, indispensable; -о, we must
необъясни́мый, unexplainable
необыкнове́нный, unusual
неодобри́тельно, disapprovingly
неожи́данный, unexpected
неосуществи́мый, that cannot be realized
неохо́тно, unwillingly
неплохо́й, not bad
неповоро́тливый, clumsy
неподви́жный, motionless
непоня́тн/ый, unintelligible; inconceivable; -о, unintelligibly
непоправи́мо, cannot be helped
непоси́льный, beyond one's strength, too heavy
непохо́жий, unlike
непра́вда, untruth
непреме́нно, without fail
непреры́вно, continually
неприли́чно, improper, unbecoming
неприя́тный, unpleasant
нера́вно, unevenly
нерв, nerve
нереши́тельно, timidly, undecidely, hesitatingly
несвя́зно, incoherently
не́сколько, several, a few; somewhat; — раз, several times; — пе́рвых дней, for the first few days
несло́жный, simple
неслы́шный, inaudible
несправедли́вый, unjust, unfair
нес/ти́, to carry; нёс, carried; -ёт, carries; -у́т, carry; -ший, carrying
несча́ст/ье, unhappiness, misfortune; -ный, unhappy
нет, no, not, no more; -ли, if there were

неуда́ча, failure
неудо́б/но, it is unpleasant;
-ство, inconvenience, discomfort
неуже́ли, it is impossible
нехоро́ш/ий, unpleasant; -ó, not right
нечáянно, accidentally, unwittingly
не́что, something
нигде́, nowhere
ни́зенький, low
никакóй, none whatsoever
никогдá, never
никтó, none, nobody
нискóлько, not in the least
ни́тки, thread
ничегó, nothing; anything; it's all right; it's nothing; it does not matter, do not worry; — так, no, nothing; — не дал мне, was of no use to me
ничтó, nothing
новогóдний, New Year's time (adj.)
новосе́лье, housewarming; устрóить —, arrange a housewarming party
нóвость (f.), news
нóвы/й, new; всё -е и -е, more and more; -е́йший, newest
ног/á, leg, foot; под -áми, underfoot; у —, at the feet; с головы́ до —, from head to toe
нож, knife
нóжка (dim. of ногá), foot
нóмер, number; room (hotel)
нормáльный, normal
нос, nose
носи́ть, to bear
носки́, socks
ночле́г: бли́зко —, soon we can stop for the night

ночь (f.), night; нá —, for the night; -ю, during the night, at night; как -ю, like at night; по ночáм, at night; ночнóй, night (adj.)
нóша, burden
ноше́ние (noun), wearing
нрáвиться, to please; нрáвится, pleases; он мне —, I like him; как вам — ...? how do you like . . .?
ну, well, now, just, then; — вóт, it's done; — чтó же, well; — -ка, now just; — -ка, попрóбуйте, just try; — -ко, come
нуждá, need
ну́жно, one must, necessary; — бы́ло бы, one should, could; мне —, I need, сáмое -е, most necessary
ны́нче, nowadays
ныть, to ache
нью-йóркцы, New Yorkers; -йóркский, New York (adj.)
ню́хать, to sniff

О

об/о, about
óба, óбе, both
обвёрнутый, wrapped
обви́ть, to entwine
обду́мать, to consider
обе́д, dinner; к -у, for dinner; за -ом, at dinner; -ать, to eat (dine)
обе́дня, mass
оберну́ться, to look around
обёртка, wrapper
обещá/ть, to promise; -нный, promised
оби́д/а, insult; -еться, to feel hurt
обиж/áться, to feel hurt; -енный, -ен, hurt, offended; -енно, in an offended voice

обильный, abundant
обитатель, resident, inhabitant
облепленный (облепить),
    covered
облизывать, to lick
облить, to make wet
обман, delusion, deception;
    -уть, -ывать, to deceive
обмахиваться, to fan oneself
обменяться, to exchange
обнимать, обня/ть, to hug;
    -вшись, arms around each
    other's waist; -лись бы, would
    embrace each other
ободрение, encouragement
ободрять, to encourage
обожгло (обжечь), had been
    burned
обоих, both
оборачиваться, to turn around
оборваться, to stop short, be
    interrupted
оборот, about-face
обрад/оваться, to be happy,
    overjoyed; -уется, -уются,
    would (will) rejoice, be happy
образ, image; главным, -ом,
    for the most part
образование: высшее —,
    higher education
обра/титься, -щаться, to turn
    to, address
обратно: пошла —, returned
обрушить, to bring down
    upon
обрыв, precipice, cliff
обрывок, scrap
обстановка, setting
обтирать, to wipe off
обхватить, to embrace
обход, rounds; -ить, to go
    around; далеко -ил, made a
    long detour
обшарить, to search, feel
общежитие, dormitory

объявить, to declare
объясн/ение, caption, descrip-
    tion; -ить, to explain
обыкновени/е: против -я, con-
    trary to custom
обычай, custom
обычн/ый, usual, habitual; -о,
    usually
обяза/нность (f.), duty; -нный,
    obligated; -тельно, certainly,
    without fail
овёс, oats
огарки, candle stumps
оглядеть, to look around, give
    the " once over "; -ся, to
    look around; -ся по сторо-
    нам, to look from side to side;
    оглядывать, to look over;
    -ся, to look about, back,
    around; оглянуться, to
    glance
оголённый, stripped
огонь (m.), fire, light; огней
    (gen. pl. of огонь), light;
    -ки, tiny lights; огненно-
    красные, fiery-red
огород, garden (vegetable)
огорчение, disappointment
ограничиться, to be confined to
огромный, large, huge, enormous
одеваться, to dress
одежда, clothes
оде/ть, to dress; envelop;
    -ваться, to dress
одеяло, blanket
один, one, alone, a certain,
    a single
одинаковый, the same
одиннадцать, eleven
одино/кий, alone, lonely, only;
    -чество, loneliness
однажды, once, one time, one
    day
однако, however
одни, alone, only

206

однообра́зие, monotony
одноэта́жный, one-storey
одоле́ть, to master
ожив/лённо, brightly, lively, with animation; -ля́ться, to become animated
ожида́ть, to expect, await
озабо́ченно, anxiously
озари́ть, to lighten, brighten
о́зеро, lake
оказа́ться, to turn out to be; to be found
окла́д, salary
окн/о́, window; у -а́, near the window; -а на во́лю откро́ют, the windows are thrown open
о́коло, near, around, about
оконча́тельно, completely, definitely
око́шечко, little window, (ticket) window
окруж/а́ть, to surround; -е́ние, encirclement
омы́ть, to wash off
опа́сн/ый, dangerous; -ость (f.), danger
опера́ци/я: ему́ сде́лают -ю, they will operate on him
описа́ть, to describe
опозда́ть, to be late
опо́мниться, to collect oneself
опо́ра, support
опоя́сывать, to bind, encircle
опра́виться, to recover, get well
опроки́/дываться, to fall over; -нуть, to make fall
опус/ка́ться, to descend; -ти́ть, to lower; -ти́ться, to sink, fall
о́пытный, experienced
опя́ть, again; пото́м —, then again
ориенти́роваться, find one's way around
освеща́ть, to light up
осени́ть, to envelop, embrace
о́сен/ь (f.), fall, autumn; -ний, autumnal
оска́ливать зу́бы, to bare one's teeth
ослепи́ть, to blind
осли́ный, asinine, of an ass
осмотре́ть, to examine
осо́бенн/ый, special, peculiar; -о, especially, particularly; что́ тут -ого, what is there so important?
оста/ва́ться, to remain; — в шля́пах, to keep hats on; — „в дурака́х", to be the fool (in a game of cards); -ётся то́лько, it is only necessary; -нется, would (will) remain; -нусь, shall remain; stay; -ньтесь, -ю́тся, remain
оста́в/ить, -ля́ть, to leave; keep; -лено, left; э́то уж -ьте, you rather stop that
остальн/о́е, the rest; -о́й, the remaining; -ы́е, the others; оста́лось, remained, survived
остан/а́вливаться, -ови́ть, -ови́ться, to stop
остолбене́ть, to become petrified
осторо́жн/ый, cautious; -о, carefully, discreetly, warily
о́стров, island
о́стрый, sharp, pungent
осуждён, destined
осуществи́ться, to be realized
от, from, away from, because of, by
отбо́рный, the very best
отверну́ть, -ся, to turn away
отве́рстие, opening
отве́т, answer; -ить, to answer, reply; ничего́ не -ил, did not answer; отвеча́ть, to answer
отве́тственный, responsible, important
отводи́ть, to lead
отвори́ть, to open

отдава́ть, to give, return, hand to; send; -ся, to give oneself over to
отдалённый, distant
отде́л, department; как у нас в -е? how are things in our department?
отде́латься, to get rid
отдел/я́ть, to separate; -ьный, separate
отдёрнуть, to withdraw
отдохн/у́ть, to rest; -и́те, rest up
о́тдых, rest; -а́ть, to rest
отдыша́ться, to regain one's breath
оте́ль (*m*.), hotel
отка́/зываться, to refuse; -жется, would (will) reject
отки́нутый, open
открове́нн/о, frankly; -ый, frank
откры́тие, discovery
откры́тка, postcard
откры́/ть, to open; find out; -ва́ться, -ся, come into view; откро́/й, open, -ем, we shall open; откры́тый, open, revealed
отку́да, where from
отлега́ть от . . ., to ease off, leave
отлива́ть руби́новым цве́том, to radiate a (the) ruby hue
отли́чн/ый, excellent, splendid; -о, well, fine
отложи́ть, to lay aside
отме́рить, to fix, determine
отмета́ть, to sweep away, brush off
отнёс (отнести́), carried, took
отнима́ть, to take away
относ/и́ться: они́ -ятся ко мне хорошо́, they are friendly toward me
отноше́ние, attitude

отобра́ть, to take back (away)
ото/йти́, to move away; -шёл, walked (went) away
отопри́ (отпере́ть), unlock (the door)
оторва́ть от, to snatch from
о́тпер (отпере́ть), opened; -е́ть, to unlock
отползти́, to crawl away
отпра́в/ить, to send; -ля́ться, to go, set out
о́тпус/к, leave; -ти́ть, to dismiss
отры́вок, selection, excerpt
отста́/ть, to lag behind; часы́ -ю́т, the watch loses, is slow
отстрани́ться, to move away
отступи́ть, to recede
отсю́да, from here, there
оттого́, because; — что, because of the fact that
оттопы́ри|ва|ть, to project, stick out
отту́да, from (out of) there, from it
отходи́ть, to walk (move) away from
отча́сти, partially
отча́яние: приходи́ть в —, to become discouraged
отчего́? why? what of? in consequence of which . . .
отшатну́ться, to recoil
оты́ск|ив|а́ть, to find, seek out
отъезжа́ть, to move on
офице́р, officer; -ский, officer's
о́хать, to moan, groan
охва́тывать, to seize
охо́тник, hunter; — до, lover of
оцени́ть, to appreciate
очарова́тельный, charming
очеви́дно, apparently
о́чередь (*f*.), turn
о́ч/и, eyes; повести́ -а́ми, to gaze around; сверка́ть -а́ми, one's eyes flash fire

очи́щенный, cleared
очки́, spectacles, glasses
очути́ться, to appear suddenly; find oneself
ошиби́ться, to make a mistake; — две́рью, to go to the wrong door
оши́бка, mistake

П

па́дать, to fall
паде́ние, falling, fall, descent
па́зуха: из-за па́зухи, from under his shirt
паке́т, package
пал (пасть), fell
пала́та, ward, hall
па́лец, па́льцы, finger(s); па́льцем, with one's finger
па́лка, cudgel, stick
па́мять, memory; на —, by heart, from memory; as a souvenir
па́п/а, -а́ша, father; -ин, father's, papa's
папиро́са, cigarette
па́ра, couple; -ми, in couples; па́рочка, two
парово́з, locomotive
парохо́д, steamer
па́рти/я, party, faction; game, match; во вражде́бных -ях, on opposite sides; перешла́ в на́шу -ю, joined our side
пассажи́р, passenger
пасту́х, herdsman; ходи́л в -а́х, worked as a herdsman
па́уза, pause
па́хн/уть, to smell; -ет, smells of, does smell; -ет апте́кой, it smells like a drug store; па́хло, smelled
па́чка, pack, package; — де́нег, roll of bills
пей (пить), drink

пекли́ (печь), baked
пе́на, foam
пе́рвый, first; — раз, first time
перебега́ть, to run across
переби́ть, to interrupt
перебро́сить че́рез . . ., to throw over
перевёртывать, to turn
переве/сти́, to transfer, turn; -ла́ глаза́, turned her eyes; -лся, transferred
переводи́ться, to become extinct
перевяз/а́ть, to dress; tie together; -ка, dressing; -очная, dressing room (hospital)
перегляну́ться, to look (glance) at each other
перегну́ться, to bend
пе́ред, in front of, before; — собо́ю, before him (her); -о мной, ahead of me
переда́ть, to deliver, give, hand; to describe, depict; -ся, to be communicated
передвига́ть, to move
пере́дняя, anteroom, hall
перее́хать, to move
пережи́ть, to endure, live through
пере/йти́, to pass, cross; -шёл, passed, crossed; -шла́ в на́шу па́ртию, joined our side; -шли́, moved to
перека́тывать, to roll (about)
переки́нуть, to throw over; — за плечо́, to toss over one's shoulder
перекрести́ться, to cross oneself
перелива́ться, to play
переме́н/а, change; -и́ть, -я́ться, to be changed
перенима́ть, to learn
переночу́йте (переночева́ть), spend the night
перепи́ска, correspondence

перепо́лненный, overflowing
перепу́тать, to confuse
пересека́ть, to cross, intersect
пересели́ться, to be transferred
переси́лить, to overcome
переска́зывать, to relate
пересла́ть, to send
переста|ва́|ть, to stop, cease
переста́вить, to move
пересыпа́ть с руки́ на́ руку, to pour from hand to hand
перетасова́ть, to shuffle
переу́лок, alley
переутомля́ться, to overwork
перо́, feather, pen; пёрышко, feather; пе́рья, feathers
перро́н, platform
перча́тка, glove
пе́сня, song
пёстрый, bright, motley
песча́ный, sandy
петь, to sing
печа́ль (*f.*), sorrow; -ный, mournful, sad
печа́тный, printed
печёный (печь), baked
пе́ч/ка, печь (*f.*), stove; у -ки, near the stove
пешехо́д, pedestrian
пи́во, beer
пиджа́к, coat
пи́ки (*f. plur.*), spades
пиро́г, pie, cake
писа́ть, to write
письмо́, letter; сел за —, sat down to write a letter; пи́сем, letters
пить, to drink; попроси́ть — to ask for a drink; захоте́л —? you are thirsty?
пихну́ть, to poke
пи́ш/ешь (писа́ть), you are writing; -ет, is writing; -и, write; -у, am writing; -ется, is spelled

пи́ща, food
пища́ть, to squeak
пла́вать, to swim
пла́вно, smoothly
пла́кать, to cry, weep
пласт, layer
плати́ть, to pay
плато́к, kerchief (hand)
пла́тье, dress, clothes; быть в бе́лом —, to wear a white dress
плач, crying; -ут, cry
плева́ть, to spit; — на, not to give a hang
племя́нни/к, nephew; -ца, niece
плетёт (плести́), braids; — вено́к, makes a wreathe
плеч/о́, shoulder; че́рез —, over the shoulder, across the back; -и, shoulders; пожа́ть -а́ми, to shrug one's shoulders
пли́тка, bar (chocolate)
пло́тн/ый, dense, thick; -ее, more tightly
плохо́/й, bad, wretched; -о, badly
площа́дка, playground; кроке́тная —, croquet grounds
пло́щадь (*f.*), square (*village, town . . .*)
плуг, plough
плыть, to sail, float
пляж, beach
по, through, along, from, via; according to
по-ва́шему, you think
по-неме́цки, German; по-францу́зски, French
поба́ловать, to fondle
побе́г, desertion
побе́/да, victory; -дитель, conqueror; -ди́ть, -жда́ть, to conquer, win
побежа́ть, to run

побесе́довать, to talk
поби́ть, to beat up
поблагодари́ть, to thank
побледне́ть, to turn pale
побли́же, nearer, closer
побрёл (побрести́), went
поброса́ть, to throw
повели́тельно, commandingly
пове́рить, to believe, trust, heed
повер/ну́ть, -ся, to turn; -ни́сь, turn around
пове́рх, over; -ность (f.), surface
по́весть (f.), tale
повида́ть, to see
пови́димому, obviously
повора́чивать, to turn
поворо́т, bend
повтор/и́ть, —я́ть, to repeat
повя́зка, bandage
пога́снуть, to go out, die away
погиб/нуть, to perish; -ший, lost, doomed
погляд/е́ть, to look at; -ывать, to keep looking, to look; погляжу́, I shall take a look
поговори́ть, to talk, converse, have a chat
пого́да, weather
погод/и́ть, to wait a little; немно́го -я́, a little later
погоня́й! whip the horse!
по́греб, cellar
пода|ва́|ть, to hand, give, bring
пода́вленный, crushed
пода́льше, away
подар/и́ть, to give (make) a present; -ок, -очек, present
подбежа́ть, to run up to
подбодри́ть, to stimulate
подборо́док, chin
подбра́сывать, to toss up
подвезём (подвезти́), will drive
подвёл (подвести́), led up to
подверну́ть, to tuck up

по́двиг, exploit
подви/га́ться, to draw near; -ну́ться, to move
подвози́ть, to drive, take
подгото́вить, to prepare
подели́ться, to share
поджима́ть, to tuck
подко́шенный, cut from under, mowed down
по́дле, beside, near by, next to
подлива́ть, to pour, add
подмета́ть, to sweep
подмеша́ть, to mix
подми́гивать, to wink
поднима́ть, подня́ть, to raise, lift, pick up; -ся, to go (get) up, ascend, rise
подо́бно/е, similar; ничего́ -го! nothing of the kind!
подожда́ть, to wait
подозри́тельный, suspicious
подой/ти́, to come up, approach; -дёт, will walk up to
подоко́нник, window sill
подош/ёл, -ла́, -ли́ (подойти́), came near, walked up to, went to
подпа́сок, herdsman's assistant
по́дпись (f.), signature
подползти́, to crawl to
подполко́вник, lieutenant colonel
подрасту́т, would (will) grow up
подро́бн/о, at length; -ый, detailed
подру́га, girl-friend
подсве́чник, candlestick
подсе́ла (подсе́сть) к, sat down beside
подсу́нуть, to dig (bury) beneath
поду́ма/ть, to think; и не -ла! not at all
поду́шка, pillow

подходи́ть, to come near, approach, walk up to
подъе́з/д, entrance; -жа́ть, to drive up
по́езд, train; -ка, trip
поёт (петь), sings
пое́/хать, to drive, start out, go; -зжа́й, go on
пожале́ть, to take pity, have mercy; to regret, be sorry
пожа́луй, all right, if you wish, perhaps, probably
пожа́луйста, please
пожа́р, fire; -ный брандме́йстер, the head of the fire department
пожи/вёшь (пожи́ть), you will live; -ло́й, older man
пожима́ть, to press
пожи́ть (жить), to live
поза́втракать, to eat breakfast
позади́, behind
позва́ть, to call, invite
позво́л/ить, to allow; -ьте, tell me; but, please
позвони́ть, to ring the bell, call
по́здно, late; бы́ло —, was (too) late
поздоро́ваться, to greet
поздрав/ля́ть, -ить, to congratulate
познако́миться, to become acquainted, meet
позна́ть, to experience
позо́р, disgrace
поигра́ть, to play for a while; — в ка́рты, to play cards
пойма́ть, to catch
пойму́ (поня́ть), I will understand
пой/ти́, to go; -дём, let's go; что же вы -дёте? why should you go? -ди́, go; -ду́, am going, I'll go

поищу́ сейча́с, I am going to look for it
пока́, till, until, in the meantime, while, while waiting
пока́з|ыв|а́ть, to show, reveal; -ся, to appear, seem; покажу́, will show
пока́чиваться, to stagger
поки/да́ть, -нуть, to leave, abandon
покло́н, greeting
поко́й, peace of mind
поко́й/ник, deceased; -ный, late . . .
покормлю́ (покорми́ть), I shall give you something to eat
покрасне́ть, to blush, flush
покры/ва́ть, to cover; -ться, to become covered
покуп/а́ть, to buy, get; -а́лся, was to be purchased; -а́тель (m.), customer
поку́пка, purchase
покури́ть, to smoke
пол, floor
полго́да, half-year
по́ле, field; ей далеко́ ви́дно в —, she can see far into the fields; над -м, over the field
поле́зный, useful
полёт, flight
по́лзать, to crawl
по́лк/а, shelf; к -е, toward the shelf
полкило́, half-kilogram
полко́в/ник, colonel; -о́й, regimental
полмину́ты, half-minute
по́лн/ый, -о, full, complete
положе́ние, position, attitude, situation
положи́ть, to put, lay, put away
полос/а́, streak; -ка, small stripe
полтора́, one and one-half; — часа́, one hour and a half

полуоткры́тый, half-open
полус/о́н: в -не́, half asleep
получи́ть, to receive; -ся, to be received; come out
полчаса́, half-hour; — наза́д, half an hour ago
по́льзоваться, to take advantage of
по́лька, polka
польсти́ться, to be tempted
поменя́ть, to exchange
поме́ркнуть, to grow dim
помести́ть, to accommodate
помеща́ться, to be located
поме́щик, landowner
по́м/нить, to remember; -ню, I remember
помога́ть, to help
помолча́ть, to remain silent for a time
помо́/чь, to help; -щник, assistant
помрём (помере́ть), we shall die
помча́ться, to race, rush
понёс (понести́), carried, took
пони́же, somewhat lower
пони́зить, to lower
понима́ть, поня́т/ь, to understand, realize; -но, naturally, of course; -ный, intelligible
понра́ви/ться, to please, be pleased; -лось? did you like it?
поню́ха/ть, -ет табаку́, would take a pinch of snuff
пообе́дать, to dine, eat
попа́сться, to get caught
попра́вить, to adjust, correct
попре́жнему, as before
попро́б/овать, to try; ну́-ка -уйте, just try
попро/си́ть, to ask; -ша́йка, beggar
пор/а́, time; до сих —, still; с тех —, since then; до тех — пока́, until; мне -а́, I must go

поравня́ться, to come up beside
порази́т/ь, to strike, impress; -ельный, striking; о́ба поражены́, both are surprised
порва́ть, to rip, tear, break
поро́г, threshold
поро́да, race
по́ртить, to ruin
портре́т, portrait, picture
портсига́р, cigarette (cigar) case
портупе́я, sword-belt
портфе́ль (m.), brief case
портье́, desk clerk
по́ручень (m.), handrail
поручи́к, lieutenant
поря́док, order
поса/ди́ть, to seat; -жен, put, placed; -женный, planted; -жу́, shall plant
поса́дка, landing
посети́тель, visitor, caller
посиде́ть, to sit for awhile
поскака́ть, to skip
посла́ть, to send
по́сле, after, afterward, later
после́дний, last, the newest
после́довать, to follow
послеза́втра, the day after tomorrow
посло́вица, saying
послу́ша/ть, to listen; -йте! look here!
послу́шно, obediently
послы́ша/ться, to be heard; -лось, was heard; мне —, I thought I heard
посме́ть, to dare
посмотре́ть, to see, look; ещё —, to look once more
по́сох, staff
поспа́ть, to sleep awhile
поспе́шно, quickly; -сть (f.): с -ю, with haste
посреди́, between, in the middle; -не, in the center

поссо́риться, to quarrel
поста́вить, to put, place, apply, set up
постара́ться, to endeavor, make an effort
постаре́ть, to grow old
посте́ль (*f.*), bed
постепе́нно, gradually
постоя́лец (hotel) guest
постоя́нно, continually, constantly
посто/я́ть, to stand; -й, -йте, wait, wait a minute
пострада́ть, to suffer
посту́/кивать, -ча́ть, to knock; to drum
посу́да, chinaware
посы́лка, parcel; продукто́вая —, food package
пот, perspiration
потёмки, darkness; в потьма́х, in the dark
потеря́ть, to lose
потихо́ньку, quietly, furtively
пот/о́к, stream, current; -ече́т, will flow
потоло́к, ceiling
пото́м, then, later, after that
пото́мки, offspring
потому́, therefore; — что, since, because
поторопи́ться, to hurry
потрёпанный, ragged
потруди́ться, to take the trouble
поту́хнуть, to go off
поуч/е́ние, lesson; -йться, to study
похвал/а́, praise; -йть, to say a nice word (about)
похо/ди́ть, to resemble; -ж, like, looks like; на кого́ я -жа! how awful I look! до того́ -же, he imitates so well
похо́дка, pace, gait
по́хороны, funeral

похуде́ть, to grow thin
поцел/ова́ть, to kiss; -у́й, kiss; посла́ть возду́шный -у́й, to throw a kiss
поча́ще: вы бы —, you ought more often
почему́, why; вот —, that's why; -же? and why?
по́черк, handwriting
почерне́вший, darkened
починя́ть, to repair
почита́ть, to read
по́чта, post office
почти́, almost, nearly, hardly
почти́тельный, respectful
почу́вствовать, to feel, sense
почу́ди/ться, to seem; мне -лось, it seemed to me
почу́ять, to sense
пош/ёл, -ла́ (пойти́), walked, started walking, went, played (a card); -ли́ бы, would go
пошепта́ться, to whisper
пошлёт (посла́ть), would (will) send
поэ́зия, poetry
пою́т (петь), sing
появ/и́ться, -ля́ться, to appear
по́яс, belt; оголённый по —, stripped to the waist
прав, right; -о, truly, surely, honestly, really; I assure you, I am sure
пра́вд/а, truth, a fact, reality; не — ли, is it not so? -и́во, truthfully
пра́вило, rule
пра́вильн/ый, the right one; well regulated; -о, correctly, properly, soundly, that's right
пра́здн/ик, holiday, birthday; -ичный, festive; -овать, to celebrate
прах, dust
пред, -о, before
предвкуша́ть, to look forward to

214

предлага́ть, to offer
предло́/г: под -гом, on the pretext; -жи́ть, to suggest
предме́т, object
предохраня́ть, to protect
предпочита́ть, to prefer
председа́тель (m.), president (at a kolkhoz)
предста́в/ить, to introduce; — себе́, to see in one's imagination; -ля́ть, to be, imagine, present, think
предстоя́ло, it was necessary
предупреди́ть, to warn
предчу́вствие, forefeeling
пре́жде, before; — всего́, first of all
пре́жний, former, same as before
презре́ние, contempt
прекра́сн/ый, beautiful, grandiose; -о, fine, excellent, very well
прекрати́ться, to cease
пре́лест/ь (f.), delight; -ный, charming, ravishing
преподава́ть, to teach
прерыва́ть, to interrupt
преступле́ние, crime
при, with; — э́том, while doing so
прибе/га́ть, -жа́ть, to come running
прибира́ть, to clean
прибли/жа́ть, to move toward; -ся, -зиться, to approach, draw near, move forward
привезти́, to bring
приве́т, greetings; -ливо, affably
привлёк (привле́чь), drew
прив/оди́ть, to lead; -еди́те, bring
привста́ть, to raise oneself up (a little)
привы́/кнуть, to become accustomed; по -чке, from habit; -чный, habitual

привяза́ть, to attach (tie on)
приглаша́ть, to invite
приготов́/ить, to prepare, do, make ready, fix; -ле́ние, preparedness
пригрози́ть, to threaten
приде́рживать, to press
придётся (притти́сь), I shall have to
приду́мать, to think up (of); find
прие́/хать, to arrive; -дет, will come; -зд, arrival
прижа́ть, to press; — к, press against; -ся, to cuddle up, press up against
при́знак, sign (indication)
призна́ться, to confess, be frank; make oneself known
при́зрак, phantom
призы́в, call
прика́з|ыв|а́ть, to order, tell
прикла́дывать, to press
приключе́ние, adventure
прикова́ть, to fasten
прикосн/ове́ние, contact; -у́ться, to touch, kiss (with a light touch)
прикры́ть, to cover up
прила́вок, counter
приласка́ть, to show affection
прил/егла́ (приле́чь), took a nap; -я́гте, lie down
приле́жно, diligently
прилете́ть, to arrive (by plane)
прильну́ть, to cling to
приме́р, example
приме́р/ивать, -я́ть, to try on
примкну́ть, to join
принадлежа́ть, to belong to
прин/ести́, -оси́ть, to carry, bring; -нёс, brought
прини́кнуть, to stoop over
принима́ть, приня́ть, to receive; assume; — за, to take for; -ся, to begin, start, set about

принц, prince; -есса, princess
приотвори́ть, to open (a little)
припа́рка, poultice
припа́сть лицо́м, to press one's
   face to
приподня́ть, to lift, raise a
   little; -ся, to arise
припуска́ть огня́ в ла́мпе, to
   turn up a lamp
приро́да, nature
прирождённый, by birth
присе́ла (присе́сть), sat down;
   прися́д/ет, -у, would (will)
   sit down
присла́ть, to send
прислони́/ться, to lean against;
   -лся лбом к стеклу́, leaned his
   forehead against the glass
прислу́га, maid
прислу́ш|ив|аться, to eaves-
   drop; listen closely
присма́триваться, to watch
при́стально, fixedly
прису́тствие, presence
присы́панный, covered
притворя́ться, to pretend
прити́хнуть, to quiet down
прито́м, besides
притоми́ться, to become exhausted
притро́нуться, to touch
при/тти́, to come; -дём, -ду́,
   would (will) come
притя́гивать, to attract
приходи́ть, to come; -ся: -лось
   тру́дно, it was hard
причеса́ть, to comb
причи́на, reason, cause
приш/ёл, -ла́ (притти́), came,
   has come; раз вы са́ми -ли,
   since you came to me (without
   my asking you)
пришло́сь (прийти́сь), I had
   to, it was necessary
прищу́ривать глаза́, to screw up

one's eyes
прию́т, hospitality; -и́ть, to give
   shelter
прия́тель (*m.*), friend
прия́тн/о, pleasant; palatable
пробира́ться, to steal one's
   way; — бо́ком, to move side-
   ways
проби́ть, to strike
про́бовать, to taste
пробормота́ть, to mumble
проверя́ть, to check (ascertain)
пров/ести́, -оди́ть, -ожа́ть, to
   spend, follow, accompany, see
   off; -одни́к, conductor
прово́рно, hastily
проворча́ть, to mutter
проговори́ть, to utter, say
прогу́лка, walk, ride
прода|ва́|ть, to sell; и — не
   хоте́ли, didn't even wish to
   sell
продолжа́ть, to continue, keep
   up
проезжа́й! move on!
прозвуча́ть, to be heard
прозра́чный, transparent
пройд/ёт, would (will) pass;
   пусть —, let . . . pass; -и́тесь,
   dance; -я́ . . . шаго́в, having
   gone (taken) . . . steps; прош-
   ла́сь, walked up and down
произв/оди́ться, to make, pro-
   duce; -ели́, have made
произн/ести́, -оси́ть, -оси́ться,
   to pronounce, say, utter
прои/сходи́ть, to happen, result;
   -зошло́, had taken place,
   happened
пройти́, to pass, go, tread; -сь,
   to dance
пролежа́ть, to lie
пролётка, (light) carriage
проло́г, prologue
промо́лвить, to utter

промолча́ть, to keep silent
пронзи́ть, to pierce, affect
пропа́/сть, to be lost, disappear;
чтоб ты -л! the devil take you!
пропус/ка́ть, -ти́ть, to let in;
to sip
прорва́ться, to break out
проси́ть, to ask, beg, invite,
request
просну́ться, to wake up
просо́хнуть, to get dry
прости́ть, to forgive; -ся, to
take leave
про́сто, merely, simply; – так,
so naïvely; -й, common,
simple; -та́, simplicity
простона́ть, to utter a moan; to
sound
просто́рный, spacious
простоя́ть, to stand
простра́нство, space, expanse
просу́нуть, to shove through
просчита́ть, to count
просыпа́ться, to wake up
про́сьб/а, request; по́сле до́л-
гих —, after repeated requests
про́тив, opposite; -ник, oppon-
ent; -ный, disgusting;
naughty
протира́ть, to wipe; -ся, to be worn
проти́скиваться, to force one's
way
протя/ну́ть, -гивать, to extend,
stick out; — ру́ку, to offer
one's hand; -ся, to stretch out
прохво́ст, scoundrel
прохла́да, coolness
прохо/ди́ть, to pass, walk on by;
— ми́мо, to walk past; -жий,
passer-by
прочёсть, to read
про́чи/е, all the others; -й,
other, remaining
прочит/а́ть, to read; -ываться,
to be read

про́чный, fast
прочь, away
прошёл (пройти́), went, walked
by (through)
прошепта́ть, to whisper
прошипе́ть, to hiss
прошл/о́, passed; -ое, past; дале́-
кое -е, the distant past; -ый,
last
проща́/й, -те, good-bye; -ться,
to tell good-bye; -ние, farewell; на -ние, at parting
проща́ть, to forgive
проясня́ться, to brighten
пры́гать, to jump
прям/о́й, straight; -о, straight,
upright, directly
пря́нуть, to spring
пря́та/ть, to hide, conceal, put
away; -лись, were hidden;
пря́чет, hides, puts
пти́/ца, -чка, bird; -чкин, the
birdie's
пу́блика, people
пу́др/еница, powder box; -ить-
ся, to powder oneself
пузы́р/ь (m.), bubble; пуска́ть
-й, to blow bubbles
пунцо́вый, crimson
пуска́ть, пусти́ть, to let; let go;
пусти́те меня́, leave me alone
пусто́й, empty
пусты́н/я, desert; -ный, desert
(adj.)
пусть, let; — же, let (then)
пустя́к, bagatelle, trifle; на -и
броса́ть, to waste
пу́тать, to confuse
путь (m.), road, way; term of
existence
пу́хлый, puffy
пуши́стый, fluffy
пу́шк/а, (mounted) gun; как
из -и, in no time
пы́льный, dusty

пыта́ться, to attempt, try
пье́са, play
пьёт, пьют (пить), drink
пья́н/ица, drunkard; -ый, in-
toxicated, drunk
пятна́дцать, fifteen
пятн/о́, spot, stain; весь в -ах,
all spotted
пя́тый час, between four and
five o'clock
пять, five; -деся́т, fifty; -со́т,
five hundred

Р

рабо́т/ать, to work, function;
-а, work, labor; дома́шняя
-ница, domestic servant
равно́: всё —, anyway, all the
same; мне всё —, I don't care
равноду́шие, indifference
рад, -а, -ы, glad, pleased;
и сама́ не -а, now I am sorry
ра́ди, for the sake of
ра́доваться, to rejoice, be happy
about
ра́дост/ный, joyfull, gay; -ь (f.),
joy, happiness; с -ью, joyfully
раз, once; —, друго́й, once,
twice; еще́ —, once more;
как — как, just like; мно́го —
often; не́сколько —, several
times; в пе́рвый —, for the
first time; в после́дний —,
for the last time; про́шлый —,
last time; ско́лько —, how
many times; со́тый —, for the
hundredth time; э́то —, that's
one reason
разби́|ва́|ть, to break, smash;
-ся, to break, be killed; -тый,
wounded
разбира́ть, to unpack
разброса́ть, to scatter
разбу/ди́ть, to wake up, awaken;
-жу́, will awaken

развали́ться в куски́, to fall to
pieces
ра́зве, unless; do you think;
should I (we) . . .? — не́ был,
was (did) he not
развлека́ться, to have a good
time
разгля́дывать, to examine, look
intently
разгов/о́р, conversation; по́сле
до́лгих -ов, after much talk;
-а́ривать, to converse, talk;
-ори́ться, to converse
разда́|ва́|ться, to ring, resound,
be heard
раздвига́ть, to open up
разде́|ва́|ться, to undress
раздели́ть, to share
разде́льно, distinctly
раздражённо, angrily
разду́м/ывать, to wonder; -ать,
to change one's mind
разлива́ть, to pour
различа́ть, to distinguish
разма́хивать рука́ми, to gesticulate
разма́шисто, with a swinging
movement
разнообра́зный, varied
ра́зный, different, varied,
various
разозли́ть, to enrage
разойти́сь, to part, separate
разостла́ть, to spread, put
разочарова́ние, disappointment
разража́ться, to burst out
разраста́ться, to grow, develop
разреш/а́ть, -и́ть, to allow;
-е́ние, permission
разры́в, blast, burst, explosion
разуме́ется, of course
разучи́ться, to forget how
рай, paradise
райо́н, place (area, district)

рам/а, frame; зимние -ы, storm windows
ран/а, wound; -еный, wounded
ран/о, early; -ему, it's too early for him; -ний, early; -ьше, earlier, before; at first; in the past; как -ьше, as before
раскачивать, to swing
раскры/ваться, to open; -тый, open, opened
раскупорить, to open, uncork
распечат|ыв|ать, to open
расплакаться, to burst into tears
распознать, to diagnose
расположен, disposed
рассвет, dawn
рассердить, to make angry; -ся, to get angry
рассеянный, scatterbrain; dreamy
рассказ, story; -чик, narrator
расска/зывать, to relate, tell; -жу, shall tell
расслышать, to hear
рассм/атривать, -отреть, to look, examine; get a view
рассмеяться, to laugh, burst into laughter
рассмотреть, to get a view
расспрашивать, to question
расставить, to put; — ноги, to spread one's legs
расстроиться, to break up
рассуждать, to argue
растерянн/о, distractedly; -ый, distraught
раст/и, to grow, shoot up; -ёт, grows
растирать, to rub, grind
растительность (f.), vegetation
растопленный, melted
растроганный, deeply moved
расходиться, to move away, depart, part
расчётливый, thrifty

ребёнок, child
рёв, roar
реверанс: сделать —, to make a curtsy
ревно/вать, to be jealous; -сть (f.), jealousy; ревнивый, jealous
реже, less often
резать, to cut
резиновый, rubber (adj.)
река, river
ресница, eyelash
рецепт, recipe
речь (f.), speech, chatter; зашла —, the subject came up; о которой идёт —, which interests us
реш/ать, -ить, -иться, to decide; -ающий, decisive; -ение, decision; приходить к -ению, to decide
рисовать, to picture, draw
рифма, rhyme
робк/ий, timid, faint; -о, timidly
ровный, even
род: всякого -а, any kind
родина, birthplace, fatherland
родители, parents
родн/ой, dear; native; -ые, members of the family
родом: быть —, to belong by birth
роется (рыться), rummages
рожден/ие, birth; день -ия, birthday; -ный, born, created
розовый, pink, rosy, rose (adj.)
роковой, fateful
роман, novel; -тический, -тич-но, romantic
романс, ballad
ронять, to drop
роскошь (f.), luxury; splendor
рост, size; низкого -а, short
рот, mouth
рояль (m.), piano

руба́шка, shirt
руби́новый, ruby (*adj.*)
рубль (*m.*), rouble
ру́га/нь (*f.*), abuse; -ть, to scold; -ся, to abuse, swear, call names
ружьё, gun, rifle; держа́ть — к ноге́, at attention; за ру́жья, by the guns
рук/а́, arm, hand; за́ -у, by the hand; махну́ть -о́й, to wave
рука́в, sleeve
румя́н/ец, reddish color; -ый, ruddy, rosy
русло́, riverbed
ру́сский, Russian
рыда́ние, sobbing
рыть, to dig
рю́мка, wine glass, goblet, glassful
ряд, rank, row; двумя́ -а́ми, in two rows; -ом, close-by, alongside, beside, side by side

С

сад, garden; городско́й —, city park
сади́ть, to plant
сади́ться, to sit down; — в каре́ту, to climb into a carriage
са́ло, tallow; свино́е — bacon
салфе́тка, napkin
сам, -а́, -и, him (her, it, them) self
самолёт, airplane
самостоя́тельный, independent; resourceful
самоуби́йство, suicide, self-destruction
са́мый, same, very, most
са́ни, са́нки, sleigh
сапоги́, boots
са́хар, sugar
сби|ва́|ть, to smash; fool (lead astray)

сбира́ть, to gather
сва́дьба, wedding
све́жий, fresh
сверк/а́ть, to sparkle; -ну́ть, to flash
сверну́ть, to turn; -ся, to roll oneself; -ся кольцо́м, to coil
свёрток, package
све́ситься, to hang down
свет, light; society; world; дневно́й —, daylight; лу́нный —, moonlight; смотре́ть на —, to look through; -ло, light, daylight; -лый, light, clear, bright; happy; light-colored; glorious
свети́ла, heavenly bodies
свеч/ка, -а́, candle
свида́ни/е; до -я, good-bye
свисте́ть, to whistle, trill
свобо́д/а, freedom; -ный, free
свой, one's own
сво́йство, peculiarity
свора́чива/ть, to turn aside; -й! get out!
свы́кнуться, to become accustomed to
свя́занный, connected
свяще́нник, priest, chaplain
сгиба́ться, to double up
сгоре́ть, to burn up
сда|ва́|ть, to rent; — экза́мены, to pass an examination
сде́лать, to do, make; -ся, to become
сдержа́ть, to hold back; -ся, to control oneself
себя́: како́й же он из —? how does he look?
сего́дня, today
седо́й, hoary, grey-haired
седо́к, fare, customer
сейча́с, now, right away, at the present moment; soon, immediately

селёдка, herring
семейный, family, domestic
семь, seven; -десят, seventy
семья, family
сени, vestibule
сено, hay
сентябрьский, September (*adj.*)
сердит/о, angrily, sullenly; -ься, to be angry
сердце, heart; — сжималось, the heart ached
серебр/яный, silver (*adj.*), -истый, silvery
серый, grey
серьёзно, seriously, gravely
сестра, sister; — милосердия, nurse
сесть, to sit down; сел, sat down; сел бы, should sit down
сетка, net
сж|им|ать, to weigh upon, press; -ся, to contract
сзади, behind
Сибир/ь (*f.*), Siberia; -ский, Siberian
сигарный, cigar (*adj.*)
сигнал: недавно — был, the whistle just blew
сидение, seat
сидеть, to be seated, sit; alight; вы всё дома сидите, you stay at home
сил/а, force, strength; не под -у, beyond one's strength; -ьно, strongly; violently; vividly; very much; -ьный, powerful; самый -ьный, the strongest
син/ий, blue; -евато-белый, bluish-white
сиплый, hoarse
сирень (*f.*), lilac
сиятельство; ваше —, your excellency
сия/ть, to shine; -ющий, brilliant, radiant
ска/зать, to tell, say; надо —, I must say; как она мне это -зала, when she told me this; -жем, let's say; -жет, will say; -жите, tell; -жу, shall tell
сказ/ка, tale, story; -очный, fantastic, fairy-tale like; fairyland (*adj.*)
скала, cliff, rock
скамейка, скамья, bench
скандалить, to kick up a row, fuss
скатиться вниз, to roll down
скважина: замочная —, keyhole
скверный, nasty, terrible, awful
сквозь, through
склад/ка, fold; -ывать, to fold; put in
склоняться, to lean
скольз/кий, slippery; -ить, to slip
сколько, how much (many); as much as
скомандовать, to order
скорб/ь (*f.*), grief; -но, grievously
скор/о, soon; -ее, -ей, quickly, hurry; rather, more; -ость (*f.*), speed; со -ю, at the rate of
скорее всего, most likely
скрип/ач, violinist; -ка, violin
скромн/ичать, to be modest; -ый, modest
скрутить, to twist
скры|ва|ть, to conceal ; -ся, to disappear
скука, boredom; а то тут ужас какая —, for it's awful, how dreary it is here
скупой, stingy, miserly
скуч/ать, to be lonely; -но, -ный, boring, uninteresting, dull

слаби́тельное, purgative, laxative

сла́бый, weak, frail

сла́ва, glory; — Бо́гу, —тебе́, Го́споди, thank heavens

сла́вно, well

сла́дко, sweetly, with evident pleasure

сле́ва, to the left

слегка́,· slightly

след, trace, footprint

следи́ть, to follow; — за, to watch

сле́д/овать: не -ует, (one) must not

сле́дующий, following, next

слеза́, tear

слез/а́ть, to climb down; -ла, peeled off

слепо́й, blind

слизь (f.), slime

сли́шком, too, excessively; — ма́ло, too little

сло́вно, as if, as though, like, just like

слов/о, word; че́стное —, I assure you; из двух —, from a few words

сложи́ться, to unfold

сло́жн/о, complex; -ый, complicated

служа́нка, maid

служ/ба, service, post, work; на -бе, in the factory (shop, office)

служ/и́ть, to serve, work, be employed; -ащий, employee; employed

случа/й, occasion; incident; event; в тако́м -е, in that case; по -ю, on the occasion; случи́ться, to happen; -лось мне, I happened

слу́шат/ь, to listen; -ся, to obey; -ель, -ельница, listener

слыха́ть, to hear

слы́ш/ать, to hear; -ся, to be heard; -но, audible; -но то́лько, all that would be heard

сма́хивать, to wipe away

сме́лый, courageous, daring

смен/а: ночна́я —, night shift; -и́ться, to change into

смерть (f.), death

сме/ть, to dare; не -ют, must not

смех, laughter

смешно́, funny; тебе́ —, it seems funny to you

сме/я́ться, to laugh; — над, to laugh at; -ётся, he laughs; -и́ся, laugh

сми́луйтесь (сми́ловаться), have pity!

смог (смочь), was able; как —, the best he could

смо́лоду, in his youth

смо́рщенный, contracted

смотр/е́ть, to look, watch; -и́, -и́те, look; — ка, just look at that; — в упо́р, to stare

сму́глый, swarthy

сму/ти́ться, -ща́ться, to be embarrassed

смущ/а́ть, to disturb; -ённо, embarrassingly, confusedly, abashed

смысл, meaning; в -е, in regard to

снача́ла, at first, in the beginning

снег, snow

сни́зу, from below (downstairs)

снима́ть, снять, to take off, remove

снима́ться, to have one's photo taken

сни́ться, to dream

сно́ва, again

сны (сон): ви́дит —, dreams

соба́ка, dog

собесе́дники, those conversing among themselves

соб|и|ра́ть, to collect, gather, assemble; -ся, to get together; get ready
собо́й: с —, with me (him, her, etc.)
собра́ние, meeting
собра́ть, -ся, to gather, assemble; get ready
со́бственный, one's own
собы́тие, event; це́лое —, quite an event
сова́ть, to thrust
соверше́нн/о, absolutely; -ый, complete
соверши́ть, to accomplish
совсе́м, forever, quite, completely; — не . . ., not at all
согла/си́ться, -ша́ться, to agree; -сен, -сна, -сны, agree; -сие, consent
согну́ться, to bend, stoop
согре́ться, to warm up
со́да, soda
соедини́ть, to unite
сожале́ни/е, sorrow; к -ю, to my (his, her, etc.) regret
созна́ться: на́до —, one must admit
сойти́сь, to agree
со́кол, falcon
солда́т, soldier
со́лнечный, sun (adj.)
со́лнце, sun
сомнева́ться, to doubt, be undecided
сомни́тельный, uncertain
сон, sleep; — не приходи́л, I (he) couldn't sleep; у меня́ — прошёл, I am no longer sleepy; перед сно́м, before going to sleep; — dream; ви́дит вас во сне́, he is dreaming of you; -ный, sleepy; -ное дыха́ние, heavy breathing
сообщи́ть, to announce

сообра/жа́ть, -зи́ть, to consider, decide, figure; как я не -зи́л? how did I not think of it?
соп/е́ние, wheeze; -е́ть, to wheeze; sniffle
сопровожде́ни/е: в -и, escorted by
со́рок, forty; -алётний, forty-year-old
сосе́д, -ка, neighbor; -ний, neighboring, next
соскочи́ть, to jump off
составля́ть, to be made up, make up
состоя́щий из, consisting of
сосчита́ть, to count
со́тня, hundred (roubles)
сотру́дни/к, -ца, co-worker
со́ус, sauce, dressing
сохрани́ть, to keep; -ся, to be preserved
сочиня́ть, to make up, compose
сочи́ться, to trickle
сошл/и́сь (сойти́сь), came together; agreed; -ло́ (сойти́), passed
спа́льня, bedroom
спаси́бо, thank you; большо́е —, thank you very much; — за, thanks for
спать, to sleep; легли́, пошли́ —, went to bed
сперва́, at first, first of all
спех: не к -у, there is no hurry
спеши́ть, to hurry; не́куда —, there is no hurry
спин(к)а́, back; за -о́й, behind the back
спит (спать), sleeps; сла́дко —, sleeps soundly; спишь, что́-ли? are you asleep?
спи́ца, knitting needle
спи́чка, match
спишу́ (списа́ть), I shall copy

сплёл (сплести): ещё Ва-
ничка —, Vanichka weaved it
сплю́нуть, to spit
споко́/ен, undisturbed; -йно,
peacefully, calm; сиде́ть
-йно, to keep still
сполза́ть, to slip down
спор, argument, discussion;
-ить, to argue
спосо́бный, capable
спотыка́ться, to stumble
спра́ва, on (to) the right
спра́вка, information
спра́шивать, спроси́ть, to ask,
enquire; спроси́те-ка, just
ask; спрошу́, I shall ask
спря́/тать, -ся, to hide; — под
замо́к, to put under lock and
key; -чу, I will hide; -чь их,
put them away
спусти́ться, to descend
спустя́, later
спя/т (спать), are sleeping;
-щий, sleeping; sleeper
сраж/а́ться, to fight; -ённый,
beaten, vanquished
сра́зу, immediately, at once; in
one sitting
срами́шься (срами́ться), disgrace yourself (oneself)
сред/а́: в -е́, in the company;
-и́, amid, among, in the midst
of
сре́дний, average
сро́чный, urgent
срыва́ться, to break
ссо́р/а, quarrel; -иться, to
quarrel
ссыла́ясь (ссыла́ться), referring
to
ста́вить, to put; set (a watch)
ста́вший (стать), who became
стака́н, glass
сталь (f.), steel
станда́ртный, standard (adj.)

станови́ться, to become; stand
ста́нция, station
стара́ться, to endeavor, make
strenuous efforts
стар/и́к, -у́ха, -у́шка, old man
(woman);—уж стал я, I have
become old; -ый, -чески, old,
aged; -ше, older
ста́тный, stately, well-built
ста/ть, to become; begin; stand,
stop; -нет, -ну, would (will)
become; begin; -вший, who
became
стащи́ть, to pull off
стека́ть, to run
стекл/о́, glass; lens; -я́нный,
glass (adj.)
стемне́ть, to grow (get) dark
стен/а́, wall; -но́й, wall (adj.)
стесня́/ться, to feel hesitant
(shy, embarrassed); trouble
oneself; spare; не -йтесь,
don't mind me
стир/а́ть, to launder; wash;
-ка, laundry
стих, -и́, poetry, verses, poems;
-отворе́ние, poem
стихи́я, element
сто, one hundred
сто́ит (стоя́ть), is; stands
сто́ит/ь, to be worthy of; не —,
don't mention it
стол, table; над -о́м, over the
table; -ик, side stand
столкнове́ние, encounter meeting
столо́вая, dining room
сто́лько, so much
стон, groan; -а́ть, to moan,
lament, groan
сторон/а́, direction, side; в -е́,
apart; о́бе -ы, both sides; со
всех —, on all sides
стоя́/ть, to stand, be; так и -л,
brightly shone (stood)

страда́/ние, pain; -ть, to suffer

страна́, country

страни́ца, page

стра́нный, odd, peculiar, strange, queer

страсть (*f.*), passion

страх, fear

стра́шный, ghastly, horrible, frightful, terrible, hideous; strong

стре́лка, hand, pointer

стреля́/ть, to shoot; так и -ют, they fairly shoot

стреми́ться, to rush, rush down

стро́г/ий, severe; -o, sternly, seriously

стро́йный, well-shaped, stately

стро́иться, to be built

строка́, line

стря́хивать, to shake off

стук, knock, thud; -нуть, to thump

стул, -ья, chair, chairs

ступ/е́нька, step; -и́ть, to step (on)

стуча́/ть, to strike, beat, pound, knock; make a noise; гро́мко — кало́шами, stamping loudly in overshoes

сты́дно, shameful, to be ashamed; мне —, I'm ashamed

суда́рыня, madam

сужде́но́, destined

сумасше́дший, insane

су́мерничать, to chat quietly during twilight

су́мка, satchel, knapsack

сунду́к, trunk, chest

су́нуть, to thrust, put (in)

суро́во, sternly

суха́рь (*m.,*), dried slice (piece) of bread

су́щност/ь (*f.*): в -и, in effect

схвати́ть, to seize

сходи́ться, to walk up to one another

схожу́ (сходи́ть), I shall go

счастли́в/ый, happy; бу́дет —, will have a happy life

сча́стье, bliss, happiness; како́е э́то —, what a joy!

счёт: вели́ —, counted; на э́тот —, about such matters, with regard to that

счита́/ть, to count, consider, take for; -лись, were counted

сын, son

сы́п/аться, to fall; -лется, falls

сыр, cheese

сыро́/й, damp; -сть (*f.*), dampness

сыска́ть, to find

сыт, has had enough to eat; -ый, well fed

сюда́, here

сюрпри́з, surprise

ся́ду (сесть), will sit down

Т

таба́/к, tobacco; поню́хать -у́, to take a pinch of snuff; -чный, tobacco (*adj.*)

табуре́т, stool

таз, basin

та́йн/а, secret, mystery; -ый, mysterious, secret

так, so, yes; just; thus, this way, like this; I see; just as; that's how; in such a fashion; so much, to such an extent; so eagerly; that's so; in that case; for no reason; а —, just so; е́сли —, if such is the case; — вот, so you see, here then; — ра́но, so early; — как, since, for

тако/й, such (as), such a one; **-же,** the very same; **не —,** not right; **что -е?** what is it (that)? **что тут -е?** what is going on here? **-в,** is such
такт, measure (*mus.*)
тамбур, platform
танк, tank; **-ист,** member of a tank crew; **-овый,** tank (*adj.*)
танцовать, to dance
тапочки, light sport shoes
тарелка, plate
таскать, to carry around
татарин, Tartar
тащит/ь, to carry, take (drag) away; **-е его сюда!** bring it here
твердить, to maintain (assert), keep repeating
тверд/ый, hard, firm; **-о,** firmly
тво/й: по -ему, you think
театр, theatre
текла (течь), flowed
тело, body
темн/о, dark; **совсем —,** entirely dark; **-ота,** darkness; **-о-зелёный,** dark green
тен/ь (*f.*), shadow; **-истый,** shady
теперь, now, at this time; **— уже,** now; **— иди,** now go
тёпл/ый, warm; **-о,** it's warm; heat
терпеливо, patiently
терп/еть, to endure, withstand; **не -лю,** I can't stand
терраса, porch
терять, to lose
тесн/ый, narrow; **-о,** closely; **-ота,** close quarters
тётенька, тётя, aunty; mother
тетрадь (*f.*), notebook
течёт (течь), flows
титул, title

тихо, softly, gently, quiet, quietly, in a low voice; **-нько,** quietly, slowly; stealthily; **тише,** more slowly, more quietly; **—!** be still! hush! **тишина,** stillness, silence
то, then; **то . . . то . . .,** now . . . now; **-же,** the same; **а —,** otherwise; **за — что,** because; **за — и другое,** for both; **-го же,** the same; **до -го,** so, to such an extent; **к -му же,** in addition
товар, goods, wares
товарищ, comrade, friend; **по -ески,** as a friend
тогда, then, at that time; in that case
тоже, too, also
толкать (толкнуть), to push; **-ся,** to push one another, crowd
толп/а, crowd; **собраться -ой,** to gather together; **-иться,** to crowd together
толстый, thick, fat, stout
только, only, just, no sooner; **ещё —,** it is only; **— что,** just now
том, volume; **-ик,** small volume
тон, tone
тонкий, thin, slender; **тоньше,** thinner
тонуть, to sink
топ/ать, to stamp; **-нуть,** to tap
тополь (*m.*), poplar
торговать, to trade; sell
торжественный, festive
тороп/ить, to hurry, urge (on); **-ся,** to hurry; **-ливо,** hastily, swiftly; **-ливый,** rushing
торт, cake
торчать, to stick out
тоск/а, grief; longing; **-овать,** to be lonesome

тост, toast

тот, that, the latter; **-же, тá же, тé же,** the same

тóтчас же, immediately

тóчно, exactly like; that is so; that's right; as if; the exact spot

трав/á, grass; **-ка,** blade (of grass)

трагикомúческий, tragicomic

трамвáй, streetcar

трáтить, to spend

трéбоват/ь, to demand; **-ельный,** exacting

тревó/га, anxiety; **-житься,** to worry, be anxious; **-жно,** anxiously; **-жный,** perturbed

трéпетно колебáлся, trembled and waved to and fro

трéт/ий, the third; **-ьего дня,** day before yesterday; **-ьему,** third

трёх, of three; **-окóнный,** three-windowed

трещáть, to crackle

три, three; **-дцать,** thirty; **-нáдцать,** thirteen; **-стá,** three hundred

трóгательный, touching

трó/е, -úх, three, the three (of them)

троллéйбус; на — сяду, I shall take a trolley

трóнуть, to touch; **-ся,** to start

тротуáр, sidewalk

труд; с -óм, with difficulty; **-но,** hard, difficult; **ох как -но,** oh, how difficult it is; **-ный,** hard, laborious

труп, body

тряпка, rag

тудá, there, in it; **-же,** in the same direction

тумáн, fog, mist

тýскло, dimly

тут, here; at this moment

тýфля, slipper, shoe

тýч/а, cloud; **чёрною -чею,** like a black moving mass

ты что? What is the matter with you? **я тебé,** I'll fix you!

тыкать, to poke

тысяча, thousand

тьма, darkness; **плóтная —,** pitch darkness

тьфу! pshaw!

тяжёл/ый, heavy; painful; difficult; **-ó,** hard; with difficulty; **мне -o,** I am sick; **емý -ée,** he feels worse

тяжкий, painful

тянýть, to pull, draw, attract; **-ся,** to stretch out (one's hands)

У

убегáть, убежáть, to run away (off)

убе/дúться, to be (become) convinced; **-ждённо,** with conviction

убирáть, to clean (house, room)

убú/ть, to kill; **-ся,** to be killed; **-вáться,** to grieve

ýбыль: пойтú на —, to decrease

увезýт (увезтú), take (away) (in a vehicle)

увелúчивать, to increase

увéрен, certain; **-но,** confidently

увид/áть, -еть, to see, catch sight of; realize

увлекáться, to be carried away

увы! alas!

угад|ыв|áть, to guess, speculate about; **ведь как угадáла,** how well I guessed

уговорúть, to persuade, "talk into"

угóдно: что вам —? what may I give you?

у́гол, corner; заверну́ть за —,
to turn a corner; из-за угла́,
from behind a corner; на
углу́, on the corner
угощ/а́йтесь, help yourself;
-е́ние, treat
угрю́мый, gloomy
удаля́ть, -ся, to move away
уда́р, blow, stroke; при ка́ждом
-е, at every blow; -ить, to
strike, hit, beat
уда́стся, will (should) succeed
уде́рживать, to keep (from)
удив/и́ть, to surprise, strike;
-ля́ться, to wonder, be aston-
ished; -и́тельно, amazing;
wonderful; -лённо, amazed,
surprised; -ле́ние, surprise
удлиня́ть, to lengthen
удово́льствие, pleasure, satis-
faction; с -ем, gladly
уезжа́ть, уе́хать, to go (ride)
away; leave
уж (n.), adder; уж (уже́) (adv.),
now, just; — не, no longer;
already; please
у́жас, horror, dread; -но, terribly; -ый, awful, horrible;
very nasty
у́жин, supper
у́зел, knot
у́зкий, narrow, thin
узна́ть, to learn, find out,
recognize
уй/ти́, to leave, go away; -ду́,
shall go away
ука́/зывать, to designate, mark,
point to; command; -жут,
will indicate
уко́р, reproach; -и́зненно,
reproachfully
укора́чивать, to shorten
укра́дкой, stealthily
украш/а́ть, to embellish; -ен-
ный, decorated

укрыва́ться, to cover oneself,
hide
улета́ть, to fly away
улёгся (уле́чься), subsided
у́лиц/а, street; на -е, outside;
у́личный, of the street
улови́ть, to detect
улыб/а́ться, -ну́ться, to smile;
-ка, smile
ум, mind; на -е́, on one's
mind; -ный, -ница, intelligent
умер/е́ть, to die; -ши, after
death; -ший, the dead; умрём,
we shall die
уме́/ть, to be able, can, know
how; как -л, as well as I
could
умира́/ть, to be dying, die; я
про́сто -ю, I am simply dying
умо́лк (умо́лкнуть), became
silent
у́мственный, intelligent
умча́ть, to whirl away
унесли́ (унести́), carried away
унижённый, humiliated
уноси́т/ь, to take (carry) away;
что вы там -е? what do you
carry away?
у́нтер-офице́р, corporal
унц, ounce; по -у, an ounce each
упа/дёшь (упа́сть), you will fall
down; -ла, fell
уплы|ва́|ть, to flow (swim)
away; disappear
упрёк, reproach; с -ом, reproachfully
упря́мо, stubbornly; — сказа́л,
insisted
ура́, hurrah!
Ура́л, Urals; за -ом, beyond the
Urals
уро́д, monster, disfigured person;
-ство, ugliness
уро́к, lesson
урони́ть, to drop; spill

ус, -ы́, mustache; **-а́тый,** with a heavy mustache; **-ики** (*dim. of* усы)

усе́лись (усе́сться) вокру́г, sat around

усе́рдно, diligently, hard

усе́яно, studded

уси́лие, effort

услу́жливый, obliging

услы/ха́ть, -шать, to hear; **-ха́в,** having heard

усмехну́ться, to laugh; sneer

усну́ть, to fall asleep

успе́|ва́|ть, to have time; **-ешь,** you will have time; **-ю,** I have plenty of time; **спать ещё -ю,** there is no hurry going to bed

успе́шно, successfully

успок/а́ивать, -о́ить, to calm; reassure; **-о́ение,** reassurance

уста́|ва́|ть, to tire, get (be) tired; **-лый,** tired; **-лость** (*f.*), fatigue, weariness

уста́виться, to stare fixedly

у́стал/ь: без -и, unceasingly

устр/а́ивать, -о́ить, to arrange, make; **— сканда́л,** to make a scene; **-ся,** be settled

устрем/и́ться, to be directed; **-лены́ на,** fixed upon

устро́иться, be settled

уступи́ть, to give in

утверди́тельный, affirmative

утвержда́ть, to assert, maintain

утеш/а́ть, -и́ть, to comfort; **-е́ние** (word of) comfort

утих/а́ть, -нуть, to die down; **-ший,** eased, relieved

уткну́ть нос в рабо́ту, to lean over one's work

у́тр/о, morning; **до́брое —,** good morning; **под —,** toward morning; **-м,** in the morning; **по -а́м,** mornings, in the morning; **-енний,** morning (*adj.*)

уха́живать (за), to court

ухвати́ться, to cling to

у́хо, ear

ухо́д, departure; **-и́ть,** to leave, go (move) out (away); disappear; **ухожу́,** I am going away

ухудше́ние, change for the worse

уцеле́ть, to be preserved

уцепи́ться, to catch hold of

уче́бник, textbook

че́нье, drill

учи́тель, -ница, teacher

учи́ть, to study; **-ся,** to study, go to school; **пло́хо —,** be a poor student

учрежде́ние, department

ушёл (уйти́), left, went away, withdrew

у́ши (у́хо), ears

ушл/а́ (уйти́), she left, went; **-и́,** went away, have left

уще́лье, gorge, hollow

Ф

фами́лия, surname

фе́я, fairy

фигу́р|к|а, figure, outline

фле́йт/а, flute; **-и́ст,** flutist

фона́рь (*m.*), lantern, street lamp

фонта́н, fountain

фо́рма, uniform; shape

фра́за, sentence

фрак, dresscoat

фрукт, fruit; **—! a peach!**

фура́жка, cap

футля́р, case

фы́ркнуть, to burst out laughing

Х

хала́т, dressing gown, robe, bathrobe

хвата́ть, to seize; **-ся,** to grasp

хва/ти́ть, to suffice; -ти́т! that's
enough
хи́тро, slyly, craftily
хлеб, bread
хло́пать в ладо́ши, to clap one's
hands
хлы́нуть, to surge
хлыст, horsewhip
хму́р/иться, to look displeased;
-ясь, wrinkling the forehead
ход, movement; на -у́, while
walking; -и́ть, to go, walk;
stroll; — за, to take
care
хозя́/ин, master, boss; host;
-йка, housewife, lady of the
house; hostess; -ева, host and
hostess; -йство, household;
по -йству, around the house;
-йничать, to act as host
(ess)
хо́лод, cold; -ный, cold,
cool
холостя́к, bachelor
хор, chorus; -ом, all together
хоро́шенькая, cute, attractive,
pretty
хоро́ш, good, fine; -о́, well,
right, fine, sweet, pleasant;
all right!; -е́нько, well
хо/те́ть, -ся, to like, wish,
intend; -чу́, -чешь, -чет,
present of хоте́ть; я -чу́
сказа́ть, I mean; -те́лось,
wanted; -те́л бы, would
like
хот/ь, although, at least, just;
— раз, but once; -я́, although,
even when
хо́хот, guffaw; -а́ть, to laugh,
giggle
хра́брый, brave
храни́ть, to retain
храп, snoring; -е́ть, to snore
хрип, sob; -лый, hoarse

Ц

цар/ь (m.), czar, tzar; -и́ца,
tzarina; -и́ца небе́сная, Holy
Mother; -ский, the tzar's
ца́рствовать, to reign
цвет, color; flower; -о́к, flower
цвести́, to bloom
целова́ть, to kiss
це́лый, whole, entire
цена́, rent (price), price
цент, cent
центр, center
цепо́чка, chain
це́ркви (це́рковь), churches
цини́зм, cynicism
цыпля́та (цыплёнок), chicks
цы́почк/и: на -ах, on tiptoe

Ч

ча/й, tea; за -ем, at tea; к -ю,
to go with the tea
чарти́ст, chartist
ча́ры (n.), spell
час, hour; o'clock; —, друго́й,
one hour, two hours; че́рез —,
an hour later; -а́ми, for hours
at a time; в э́ти -ы́, at those
moments; -ы́, clock, watch
ча́стный, private
ча́сто, often, frequently; ча́ще,
more often
част/ь (f.), part; volume; -ю,
partly; по бо́льшей -и, for
the most part
ча́шка, cup
чего́, why; — же, why then
чей, чья, чьё, whose; чей-то,
чья-то, чьи-то, someone's
челове́/к, man, person, fellow;
-ческий, human
че́люсть (f.), jaw; вот так —!
such a jaw!
чем, than; how; — -нибу́дь,
with something; в чём-ни-
бу́дь, in this or that

чемода́н, suitcase
че́рез, across, over, in; — день, неде́лю, in a day, a week
чересчу́р, overly
черне́ть, to form black spot
черни́льница, inkstand
Черномо́рдик, (surname meaning " black muzzle ")
чёрный, black
черта́, trait, feature
черти́ть, to draw
чест/ь (f.), honor; -ный, honest; -ное сло́во, on my honor
че́тверо, four; четвёртый, fourth
чётко, distinctly
четы́р/е: их —, there are four; -ёхле́тний, four years old; -надцать, fourteen
че́шет (чеса́ть), scratches; -ся, scratches himself
чино́вник, state official
числ/о́, number, date; в -е́ among; в том -е́, including
чи́ст/ить, to clean; -ый, clean
чита́ть, -ся, to read
чи́щен, cleaned, scoured
чорт, devil; the deuce; — зна́ет, the deuce knows
чрезвыча́йно, extremely
чте́/ние, reading; -ц, reader
что, what, that; well; why; — за, what . . .; — -нибу́дь, — -то, something
чтоб, что́бы, in order to, so that
чтож, что же, well, why, what then . . .
чу́вств/о, feeling; объясня́ться в -ах, to declare one's love; -овать, to feel; smell; perceive; believe; — себя́, to feel
чу́д/о, wonder, marvel; каки́м-то -ом, by a miracle; вот — то, a real miracle; чудеса́, pl. of чу́до; -е́сный, wonderful

чужо́й, strange; unnatural; not his; someone else, — else's
чуло́к, stocking
чу́ткий, sensitive
чуть, somewhat; — ли, almost, nearly

Ш

шаг, step, footstep, pace; в не́скольких -а́х от, a few feet from; бы́стрым -ом, fast
шампа́нское, champagne
ша́пка, hat, cap
шар, ball; за -ом, after the ball; -ик, ball; ball-bearing
шата́ться, to shake
шевели́ть, to move; — па́льцами, to motion with one's fingers; -ся, to move
ше́дший (итти́), walking; шёл, walked
ше́лест, rustling
шёлковый, silk (adj.)
шеп/ну́ть (шепта́ть), to whisper; -та́ться, to whisper to one another
ше́ствие, procession
шестиле́тний, six-year-old
шестьдеся́т, sixty
ше́я, neck
шине́ль (f.), overcoat (of uniform)
шипе́ть, to hiss
широ́к/ий, broad, wide; -оли́цый, broad-faced; ши́ре, broader, wider
шкаф, cupboard
шко́л/а, school; -ьник, school-boy
шла (итти́), walked, came, proceeded; ran (of road, path)
шля́п/ка, hat
шнуро́к, cord
шо́пот, whisper; -ом, in a whisper

шпа́га, sword
шпицру́тен, switch
шпо́ра, spur
штаб, headquarters
штаны́, trousers
што́пор, corkscrew
шту́к/а, piece; за -у, for one
шум, noise; с -ом, noisily; -е́ть, to make a noise, roar
шурша́ть, to rustle
шути́/ть, to joke; не -те, be serious; шу́тка, prank, escapade, farce; шу́точный, playfull

Щ

щека́, cheek
щекота́/ть, to tickle; мне что́-то -ло се́рдце, my heart was thrilled
щёлка, щель, peephole, chink; crack
щеня́та (щено́к), puppies
щу́риться, to screw up one's eyes; blink

Э

эвакуи́ровать, to evacuate; -ся, to be evacuated
экза́мен, examination; успе́шно сдал —, passed a test
эконо́м/ия, thrift, economy; -но, economically

электри́чес/тво, electricity; -кий, electric
эполе́т, epaulet
эстра́д/а, platform; -ник, music hall singer
эта́ж, floor, storey
э́то: что -за, what, what a; от -го, because of this; при -м, at the same time

Ю

юг, south; ю́жный, southern
юла́, top

Я

я́бло/ко, apple; глазно́е — eyeball; по -ньке, an apple tree for each of you
явле́ние, event; это что за —? what's this?
я́вно, clearly
я́года, berry
яд, poison
язы́/к, tongue; language; -чо́к, tongue
я́м/очка, dimple; -ка, pit, hole
я́рко, bright; brightly; -кра́сный, bright red
ярлы́к, label
я́сный, clear
я́щик. drawer